FRAN HENZ
DER MANN, DER FRAUEN ANZIEHT

D1666219

Inhalt

Nach einem One-Night-Stand verliebt sich die blutjunge Krankenschwester Conny Hals über Kopf in den ebenso attraktiven wie abgebrühten Designer Nick Bandier. Sie kann ihr Glück kaum fassen, als er sie in einer Blitzaktion bittet seine Frau zu werden. Keine 24 Stunden später muss Madame Bandier allerdings erkennen, dass ihr Mann sie nicht aus Liebe, sondern aus reiner Berechnung geheiratet hat. Ihre Welt bricht in Stücke, dennoch versucht sie sich in seinem Universum zu behaupten und kämpft mit fairen und weniger fairen Mitteln um sein Herz …

Ein spritziger Liebesroman aus dem modisch katastrophalsten Jahrzehnt des zwanzigsten Jahrhunderts, in dem es weder Smartphone noch Internet oder Facebook gab, dafür aber Vokuhila, Schulterpolster und Karottenhosen: den schrillen 80ern.

Über die Autorin

Fran Henz spricht mehrere Sprachen und erlag schon früh der Faszination des Schreibens. Inspiration holt sie sich bei Reisen und beim Stöbern in verstaubten Geschichtsbüchern. Sie lebt mit ihrer Familie in Wien.

DER MANN, DER FRAUEN ANZIEHT

FRAN HENZ

Der Mann, der Frauen anzieht
Liebesroman

Text © 2019 Fran Henz

Lektorat: Helma Stix

Cover: Debra Hughes

Fran Henz
c/o Schreiblust-Verlag
Hörder Rathausstraße 30
44263 Dortmund
www.schreiblust-verlag.de

www.fran-henz.com
www.andrevsky.com
fran.henz@live.at

ISBN-13: 9781726638180

EINS

Paris, ein Frühlingstag in den 80ern

„*Salut.*" Conny öffnete die Tür zum Schwesternzimmer des Hôpital Forney. Es war kurz vor drei Uhr nachmittags und sie war froh, trotz eines Ausfalls der Metro pünktlich zur Abendschicht angekommen zu sein. Sie trug bereits ihre Schwesterntracht und schob eine vorwitzige Haarsträhne hinter das Häubchen, während sie zur Kaffeemaschine ging. Ihre Kolleginnen Yvette und Claire saßen am Tisch mit einer Tasse Kaffee und der neuesten Ausgabe der *Paris Match*.

Yvette stand auf und streckte sich gähnend. „Nicht viel los heute. Machst du mit mir das Model auf Zimmer vierundzwanzig, diese Mademoiselle Fenchette? Sie quält mich seit heute Morgen. Ich soll ihr in ein Nachthemd helfen, das sie nicht allein anziehen kann."

Conny verschluckte sich fast an ihrem Kaffee. „Ein Nachthemd, das sie nicht selbst anziehen kann? Gütiger Himmel."

Das Hôpital Forney beherbergte ausschließlich betuchte Patienten der oberen Gesellschaftsschichten und Conny hatte sich während der letzten elf Monate, die sie hier arbeitete, an so manche Mätzchen dieser *Clientèle* gewöhnt.

5

Direkt nach ihrer Ausbildung war sie mit Hilfe eines internationalen Austauschprogramms für Krankenpfleger nach Paris gekommen. Sie hatte schon immer davon geträumt, in dieser Stadt zu leben und deshalb besuchte sie bereits mehrere Jahre Sprachkurse, um für den Fall des Falles gewappnet zu sein. Als sich ihr dann die Möglichkeit bot, hatte sie die Chance beim Schopf gepackt und bereits ihre erste Bewerbung hatte ihr eine Zusage eingebracht.

Ungeachtet der Jammerei ihrer Familie, sie fern der Heimat einem ungewissen Schicksal ausgeliefert zu wissen und den düsteren Prophezeiungen, wie gefährlich es für ein junges Mädchen in einer Stadt wie Paris sei, packte sie ihre Koffer und suchte über einen Makler eine kleine Wohnung.

Mittlerweile lebte sie fast ein Jahr hier und nur zur Feier ihres zwanzigsten Geburtstags war sie letzten Monat zu ihrer Familie nach Salzburg gefahren.

Yvette kicherte. „Es kommt ja auch der große Meister persönlich, da muss sie schon etwas bieten.“

Conny stellte ihre leere Tasse in die Spüle. „Wer besucht sie denn heute?“

„Dominic Bandier, Mademoiselle Fenchette ist das DOBAN Mädchen“, erklärte Yvette.

Conny runzelte die Stirn. „DOBAN? Kosmetik, oder?“

„Auch, aber vor allem Mode“, sagte Claire. „Bandier ist Designer, besser gesagt, er ist *der* Top-Couturier der jungen Generation. Seine Karriere gleicht einem Märchen und er selbst ist eine Legende. Er hat erreicht, was man in diesem Geschäft erreichen kann, obwohl er nicht einmal dreißig ist.“

„Ich glaube, ich hab' mal ein Parfum von ihm probiert, war aber faktisch unbezahlbar.“ Conny öffnete die Tür und machte sich mit Yvette auf den Weg.

„Wem sagst du das. Er ist schließlich der Designer der jungen reichen Generation.“

„Und Nummer vierundzwanzig ist seine Frau?“

„Nein, sie ist das Gesicht zu DOBAN, sein Top-Model. Eigentlich solltest du das wissen. Die Klatschspalten sind voll von den beiden und an jeder Straßenecke hängen Werbeplakate."

„Klatschblättchen schau ich mir nur beim Zahnarzt an und da war ich schon länger nicht mehr. Außerdem werde ich nie verstehen, wie man für ein Stückchen Stoff sein Monatsgehalt ausgeben kann."

„Tja, es hat eben jeder sein Hobby", erwiderte Yvette und klopfte an die Zimmertür mit der Vierundzwanzig, ehe sie eintrat. „Mademoiselle Fenchette, ich habe meine Kollegin Conny mitgebracht. Gemeinsam werden wir unser Bestes versuchen, Ihnen zur Hand zu gehen", rief sie fröhlich.

In den Kissen lehnte eine blasse Frau mit leuchtend roten, auf große Wickler gedrehten Haaren. Die Ringe unter ihren Augen hätten auch einem Waschbären gutgestanden und die Konturen der Lippen verloren sich in ihrem fahlen Teint.

„*Das* ist ein Mannequin?", dachte Conny erstaunt und blätterte in der Krankengeschichte. Madelon Fenchette war vor drei Tagen der Blinddarm entfernt worden. Keine Komplikationen. Also war ihr Aussehen nicht krankheitsbedingt. Mittlerweile hatte die Patientin begonnen, mit klarer Stimme Anweisungen zu geben. „Bringen Sie mir das Nachthemd aus violetter Seide, das im Schrank hängt, Schwester Yvette. Und Sie", wandte sie sich an Conny, „holen meinen Kosmetikkoffer aus dem Bad und ein Handtuch."

Mademoiselle Fenchette hielt die fliederfarbene Seide zuerst an die zartgelben Kissen, dann an ihren blassen Arm und nickte zustimmend. „Ausgezeichnet. Helfen Sie mir jetzt."

Yvette öffnete die unzähligen kleinen Glasknöpfe auf der Rückseite des Gewandes, während Mademoiselle Fenchette das alte Nachthemd auszog. Mit vereinten Kräften begannen Yvette und Conny, ihr das Seidengebilde über den Kopf zu streifen.

Als es geschafft war, betrachtete Yvette die Frau mit leicht geneigtem Kopf. „Wann kommt Monsieur Bandier denn?"

„Er sagte etwas von vier Uhr, also nehme ich an, dass er nicht vor halb sieben hier ist."

„Da haben Sie ja noch massenhaft Zeit, um sich herzurichten", entgegnete Yvette gönnerhaft und Conny verbiss sich ein Lächeln, während sie die kleinen Glasknöpfe auf der Rückseite des Gewandes schloss. An Bequemlichkeit war bei diesem Stück ebenso wenig gedacht worden wie an Alltagstauglichkeit.

Mademoiselle Fenchette verließ das Bett, auf dessen Kante sie gesessen hatte und ging zum Spiegel hinüber. „Ach, Nick hasst Krankenhäuser, es ist schon eine Leistung, dass er überhaupt kommt. Aber es liegt ihm ja auch eine Menge an mir", erklärte sie und musterte kritisch ihr Spiegelbild, ehe sie an dem seidenen Gebilde herumzuzupfen begann. „Ich muss zugenommen haben. Oh, dieser verdammte Fraß hier. Das Ding sitzt nicht richtig. Haben Sie Sicherheitsnadeln?"

Ihre Stimme klang wütend und verzweifelt zu gleich, und Conny hielt die Frau für verrückt. Die dünne Seide schmiegte sich wie eine zweite Haut an ihren Körper und ließ eine unglaublich schmale Taille, einen kaum vorhandenen Busen und vorstehende Hüftknochen sehen.

Yvette nahm einige Sicherheitsnadeln aus einem Kästchen, die sie genau nach Anweisung des Mannequins anbrachte. Als sie damit fertig war, musste Conny zugeben, dass das Gewand besser aussah als vorher.

Mademoiselle Fenchette nickte zufrieden. „Sie sind wirklich eine große Hilfe, Schwester Yvette. Ich wüsste gar nicht, was ich ohne Sie anfangen sollte. Wenn Sie mir noch bei den Lockenwicklern zur Hand gehen, dann bin ich schon zufrieden und Sie können sich den anderen Kranken widmen."

„Wir genießen es doch, Kammerzofen eines Top-Models zu sein", entgegnete Yvette süß. „Endlich einmal eine Abwechslung in unserem grauen Alltag.".

Mademoiselle blickte Yvette geschmeichelt an. „Als kleines Dankeschön für Ihre Hilfe werde ich Ihnen eine Einladung zur Präsentation der nächsten DOBAN Kollektion zukommen lassen, oder zu einer Atelierparty, dort ist es wesentlich lustiger."

Gemeinsam entfernten sie die Lockenwickler und ließen Mademoiselle Fenchette schließlich in einem Meer von Schminksachen zurück.

Erleichtert lehnte sich Yvette neben der Zimmertür an die Wand. „Wir können froh sein, dass dieser Bandier heute zum ersten Mal hier auftaucht, sonst müssten wir tagtäglich Dienstmädchen spielen", stöhnte sie.

Während sie die Medikamentenausgabe für den Abend vorbereiteten, fragte Conny neugierig: „Worüber hast du mit ihr so gekichert, als ich im Bad war?"

Yvette stellte die Flasche Antibiotikum zurück in den Schrank und griff nach einer Schachtel Schlaftabletten. „Ich habe Mademoiselle Fenchette gefragt, ob die ganze Mühe nicht Zeitverschwendung ist, da Modeschöpfer doch ohnehin mehr an Männern interessiert sind."

„Und, was hat sie geantwortet?", wollte Conny wissen.

Yvette sah ihr tief in die Augen. „Nun, Tatsache ist, er bumst alles, was bei drei nicht auf den Bäumen ist, aber ...", sie unterbrach Connys Grinsen mit einer Handbewegung. „... er ist so ein fantastischer Liebhaber, dass man über solche Kleinigkeiten hinwegsehen muss, das sagt zumindest unsere liebe Mademoiselle Fenchette, und sie muss es ja wissen."

„Himmel, den Vogel muss ich mir unbedingt ansehen", lachte Conny.

Nach dem Abendessen ging sie den Hilfsschwestern dabei zur Hand, die Tabletts einzusammeln, da nichts weiter zu tun war. Claire hatte bereits Dienstschluss gehabt, Yvette ordnete Krankenakten und die Nachtschwester sollte um 22 Uhr übernehmen. Gerade als Conny die Teller auf den Wagen stapelte und sich nach einer auf den Boden gefallenen Gabel bückte, rauschte eine Duftwolke an ihr vorüber.

Unwillkürlich blickte sie auf und sah gerade noch ein Stück Trenchcoat hinter der Tür Nummer 24 verschwinden.

„Pech", dachte sie, „aber knapp vorbei ist auch daneben." Wohl oder übel würde sie Monsieur Bandiers Bekanntschaft durch eine Illustrierte machen müssen. Sie schob den Wagen weiter und holte die nächsten Tabletts, als das Lämpchen über Zimmer 24 aufleuchtete und ein langgezogener Piepston erklang.

Conny öffnete die Tür und erstarrte für den Bruchteil einer Sekunde. Das ätherische Wesen in den gelben Kissen konnte unmöglich der abgezehrte Waschbär von vorhin sein.

Eine Wolke kupferroten Haares umgab ein schmales Gesicht mit hohen Wangenknochen und einem vollen, sinnlich geschwungenen Mund. Veilchenblaue Augen blickten Conny durch einen Vorhang dichter Wimpern an.

„Seien Sie bitte so gut und stellen Sie die Blumen in eine Vase, Schwester", ordnete Mademoiselle Fenchette in liebenswürdigem Tonfall an und Conny dachte, dass sie vor Publikum nicht nur Make-up auftrug.

„Wo ist denn Schwester Yvette?" erkundigte sich das Model, aber Conny, die mit dem Strauß lachsfarbener Rosen ins Bad gegangen war, hörte die Frage nicht. „Wo soll ich die Blumen hinstellen?"

Anstelle einer Antwort entgegnete Mademoiselle Fenchette: „Liebes Kind, wenn Sie unsere Sprache nicht gut genug beherrschen, sollten Sie nicht in Frankreich arbeiten. Wo ist Schwester Yvette?" Sie betonte jetzt jede Silbe, als wäre Conny sowohl schwachsinnig als auch schwerhörig.

Conny stellte die Vase aufs Fensterbrett und entgegnete in der gleichen Weise: „Schwester Yvette wird auf einer anderen Station gebraucht."

Dann trat sie zum Fußende des Bettes und griff nach dem Krankenblatt. „Wenn es sich um das Klistier handelt, das Dr. Fabian angeordnet hat, stehe ich Ihnen sofort zur Verfügung", meinte sie freundlich und registrierte mit Befriedigung die roten Flecken auf den Wangen ihres Gegenübers, die ganz und gar nicht mit dem aufgepinselten Rouge harmonierten.

„Scheinbar spricht sie deine Sprache besser, als du gedacht hast, Chérie", bemerkte der Mann, der auf einem Sessel neben dem Bett saß.

Conny blickte ihn an und war enttäuscht. Unter dem hellen Trench trug er einen dunklen Anzug und ein zum Lachsrosa der Blumen passendes Hemd mit einem unter dem Kragen geknüpften schwarzen Tuch. Er wirkte eher wie ein Bankbeamter oder Versicherungsvertreter als ein berühmter Modeschöpfer. Sein schwarzes Haar war im Nacken zusammengebunden, was wohl einen Hauch von Bohemien andeuten sollte. Der teigige fahle Teint veranschaulichte eine Abneigung gegen Aktivitäten im Sonnenlicht. Conny fand ihn einfach nichtssagend.

Dann sah sie die Flasche Cognac auf dem Nachtkästchen, aber bevor sie den Mund öffnen konnte, flammte ein Feuerzeug auf und der Mann steckte sich eine Zigarette an.

„Monsieur, Rauchen ist in den Krankenzimmern nicht erlaubt, genauso wenig wie Alkohol", fauchte sie ihn an.

Er gönnte ihr einen Blick, Marke gewogen und zu leicht befunden. „Da ich dieses Zimmer bezahle, kann ich hier auch machen, was ich will", entgegnete er, stand auf und ging zur Tür, die er mit einer unmissverständlichen Geste öffnete. „Und bei dem, was ich jetzt will, brauche ich garantiert keine Krankenschwester", setzte er unbewegt hinzu. „Abflug."

Conny ging an ihm vorbei, ihre Augen funkelten und sie zischte halblaut auf Deutsch: „Aufgeblasene Schwuchtel."

Die Tür fiel hinter ihr zu. Ärgerlich marschierte sie zurück ins Schwesternzimmer. „Himmel, bin ich froh, wenn ich heute hier rauskomme und keine überdrehten Patienten samt Anhang mehr sehe", schnaubte sie.

„Meinst du jemand Bestimmten?", erkundigte sich Yvette unschuldig.

„Du weißt genau, wen ich meine. Unser Starmodel samt Verehrer. Sie vermisst dich übrigens schmerzlich, wahrscheinlich wollte sie dir ihren Bandier persönlich vorführen!"

„Ist er noch da?"

„Und wie. Inklusive Schnapsflasche und Zigaretten. Hoffentlich erwischt sie Dr. Lavanne, der setzt sie beide vor die Tür. Geld hin, Geld her."

Yvette schob die Lade des Aktenschranks zu. „Ich werde mich wohl opfern müssen und reinschauen. Ein Grund findet sich schon. Was hältst du von ihm?"

Conny zuckte die Schultern. „Nichts. Überheblich, eingebildet und arrogant. Absolut kein Typ, für den ich mich begeistern könnte."

Yvette zwinkerte ihr zu. „Welch Unglück für den Armen, dass du unbedingt einen blauäugigen Wikinger haben willst."

Jetzt lachte auch Conny. „Ja, er wird nie erfahren, was ihm entgangen ist."

ZWEI

Das unverwechselbare Geräusch von Stilettos auf Steinfliesen hallte über den Flur des Krankenhauses. Vor der Tür zur Teeküche stoppte es und Conny drehte sich um.

„Mademoiselle Fenchette, haben Sie etwas vergessen? Oder haben Sie etwa Beschwerden?", fügte sie pflichtschuldig hinzu.

Mademoiselle Fenchette fächelte sich mit ihrer Kuverttasche Luft zu. „Nein, nein. Ich möchte Yvette die versprochene Einladung bringen. Oh, dieser Krankenhausgestank ist wirklich fürchterlich."

Conny bezweifelte, dass die Duftwolke, die das Mannequin umgab, mit irgendetwas zu durchdringen war, und lächelte verbindlich. „Nehmen Sie Platz. Yvette wird gleich hier sein."

Mademoiselle Fenchette setzte sich und schlug gekonnt die langen Beine übereinander. Conny goss ihr eine Tasse Kaffee ein, als Yvette hereinkam. Die zwei Frauen begrüßten sich wie alte Freundinnen und Conny ließ sie allein.

Später zeigte ihr Yvette ein Stück roten Samt, auf dem tatsächlich eine Einladung stand.

„Für Mademoiselle Yvette Alvin und Begleitung", las Conny laut. „Nimmst du Raoul mit?"

„Raoul? Nein, der ist dafür viel zu spießig. Außerdem will ich mich amüsieren, du verstehst?", kicherte sie verschwörerisch. „Wie wär's mit dir, da hast du wenigstens eine aufregende Sehenswürdigkeit im Programm."

„Was soll ich auf einer Party mit lauter Modemenschen? Da könntest du auch Giscard d'Estaing um eine Akrobatikeinlage bitten."

„Ach, sei nicht so langweilig. Eine Einladung zu einem berühmten Modeschöpfer, das ist doch etwas, wovon du deinen Enkeln und Urenkeln erzählen kannst."

Yvette redete Conny weiter zu und schließlich stiegen die beiden ein paar Tage später zu vorgerückter Stunde aus einem Taxi, das an der Ecke Boulevard St. Michel – Rue d'Arrasse hielt.

Yvette trug ein rotes Schlauchkleid, das viel schwarz bestrumpftes Bein und noch mehr Dekolleté sehen ließ. Ihr dunkles Haar hatte sie toupiert und die Lippen leuchtend rot geschminkt.

Conny betrachtete ihr Spiegelbild in einem der Schaufenster des beleuchteten Geschäftslokals und war zufrieden. Ihr war klar gewesen, dass sie nicht in Jeans und T-Shirt bei dieser Einladung auftauchen konnte. Schließlich war sie Yvettes Begleitung und wollte nicht, dass die Freundin durch sie blamiert wurde. Deshalb hatte sie eine knöchellange schwarze Samthose und eine übergroß geschnittene, mit reichlich Rüschen besetzte weiße Piratenbluse erstanden. Ihre Füße steckten in weichen Rauledermokassins und ihr kurzes blondes Haar hatte sie mit Gel in Form gebracht.

Mit dem Lift fuhren sie nach oben und hörten bereits beim Aussteigen Stimmen und Musik. Yvette kramte die Einladung hervor und reichte sie dem Mann, der die Tür öffnete. Er nickte und sie durften passieren.

Staunend sahen sie sich um. Der riesige Raum war zum Bersten gefüllt mit Menschen, die entweder an bunten Cocktails nippten, sich in kleinen Gruppen ungeachtet des Trubels miteinander unterhielten oder auf einer improvisierten Tanzfläche herumhopsten.

Yvette nahm zwei Gläser von einem Tischchen, das neben der Tür stand und reichte eines davon Conny. „So

14

viele schöne Menschen auf einem Fleck sieht man selten. Dort drüben ist Madelon, komm mit."

Mademoiselle Fenchette streckte Yvette die Hände entgegen und küsste die Luft neben ihren Wangen. „Yvette, Liebste, wie schön, dass du gekommen bist", flötete sie und bedachte Conny mit einem giftigen Blick.

Bandier, der Yvette ebenfalls umarmte – Conny vermutete, dass die drei gemeinsam die Cognacflasche an Madelons Krankenbett geleert hatten – sah sie nur kurz an, bevor er meinte: „Das kleine Sprachgenie ist also auch eingeladen worden."

„Ich habe Yvette begleitet", antwortete Conny patzig, aber es achtete ohnehin niemand auf sie.

Yvette bewunderte Madelons Kleid, einen Traum aus blau-violett-pink changierender Seide und das Mannequin drehte sich lachend im Kreis. „Es ist ein absolutes Unikat. Nick hat es nur für mich gemacht", strahlte sie und hängte sich an Bandiers Arm, der sein Glas mit einer raschen Bewegung in Sicherheit brachte.

Heute Abend glich er mehr der Vorstellung, die sich Conny von einem Designer machte. Zu einem Bolerojäckchen aus schwarzem Leder, das vorne offenstand und den Blick auf seine unbehaarte Brust und eine schwere Silberkette mit einem überdimensionalen geometrischen Anhänger lenkte, trug er eine orientalisch wirkende weichfallende Hose und – Conny musste zweimal hinschauen – nackte Füße.

Er hatte ihre Musterung bemerkt und hob spöttisch eine Augenbraue, bevor er sachlich feststellte: „Sie sollten keine weißen Sachen tragen, das macht Sie alt und blass."

Conny lächelte ihn an und klimperte mit den Wimpern. „Vielen Dank, genauso wollte ich heute aussehen."

Der Mann, der neben Madelon stand, nickte ihr aufmunternd zu. „Ich finde, Sie sehen entzückend aus, Mademoiselle ...?"

Er war älter als die anderen Gäste – Conny schätzte ihn auf über vierzig – wesentlich größer und sehr konservativ gekleidet.

„Ein Spatz in einem Haufen exotischer Vögel – wie ich", dachte Conny und antwortete freundlich: „Ich heiße Constanze Lechner."

„Mein Name ist Ari Pantopolous, Sie sind wohl auch nicht von hier?"

Sie nickte zustimmend. „Nein, ich arbeite in Paris im Rahmen eines internationalen Austauschprogramms. Ich komme aus Salzburg."

„Salzburg", kreischte Madelon und riss an Bandiers Bolero, was ihr einen missbilligenden Blick eintrug. „Hast du nicht gehört, Nick, sie kommt aus Salzburg!"

Bandier zuckte die Schultern. „Nette kleine Stadt" meinte er gleichgültig. „Komm, du willst doch schon den ganzen Abend tanzen", sagte er und zog sie hinter sich her zur Tanzfläche. Yvette begann eine Unterhaltung mit einem Dreitagebart und so blieb Conny nichts übrig als Monsieur Pantopolous zuzuhören, der ihr einen Vortrag über die Unterschiede der Börsen in New York und Paris gab, nur unterbrochen von gelegentlichen Seufzern in Richtung Madelon.

„Sie ist eine atemberaubende Erscheinung", murmelte er mit kaum überhörbarer Begeisterung und Conny überlegte, was er wohl sagen würde, hätte er sie ohne Schminke gesehen.

„Als sie mich eingeladen hat, dachte ich, sie mag mich. Aber gegen Bandier nützt mir mein ganzes Geld nichts." Er jammerte noch eine Weile weiter, bis es Conny zu dumm wurde und sie mit einer Entschuldigung das Weite suchte.

Ziellos schlenderte sie zwischen den buntgekleideten, fröhlichen Menschen umher, betrachtete die Fotos und Zeichnungen an den Wänden, naschte von den angebotenen Snacks und hielt vergebens Ausschau nach etwas, auf das man sich setzen konnte. Schließlich ließ sie sich auf ein Fensterbrett fallen und streckte seufzend die Beine aus. Neben ihr stand ein Glas mit blauer Flüssigkeit, sie hatte längst aufgegeben, zu zählen, das wievielte es war.

Claptons *Wonderful Tonight* erklang und dementsprechend benahmen sich die Paare auf der Tanzfläche. Ari Pantopolous hielt Madelon fest an sich gedrückt und flüsterte Worte in ihr Ohr, die sie mit tiefen Blicken und kokettem Lachen beantwortete.

Conny fragte sich, wo Bandier wohl abgeblieben war. Sie richtete sich ein wenig auf und sah sich um. Er stand schräg gegenüber und unterhielt sich angeregt mit einem Mann, der ihm jetzt Feuer gab. Und im Licht der Flamme entdeckte Conny für den Bruchteil einer Sekunde die blanke Mordlust, die in seinen Augen stand. Zu fasziniert, um den Kopf zu wenden, wartete sie ab, was weiter geschehen würde, aber als er den Rauch seiner Zigarette tief inhaliert hatte und ihren Blick auffing, waren seine Züge wieder glatt und ausdruckslos.

Über Connys Rücken rieselte ein Schauer. „Dallas und Denver hautnah", dachte sie, ehe sie vom Fensterbrett rutschte. Mühsam quetschte sie sich durch die Menge zu einer angelehnten Tür, die sie auf der Suche nach Frischluft aufdrückte. Auch hier erklang aus Lautsprechern leise Musik und nachdem sich ihre Augen an das Dunkel gewöhnt hatten, merkte sie, dass sie in einem Waschraum stand. Sie ging auf das Waschbecken zu und löste dabei eine Lichtschranke aus, die den Raum in kaltes Neonlicht tauchte. Ihr Blick fiel auf das Keramikbord über dem Becken. In einem quadratischen Kristallglas lag ein Berg weißen Pulvers, daneben silberne Röhrchen und Löffelchen. Sie brauchte einen Moment, um zu begreifen, dass hier Kokain so selbstverständlich angeboten wurde wie draußen Kartoffelchips.

Sie wandte sich ab und hastete hinaus. Jemand reichte ihr ein Glas, sie stürzte den Inhalt unbesehen hinunter und musste prompt husten.

„Na, amüsieren Sie sich?", fragte eine Stimme gönnerhaft.

„Wenn es nach meiner Leber geht, sicher", antwortete sie atemlos und erkannte erst jetzt, wer neben ihr stand.

Kurz schoss ihr durch den Kopf, dass sie ihn „aufgeblasene Schwuchtel" genannt hatte, aber er konnte das unmöglich verstanden haben, selbst wenn er einmal Deutsch gelernt haben sollte. Also zwang sie sich zu einem Lächeln.

„Danke, dem alten blassen Mädchen geht es blendend."

Er lächelte ebenfalls, aber seine Augen blieben kalt. „Es ist mein Job, den Leuten zu sagen, was ihnen steht und was nicht. Die meisten lassen sich mein Urteil einiges kosten und sind dafür sehr dankbar."

„Ich nicht. Außerdem, ganz gleich, was ich angezogen hätte, hier sähe ich trotzdem aus, als hätte man mich von der Enterprise gebeamt", schloss sie und jetzt lachte er wirklich. „Tolle Serie."

„Für kindliche Gemüter …", versetzte Conny trocken und folgte seinem Blick eine Sekunde zu spät. So sah sie nur mehr die Eingangstür zufallen, aber nicht mehr, wer sie passiert hatte.

Bandier trank sein Glas leer und stellte es aufs Fensterbrett. Dann hielt er Conny sein Zigarettenetui hin und nahm sich, als sie den Kopf schüttelte, selbst eine. Als er wieder zu sprechen begann, hatte sie das unbestimmte Gefühl, dass eine Entscheidung gefallen war.

„Sie arbeiten gemeinsam mit Yvette?"

„Ja, sie ist auch eine gute Freundin. Wenn Sie sie vermissen … sie steht dort drüben mit dem Möchte-gern-Vollbart-Typ", fügte sie hinzu und er drehte sich um.

„Das ist Pierro, einer der Fotografen, bei ihm ist sie in guten Händen", meinte er. „Da kann ich mich unbesorgt um ein altes, blasses Mädchen kümmern. Sie haben übrigens bemerkenswerte Augen."

Conny nickte zustimmend. „Wie Smaragde, ich weiß, oder Malachit." Wenn er mit ihr flirten wollte, musste er sich etwas Besseres einfallen lassen.

Bandier schüttelte den Kopf. „Nein. Farn, auf dem Wassertropfen glitzern, das ist es."

Überrascht blickte Conny ihn an. Er schien tatsächlich mit ihr zu flirten. Sie musste gehörig einen sitzen haben, denn sie fühlte sich plötzlich geschmeichelt, dass er von all den faszinierenden Frauen, die hier herumstanden wie Kleinwagen auf der Ile de la Cité, ausgerechnet ihr seine Aufmerksamkeit schenkte.

„Und welche Farben sollte ich tragen, wenn ich in Weiß so traurig aussehe?", fragte sie mit einem koketten Augenaufschlag.

Er hielt schon wieder ein volles Glas in der Hand. „Alle Töne von Blau bis Grün, helles Pink und mattes Violett", antwortete er ohne Zögern und nahm sie am Arm. „Ach, was soll die ganze Rederei, in diesem Aufzug beleidigen Sie mein Auge. Kommen Sie mit."

„Wenn ich Ihr Auge beleidige, ist es am besten, ich verlasse diese illustre Party", schnaubte Conny eingeschnappt und riss sich los.

„Haben Sie etwa Angst?"

Diese Frage ließ sie innehalten. Zwanzig lange Jahre war sie jetzt vernünftig gewesen und zweifellos würden noch genug Jahre auf sie zukommen, in denen sie weiter vernünftig sein konnte. Warum nicht einmal mit dem Feuer spielen? Aufdringliche Typen schaffte sie sich seit Jahren mit Leichtigkeit vom Hals und mit einem, der so von sich selbst begeistert war wie Bandier, würde sie auch fertig werden. Mal sehen, wie er es anstellen wollte, sie in sein Bett zu bekommen.

„Wovor sollte ich Angst haben, etwa vor Ihnen?", erkundigte sie sich leichthin und folgte ihm zu einer schmiedeeisernen Wendeltreppe, die ins obere Stockwerk führte. Dort angekommen, blieb sie stehen und sah sich neugierig um.

„Ziehen Sie Ihre Schuhe aus", sagte er ohne sich umzudrehen.

Automatisch kam sie seinem Befehl nach und versank bei jedem weiteren Schritt bis zu den Knöcheln in einem weichen Teppich. Sie befanden sich in einem Arbeitsraum, auf den Tischen lagen Zeichnungen, Stifte, Tuschefläschchen, Fotos und Stoffmuster. An einer Wand standen metallene Kleiderständer neben Computermonitoren. Der Raum wurde durch Leuchtstoffröhren hell und nüchtern beleuchtet, zusätzlich gab es noch Spotlampen über den Zeichentischen. Eine Panoramascheibe erstreckte sich über die ganze Längsfront und bewies, dass sie sich in der obersten Etage befinden mussten.

Beeindruckt trat sie näher, sah auf das hellerleuchtete Palais du Luxembourg und die unzähligen Lichter von Paris.

„Hier, ziehen Sie das an."

Geräuschlos stand er plötzlich wieder neben ihr und reichte ihr einen Overall aus schilfgrünem Material. Atemlos griff Conny danach. Der Stoff fühlte sich an wie flüssiges Metall, und in diesem Moment wurde ihr klar, dass alles, was sie bisher für Seide gehalten hatte, damit so viel zu tun hatte, wie Mick Jagger mit den Wiener Sängerknaben. Die Versuchung, ihn auf ihrer Haut zu spüren, war zu groß.

„Wo kann ich mich umziehen?", wollte sie wissen und folgte ihm in ein anderes Zimmer.

Er knipste den Lichtschalter an. „Hier."

Alles in diesem verschwenderisch dimensionierten Raum war rot. Wände, Teppich, die wenigen, in klaren Linien gehaltenen Möbel, sogar die Laken und Kissen auf dem riesigen Bett. Sie merkte, wie er einen anderen Schalter betätigte und gleich darauf flammten hinter den Spiegelbahnen Lampen auf.

„Irgendwo muss ein Gürtel dazu sein", hörte sie ihn sagen und blickte überrascht auf, als er sich von der Tür abstieß und zurück in sein Arbeitszimmer ging.

Mit affenartiger Geschwindigkeit zog sie sich aus und streifte noch schneller den Overall über, wobei sie sich in der raffinierten Rückenpartie, die nur aus gekreuzten Bändchen zu bestehen schien, verfing. Aber immerhin war sie vollständig bekleidet, als er mit dem Gürtel zurückkam und ihn ihr reichte.

Während sie sich mit dem komplizierten Verschluss abmühte, überlegte sie, ob sie Bandier doch falsch eingeschätzt hatte. Offensichtlich wollte er sie nicht verführen, sondern nur ein bisschen nett sein. Sie hörte das Klicken eines Feuerzeugs im angrenzenden Badezimmer und schüttelte den Kopf darüber, was dieser Mann an Alkohol und Zigaretten vertragen konnte.

Dann sah sie im Spiegel die Flammen.

Mit einem Aufschrei ließ sie den Gürtel fallen und rannte ins Bad. Dort stand Bandier, in der Hand ihre neue, teure Bluse, die er an einem Ende übers Waschbecken hielt, während am anderen die Flammen hochzüngelten.

Conny fuhr auf ihn los wie eine Tigerin. „Oh, ich wusste ja, dass Sie verrückt sind. Haben Sie eine Ahnung, wie viel ich dafür bezahlt habe?", schrie sie ihn an und versuchte, ihm das brennende Stück aus der Hand zu reißen.

„Auf jeden Fall zu viel. Sie steht Ihnen nicht und feuerfest ist der Stoff auch nicht", entgegnete er lakonisch und drehte die Bluse so, dass auch der Rest in Form kleiner Flammen ins Waschbecken tropfte.

Conny war den Tränen nahe. „Hätte ich gewusst, dass ich die Party eines wahnsinnigen Pyromanen besuche, wäre ich in einem Asbestanzug gekommen", fauchte sie und umklammerte vergeblich seinen Arm.

Zu spät merkte sie, dass er längst nicht mehr auf die Bluse achtete, sondern seine ganze Aufmerksamkeit ihr selbst galt. Sie ließ seinen Arm los und machte einen Schritt von ihm weg. Schweigend sah er Conny so lange an, bis sie nervös schluckte und nur am Rande registrierte, wie er mit dem Daumen die zarte Haut an der Innenseite ihres Handgelenks streichelte, ehe er sich vorbeugte und sie küsste.

Nichts, absolut nichts in ihrem bisherigen Leben hatte sie auf das Attentat vorbereitet, das dieser Mann auf ihre Sinne verübte. Er schmeckte nach Weinbrand und Tabak, seine Lippen waren warm und erregten sie mit atemberaubender Professionalität.

Enttäuscht blickte sie ihn an, als er sich von ihr löste und mit dem Zeigefinger über ihre Wange strich, während er murmelte: „So unschuldig und so eine Keifzange."

Conny spielte mit dem Lederbändchen, das sein Haar im Nacken zusammenhielt und war weit davon entfernt, irgendetwas von dem zu begreifen, was er sagte. Der Duft seines Eau de Cologne brachte sie gemeinsam mit seiner unmittelbaren Gegenwart fast um den Verstand und sie fragte sich, wie sie ihn jemals für nichtssagend hatte halten können.

Völlig skrupellos und bar jeder damenhaften Zurückhaltung zog sie seinen Kopf zu sich und flüsterte: „Noch einmal."

Bandier lächelte. Sein Lächeln erreichte seine kühlen grauen Augen und im Nachhinein betrachtet war das der Moment, von dem an sie ihm rettungslos verfallen war.

Conny hatte keine Ahnung, wie sie zurück ins Schlafzimmer gekommen waren und noch viel weniger, wieso sie plötzlich nackt auf den roten Kissen lag, seinen Zärtlichkeiten hilflos ausgeliefert.

Während er sie wieder voller Leidenschaft küsste, richtete er sich langsam mit ihr auf, rutschte vom Bett auf den Teppich bis er vor ihr kniete und vergrub den Kopf zwischen ihren Brüsten. Seine Hände strichen über ihre Schenkel und Hüften, seine Lippen wanderten ihren Hals entlang zu ihrem Mund. Dann glitt er mit ihr zurück aufs Bett und drang mit einem einzigen Stoß in sie ein.

Völlig mit sich selbst beschäftigt, merkte er offensichtlich nicht, wie weh er ihr dabei tat, sondern hielt das Aufbäumen ihres Körpers für Ekstase und flüsterte in ihr Ohr: „Geduld, Chérie, wir haben die ganze Nacht. "

Conny krampfte die Hände in die Laken, schloss die Augen und versuchte die Tränen zurückzuhalten. Ihr erstes Mal hatte sie sich anders vorgestellt, ganz anders. Aber die Chance darauf hatte sie wohl gerade verspielt.

Irgendwann war es vorbei, er rollte von ihr weg und schlief ohne weiteren Kommentar ein. Ein hysterisches Lachen stieg in Connys Kehle auf. Soweit das Kapitel *fantastischer Liebhaber.* Hätte der Alkohol und die psychische Anstrengung ihren Körper nicht an den Rand der totalen Erschöpfung gebracht, könnte sie nichts auch nur eine Sekunde länger in diesem Bett festhalten. So aber schlief sie ein, noch ehe sie den Gedanken zu Ende gebracht hatte.

Als sie aufwachte, zeigte der Himmel über den Glaspyramiden des Bettes bereits einen rosagoldenen Schimmer und der Mann neben ihr drehte sich gerade um. Erwartungsvoll blickte ihn Conny an. Er blinzelte stöhnend und betrachtete sie aus blutunterlaufenen Augen, offensichtlich bemüht, sich an ihren Namen zu erinnern.

„Conny", half sie ihm auf die Sprünge.

Er ließ sich auf den Rücken fallen, presste die Hände an die Schläfen und murmelte etwas Unverständliches, ehe er schwankend aufstand und aus dem Zimmer torkelte. Kurz darauf kam er mit einer Flasche Orangensaft zurück, die er in einem Zug zur Hälfte leerte.

„Willst du?", fragte er und hielt ihr die Flasche hin.

Jetzt, wo sich die Alkoholschleier vollends lichteten, war ihr seine Nacktheit mindestens ebenso peinlich wie ihre eigene. Langsam zog sie die Decke hoch, setzte sich auf und nahm die Flasche. „Danke, Monsieur Bandier."

Er starrte sie an, als hätte sie zwei Köpfe. Oder vier Brüste. „Monsieur Bandier – das ist wirklich gut."

Damit ging er am Bett vorbei ins Bad. Einen Moment später hörte Conny das Rauschen der Dusche.

Warum bin ich gestern Abend nicht zu Hause geblieben, dachte sie zornig. Suchend blickte sie sich nach ihren Kleidungsstücken um, wobei ihr einfiel, was er mit ihrer Bluse angestellt hatte, und das trug nicht dazu bei, ihre Stimmung zu heben.

Der Overall lag vor dem Bett, die Unterwäsche gleich daneben. Sie beugte sich hinüber, um danach zu greifen, blieb aber wie vom Blitz getroffen sitzen, als er fragte: „Sag mal, warst du etwa Jungfrau?"

Er stand knapp vor ihr, zog den Gürtel seines roten Seidenmantels enger und vergrub die Hände in den Taschen.

Conny wurde noch dunkler als die Decke, die sie an die Brust gepresst hielt. Sie sah auf das Laken neben sich, fand dort aber keine Spuren.

„Nein, nicht auf dem Bettzeug", meinte er da auch schon, und Conny wünschte, sie wäre tot oder zumindest zehntausend Kilometer weit weg.

„Ich dachte, Jungfrauen und Einhörner gibt's nur im Märchen", sagte er und setzte sich neben sie. „Es war nicht gerade die Offenbarung", stellte er fest und strich über die Tränenspuren auf ihrer Wange.

Conny drehte den Kopf weg. „Bitte, Monsieur Bandier ..."

„Nick", verbesserte er, aber sie wiederholte: „Monsieur Bandier, es ist absolut unnötig, darüber zu diskutieren. Nachdem ich keine Jungfrau mehr bin, wird mich das Einhorn, das mich herbrachte, nicht abholen und fürs Taxi muss ich mich anziehen. Wären Sie so freundlich, mir die Sachen dort zu geben?"

Langsam stand er auf, nahm die Kleider und kam zu ihr zurück. „Die verkohlten Überreste einer hässlichen weißen Bluse haben einige Erinnerungslücken geschlossen. Ich muss ein rechtes Ekel gewesen sein."

„Ich glaube kaum, dass Sie sich anderes als gewöhnlich verhalten haben", erklärte Conny unverbindlich. „Kann ich jetzt die Kleider haben?"

Er ging um das Bett herum, ließ sich auf die andere Seite fallen, stützte den Kopf auf seine Hand und sah sie an. „Sie haben dir erzählt, dass ich ganz gut im Bett bin, nicht wahr? Und du wolltest fürs erste Mal einen tollen Liebhaber."

Aufgebracht entgegnete Conny: „Monsieur Bandier ..."

„Nick."

„Monsieur Bandier, der einzige Grund, warum ich jetzt hier sitze und mich mit Ihnen abgeben muss ist der, dass ich gestern genauso betrunken war wie Sie. Und glauben Sie mir, ich bedaure das Ganze auch ebenso sehr wie Sie."

Er rückte näher und fuhr mit dem Zeigefinger über ihre Schulter. „Wer sagt, dass ich irgendetwas bedaure?", meinte er amüsiert und Conny hielt den Atem an als sein Finger zwischen ihren Schulterblättern ankam und ihrer Wirbelsäule nach unten folgte.

„Und das Einzige, was man mir erzählt hat, ist, dass Sie Männer lieber mögen als Frauen", log sie in der verzweifelten Hoffnung, er würde sie wegen ihrer Frechheit einfach rausschmeißen, aber er machte ungerührt weiter.

„Da muss sich wohl jemand geirrt haben."

Zornig blitzte sie ihn an. Mit den halbgeschlossenen Augen und dem spöttischen Zug um den Mund glich er dem Teufel in Person. Einem sehr attraktiven Teufel.

„Du hast eine furchtbar spitze Zunge in einem furchtbar aufregenden Mund, Chérie", sagte er leise, bevor er sie küsste. „Und wir wollen doch nicht, dass diese spitze Zunge in ganz Paris herumerzählt, Nick Bandier hält nicht das, was man sich von ihm verspricht."

„Monsieur Bandier ..."

„Nick. Und es wird dir gefallen. Dieses Mal."

DREI

Am Nachmittag saß Conny in ihrem Appartement, sah trübsinnig zu, wie der Kaffee in die Glaskanne tropfte und analysierte nüchtern ihre Situation: Sie hatte sich wie ein hirnloser Teenager in Nick Bandier verknallt, mit Haut und Haaren und völlig hoffnungslos, brauchte er doch nur mit den Fingern zu schnippen, und sofort stand ein Rudel Titelblattschönheiten bereit, ihm jeden Wunsch von den Augen abzulesen.

Conny vergrub ihr Gesicht in den Händen. Wenn sie wenigstens gleich nach dem Aufwachen gegangen wäre, oder wenn er das, was er danach getan hatte, getan hätte, solange sie noch völlig betrunken war. Dann könnte sie sich vormachen, dass sie sich seine Anziehungskraft nur einbildete, weil sie nicht im Vollbesitz ihrer Sinne war.

Aber ihr Bewusstsein war so kristallklar wie eine fabriksneue, frischpolierte Fensterscheibe, als er sie mit seinem Mund, seinen Händen und dem Rest seines Körpers in einen Zustand beförderte, von dessen Existenz sie nicht die leiseste Ahnung gehabt hatte.

Traurig schlürfte sie den heißen Kaffee und erinnerte sich an seine Abschiedsworte: „Salut, man sieht sich. Viel Glück." Küsschen auf die rechte Wange, Küsschen auf die linke Wange.

Conny schnitt eine Grimasse. Ihre erste große Liebe hatte sie sich anders ausgemalt. Aber statt jubilierend auf

Wolken zu schweben, quälte sie sich ins Hôpital Forney, wo Yvette sie voller Ungeduld erwartete.

„Wohin bist du gestern verschwunden? Ich hab dich die halbe Nacht gesucht", fragte sie, kaum dass Conny die Tür zum Schwesternzimmer geöffnet hatte.

„Kannst du dir das nicht denken?"

Yvette ließ sich perplex auf einen Sessel plumpsen. „Du und Bandier? Oh, là, là. Das wird Madelon nicht gefallen. Und wie war's, ich meine wie war er?"

Conny steckte das Häubchen in ihrem Haar fest. „Toll."

Yvette fixierte sie mit gehobenen Brauen. „Komm, komm, Mädchen, Einzelheiten. Schließlich verdankst du das alles mir."

„Da hast du Recht", erwiderte Conny ironisch. „Also, es war die aufregendste Nacht, die ich jemals mit einem Mann verbracht habe. Zufrieden?"

„Das kann ich mir vorstellen. Und wo liegt das Problem?"

„Darin, dass es auch die aufregendste Nacht meines Lebens bleiben wird."

Yvette zog sie an sich. „Ach, was bist du für ein Schäfchen. Bandier ist gut für eine heiße Nacht, eine verrückte Affäre, aber doch nicht für lebenslänglich."

Conny nickte und schaffte es, nicht in Tränen auszubrechen. „Ich weiß."

„Du musst einfach lockerer werden und dein Leben genießen. So ziemlich jede Frau in dieser Stadt würde ihren rechten Arm geben, um mit Bandier in der Waagrechten zu landen. Sieh es mal so. Und vergiss nicht, in fünfzig Jahren sitzt du am Kamin, umgeben von deinen Enkeln und Urenkeln, denen der Mund offensteht, wenn sie deine Lebensgeschichte hören. Das Heute zählt, grübeln kannst du, wenn du alt und faltig bist." Aufmunternd blickte sie Conny an, die ein schiefes Lächeln zustande brachte.

„Du hast Recht, von heute an werde ich alles viel lockerer angehen", antwortete sie ohne rechte Begeisterung.

Die wollte sich auch während der nächsten Tage nicht einstellen, obwohl Conny einige Schichten zusätzlich übernahm und abends ausging, um nicht völlig durchzuhängen. Allerdings wehrte sie jeden Annäherungsversuch der hoffnungsvollen Pariser Männerwelt mit flapsigen Worten ab. Für ein paar Stunden gelang es ihr tatsächlich, sich zu amüsieren. Doch sobald sie allein in ihrer Wohnung war, schlugen ihre Gedanken Purzelbäume. Sie sehnte sich so stark danach, Nick wiederzusehen, dass ihr diese Sehnsucht körperliche Schmerzen bereitete.

Das Wissen um die Sinnlosigkeit ihrer Gefühle verstärkte ihre Verzweiflung noch, denn er würde sich nicht bei ihr melden, so viel stand fest. Vermutlich konnte er sich nicht einmal mehr an ihren Namen erinnern.

Zwei Wochen waren seit der Party vergangen, als Conny die Kleidungsstücke, die Nick ihr für den Heimweg gegeben hatte, aus der Reinigung holte. In der durchsichtigen Zellophanhülle wirkten sie wie kalte, tote Körper und Conny beschloss, sie in den hintersten Winkel ihres Schrankes zu verbannen, gemeinsam mit der Erinnerung an Nick Bandier.

Zuhause betrachtete sie die Sachen nachdenklich und dabei kam ihr eine Idee. An den nächsten beiden Tagen hatte sie keinen Dienst und darum setzte sie ihr Vorhaben gleich am folgenden Morgen in die Tat um: Sie brachte Nick die Kleider zurück.

Conny stieg im achten Stock aus dem Lift und ging auf die einzige Tür zu, die in dieser Etage existierte. Ihr Herz klopfte bis zum Hals und am liebsten hätte sie kehrtgemacht. Trotzig ignorierte sie die warnende Stimme in ihrem Kopf und drückte auf die Klingel.

Nichts geschah.

Die Stille zerfetzte Connys Nerven vollends, und innerhalb von Sekunden spielte ihr Gehirn alle Möglichkeiten durch: er schlief noch, er war gar nicht da, er war da und hatte eine Frau bei sich, er war da und hatte zwei Frauen bei sich ...

Die Tür öffnete sich und Nick lehnte mit einer Zigarette im Mundwinkel daran. Conny gab sich einen Ruck, schwenkte die Kleiderbügel und rief betont fröhlich: „Guten Morgen, ich will die Kleider zurückbringen."

Er machte eine Geste, die Conny als Aufforderung zum Eintreten verstand. Die Tür fiel wie der Mechanismus einer Mausefalle hinter ihr zu, aber Conny redete wasserfallartig weiter: „Ich hatte gerade in der Gegend zu tun, und da dachte ich, es wäre doch nett, Hallo zu sagen."

Er schwieg noch immer. Hätte sie mehr Erfahrung im Umgang mit Menschen seiner Art gehabt, wäre ihr aufgefallen, dass er randvoll mit Alkohol und Drogen war und seine ganze Aura aus bitterböser Aggression bestand, die nur auf ein Ventil wartete, um loszuschlagen.

Langsam schlenderte er an ihr vorbei. „Ach, du wolltest die Sachen zurückbringen und Hallo sagen", wiederholte er und drehte sich abrupt um. Mit schnellem Griff nahm er ihr die Kleiderbügel ab. „Ich wette, dafür möchtest du etwas, Chérie, nicht wahr?", säuselte er und Conny begriff, dass er ihren Namen tatsächlich vergessen hatte.

Aber in seiner Gegenwart tendierten alle ihre vernünftigen Instinkte dazu, sich auf Nimmerwiedersehen zu verabschieden. Wie ein hypnotisiertes Kaninchen ließ sie sich auf den weichen Teppich ziehen und glaubte gerührt, dass ihn bei ihrem Anblick einfach die Leidenschaft überwältigt hatte.

Später lagen sie nebeneinander in Nicks Bett und auf seinem Gesicht spiegelte sich derselbe Ausdruck, wie auf der Party, als er aus heiterem Himmel heraus mit ihr zu flirten begonnen hatte.

„Was", erkundigte er sich im Plauderton, „hältst du davon, wenn wir heiraten?"

Conny starrte ihn fassungslos an. „Du willst ein Mädchen heiraten, dessen Namen du nicht weißt und das du zweimal gesehen hast?"

„Du heißt Constance Lechner und wir haben uns heute zum dritten Mal getroffen. Aber ob drei Mal oder dreißig Mal, wo liegt der Unterschied? Entweder man passt gleich zusammen oder gar nicht."

„Und das tun wir?", fragte Conny ungläubig.

Er warf ihr einen anzüglichen Blick zu. „Findest du nicht?"

Sie ignorierte seinen Einwurf und sagte stattdessen: „Warum ich? Eine Etage tiefer würden sich Dutzende Top-Models darum prügeln, mit dir vor den Altar zu treten. Und jedes davon ist besser geeignet, Madame Bandier zu sein als ich."

„Immerhin bist du die einzige Frau, die ich jemals gefragt habe."

Das war nicht die Antwort, die sie hören wollte, auch wenn sie möglicherweise der Wahrheit entsprach. Conny räusperte sich, um Zeit zu gewinnen. Ihre Gedanken liefen im Kreis. Hin- und hergerissen von ihren Gefühlen versuchte sie, einen davon festzuhalten und eine sachliche, logisch begründbare Entscheidung zu treffen. Aber das Einzige, was ihr in den Sinn kam, war die alles andere auslöschende Vorstellung, Tag und Nacht mit Nick zusammen zu sein.

„Du liebst mich doch?", fragte er leise.

Es zu leugnen, hieß zu leugnen, dass sie atmete. Mit Nick zu leben würde nicht einfach werden ... aber ein Leben ohne ihn glich ewiger Verdammnis.

„Hör mal, Stan, Garantien gibt's nie."

Es war das erste Mal, dass er sie so nannte, und Conny wusste nicht ob es ihr gefiel, doch ehe sie etwas einwenden konnte redete er schon weiter.

„Aber wir können den Weg ein Stück gemeinsam gehen."

Diese Worte überzeugten Conny mehr als ein dramatischer Liebesschwur. Sie atmete tief durch und blickte ihm in die Augen. „Einverstanden, Nick. Ich heirate dich."

Sein Kuss besaß größere Ähnlichkeit mit der Belohnung für ein braves Schulmädchen als mit der leidenschaftlichen

Besiegelung eines Versprechens, aber Conny war zu glücklich, um es zu bemerken.

Nick ließ sie los und stand auf. „Gut, dann lass uns fahren. Hast du irgendwelche Papiere bei dir?"

Zum zweiten Mal innerhalb einer halben Stunde blickte ihn Conny fassungslos an. „Du willst noch heute heiraten?"

„Was heißt heute, jetzt gleich. Hast du Papiere bei dir?"

„Nur meinen Führerschein", entgegnete Conny matt.

„Gut, dann fahren wir zuerst bei dir vorbei." Er öffnete den Schrank und griff sich wahllos einen Anzug und ein Hemd.

„Aber das geht doch nicht. Sicher gibt es Fristen und Bestimmungen und ... und ... was weiß ich", wandte sie ein.

„Das hier wird alle Schwierigkeiten aus dem Weg räumen", er hielt ihr ein Bündel Fünfhundert-Francs Scheine hin. „Zieh dich an. Willst du dir unten etwas aussuchen?"

Conny kratzte die Reste ihrer Selbstachtung zusammen. „Nein, ich trage das Kleid, mit dem ich hergekommen bin."

„Gut, beeil dich", befahl er und griff, als er ihr rebellisches Gesicht sah, nach ihrem Kinn. „Hängt dein Herz etwa an Orgelmusik und blumenstreuenden Kindern?", erkundigte er sich spöttisch und Conny schüttelte den Kopf. „Ausgezeichnet. Immerhin bekommst du den leibhaftigen Nick Bandier, dafür kannst du schon ein kleines Opfer bringen."

VIER

Zwei Tage später stand Conny im Schwesternzimmer des Hôpital Forney und stapelte Infusionsbestecke in die Kästen, als die Tür auflog und Yvette mit dem *Figaro* in der Hand hereinstürzte.

„Ist es wahr, Conny, ist es wirklich wahr? Du hast Nick Bandier geheiratet?"

Conny lachte. „Ja, es ist wahr. Nick und ich sind seit vorgestern verheiratet. Willst du die Urkunde sehen? Ich muss sie noch ins Personalbüro bringen."

Yvette stemmte die Arme in die Hüften und hob die Brauen. „Was genau hast du angestellt, dass er dir einen Heiratsantrag gemacht hat? Sag's mir, vielleicht komme ich auch mal in so eine Situation."

Conny zuckte die Schultern. „Vermutlich hat er eingesehen, dass ich das Beste bin, was ihm passieren konnte. Dann hat er mich gefragt, ich habe ja gesagt, Nick hat dem Standesbeamten einen Haufen Geld auf den Tisch geknallt, und eine Viertelstunde später war ich Madame Bandier."

Kopfschüttelnd ließ Yvette die Arme sinken und ging auf Conny zu. „Damit hätte ich in hundert Jahren nicht gerechnet, aber du siehst, manchmal gibt es die gute Fee, die alle Wünsche erfüllt, nicht nur im Märchen. Ich wünsch dir viel Glück, Liebes." Sie umarmte Conny und fragte dann: „Wie hat Madelon reagiert?"

„Auf der Party, die Nick gestern im Atelier gegeben hat, habe ich sie nicht gesehen – und ob er ihr etwas gesagt hat, keine Ahnung."

Über diesen Punkt sollte sie nicht lange im Unklaren bleiben. Yvette telefonierte gerade und Conny schrieb den Tagesbericht, als die Tür aufflog und Madelon in einem schwarz-gelb gestreiften Kleid, in dem jede andere Frau wie die Biene Maja ausgesehen hätte, vor ihr stand.

„Hinterhältiges, mieses Flittchen ..."

Conny lehnte sich in ihrem Sessel zurück und fixierte die Frau. „Conny Bandier. Sehr erfreut."

Madelon starrte sie an. „Sehr witzig, aber das Lachen wird Ihnen noch vergehen", zischte sie und warf einen *Paris Matin* auf den Tisch, bevor sie langsam fortfuhr: „Sie glauben allen Ernstes, dass Nick sich auf den ersten Blick in Sie verknallt hat, nicht wahr, Herzchen?"

Ohne auf eine Antwort zu warten, sprach sie weiter: „Schlagen Sie den Gesellschaftsteil auf, dann wird Ihnen nicht nur ein Licht, sondern ein ganzer Kronleuchter aufgehen!"

Während Conny die Zeitung durchblätterte, zündete sich Madelon eine Zigarette an, blies den Rauch graziös von sich und musterte Conny aus schmalen Augen. „Hat es Sie nicht verwundert, meine Liebe, nach dieser *spontanen* Hochzeit Dutzende Reporter und Fotografen vor dem Standesamt anzutreffen?"

Conny hatte die Seite gefunden. In der einen Spalte wurde über Nick Bandiers Heirat berichtet und in der anderen über die Verlobung von Madelon Fenchette mit Ari Pantopolous, die am Abend desselben Tages in einem exklusiven Szene-Lokal stattgefunden hatte.

Betroffen sah Conny die Frau an. „Wann haben Sie Nick von Ihrer Verlobung erzählt?"

„Beginnt es zu dämmern?" Madelon machte eine effektvolle Pause. „Ein paar Stunden bevor er Sie geheiratet hat."

Sie ließ Conny ein paar Sekunden Zeit, diese Mitteilung zu verdauen, ehe sie mit hasserfüllter Stimme weitermachte: „Sie sind ihm nachgelaufen wie ein liebeskrankes Hündchen. Er brauchte nur die Hand auszustrecken und hatte eine Retourkutsche für mich. Jedes Flittchen aus der Gosse hätte denselben Zweck erfüllt."

Conny spielte mit dem Kugelschreiber. Es gelang ihr, gelassen und mit einem kühlen Unterton zu antworten: „Aber am liebsten wären Sie es doch selbst gewesen, Mademoiselle Fenchette. Sie wollen gar nicht Monsieur Pantopolous' Frau werden, sondern Nick eifersüchtig machen, damit er zu Kreuze kriechen und Sie heiraten würde. Nick hat geheiratet, aber mich. Dumm gelaufen – für Sie, Mademoiselle Fenchette."

„Sie glauben also immer noch, dass Nick in Sie verknallt ist", stellte Madelon mitleidig fest, setzte sich und schlug die langen Beine übereinander. „Wollen Sie wissen, warum er Sie auf der Party verführt hat?"

Conny wurde blass und merkte nicht, dass Yvette fast im Medikamentenkasten verschwand. „Sie wissen ...?"

Herablassend sah Madelon sie an. „Natürlich weiß ich es, Herzchen. Glauben Sie etwa, es war das erste Mal, dass er mich betrogen hat?" Sie lachte perlend, wenn auch etwas zu laut. „Wenn ich für jedes Mal einen Franc bekäme, brauchte ich an meine Altersversorgung keinen Gedanken mehr zu verschwenden. Allerdings beweist er sonst mehr Geschmack bei der Auswahl seiner Affären. Wahrscheinlich war er mal wieder voll bis unter die Haarwurzeln", fügte sie böse hinzu. „Nick hat Sie verführt, weil ich sein Ego an diesem Abend angekratzt habe und er eine schnelle Eroberung brauchte. Außerdem hielt er Sie für ein anmaßendes Gänschen. Seine Worte übrigens, nicht meine."

„Wann ... wann hat er das gesagt?", stammelte Conny, in deren Kopf gerade die Gedanken durcheinanderstoben wie Schneeflocken.

„Als wir auf der Party miteinander tanzten. Aber er hat sich bereits im Krankenhaus über Sie und Ihre Unverschämtheit geärgert."

Conny hatte das Gefühl, jemand leere einen Kübel kalten Wassers über ihrem Kopf aus.

„Nick spricht Deutsch?", krächzte sie ungläubig.

Kopfschüttelnd betrachtete Madelon sie. „Ob er Deutsch spricht? Was wissen Sie eigentlich über ihn, außer dass er ein Weltmeister im Bett ist?" Sie beugte sich vor und ließ dem Kübel kalten Wasser eine Ladung Eiswürfel folgen. „Seine Mutter stammt aus Salzburg und er ist dort aufgewachsen."

Conny war überzeugt, sich nie wieder von diesem Sessel erheben zu können.

„Hätten Sie mir nicht den einzigen Mann gestohlen, der mir etwas bedeutet", begann Madelon dramatisch und stand auf, „dann hätte ich jetzt fast Mitleid mit Ihnen. Nick wird sich niemals von mir trennen, ganz egal, ob er verheiratet ist oder ob ich es bin."

Sie griff nach einem Stück Zwieback, das auf dem Tisch lag. „Sie spielen nicht in seiner Liga. Wenn er mit Ihnen fertig ist — ich schätze, in etwa sechs Monaten — wird von Ihnen nur mehr so viel übrig sein."

Die Scheibe fiel zu Boden und Madelon zermahlte die Stücke aufreizend langsam mit der Sohle ihres Stöckelschuhs. Das Geräusch ließ Conny das Blut in den Adern gefrieren.

„Leben Sie wohl, Madame Bandier, und machen Sie sich keine Illusionen: Wir sehen uns bestimmt wieder."

Das Stakkato der Stilettoabsätze hallte in Connys Ohren wie Kanonenschüsse, die ihre Welt in Trümmer legten. Schaudernd blickte sie Madelon nach und zuckte zusammen, als Yvette die Hand auf ihre Schulter legte. „Die Frau hat vielleicht Nerven, du glaubst diesen Schwachsinn doch nicht etwa?"

Conny fühlte sich noch immer wie betäubt. Ihr war heiß und kalt zugleich. Ihr Magen zog sich zusammen und eine Welle von Übelkeit überrollte sie, während ihre Kehle schmerzte, als hätte sie jemand gewürgt. Konnte das tatsächlich war sein? Mühsam brachte sie heraus: „Ich ... ich weiß nicht. Sonderbar ist sein plötzlicher Entschluss ja schon."

„Männer sind sonderbare Wesen", dozierte Yvette weise. „Andersrum, traust du ihm so eine Gemeinheit zu?"

Conny rieb ihre Oberarme, um die Kälte zu vertreiben, die sich unaufhaltsam in ihr ausbreitete. „Die traurige Wahrheit ist", antwortete sie langsam, nachdem sie eine Weile nachgedacht hatte, „ich habe nicht die leiseste Ahnung, wozu Nick Bandier fähig ist oder nicht. In der Position, in der er sich befindet, gibt es niemanden, der ihn daran hindert, sich so zu benehmen, als gehöre ihm das Universum."

„Na, das wäre doch ein Job für dich." Aufmunternd blickte Yvette sie an.

„Ich will aber keinen Mann, dem ich erst beibringen muss, dass er ein Mensch ist, und kein vom Olymp herabgestiegener Halbgott. Ich will jemanden der nett und einfühlsam ..."

Yvette begann hemmungslos zu lachen. „Und da hast du dir ausgerechnet Nick Bandier geschnappt? Ich hab ihn ja nur zweimal getroffen, aber sogar mir ist klar, dass er nicht zur Marke netter Zeitgenosse gehört "

„... und verständnisvoll ist", schloss Conny würdevoll und Yvette tätschelte ihren Arm.

„Sag's mir, wenn du so einen Typen triffst. Du bist schließlich aus dem Rennen, aber ich kümmere mich gern um ihn."

„Ach, mach dich nur lustig über mich."

„Ich mach mich nicht lustig über dich, aber wenn du allen Ernstes glaubst, unter Nick Bandiers attraktiver Haut versteckt sich ein Ausbund an Tugend, dann bist du nicht mehr naiv, sondern einfach dumm."

Sie schwiegen beide.

Seufzend griff Yvette schließlich nach ihrer Tasche. „Schaffst du deine restlichen vier Stunden?"

Ausdruckslos sah Conny sie an. „Kein Problem. Schönen Abend."

„Ciao, bis morgen." Yvette winkte ihr von der Tür aus zu und verschwand.

Conny war froh, während der nächsten Stunden zu beschäftigt zu sein, um ins Grübeln zu kommen, aber irgendwann war ihre Schicht zu Ende und sie holte ihren Mantel aus der Garderobe.

Jemand hatte neben ihre Schuhe ein Buch gelegt. „Pakt mit dem Teufel. Die unglaubliche Geschichte von DOBAN" stand darauf. Zwischen den Seiten steckte ein Zettel mit den Worten: *Kleine Überlebensausrüstung. Alles Liebe, Yvette.*

Mit gerunzelter Stirn betrachtete Conny das Buch und beschloss im *coque d'or* einen Zwischenstopp einzulegen. Sie setzte sich an einen der hinteren Tische, bestellte einen *croque monsieur* und einen großen *café crème* und begann zu lesen.

Zwei Stunden und drei *café crème* später klappte sie das Buch zu. Enttäuschenderweise erfuhr man von Nicks Leben abseits von DOBAN und seiner Jugend nur wenig. Seine Eltern hatten sich scheiden lassen, als Nick dreizehn Jahre alt war. Marc Bandier war das Talent zu eigen, als Finanzmakler mit Millionenbeträgen zu jonglieren. Kurz nach der Scheidung wurde er weltweit von Interpol gesucht.

Sophia Bandier stieg dank eines Ehevertrags völlig schuldenfrei aus den Trümmern ihrer Ehe. Zwei Jahre später heiratete sie Manfred Becker, den deutschen Kaufhauskönig, und zog mit ihrem Sohn nach München.

Mit sechzehn ging Nick nach Paris, lebte in elenden Absteigen und von noch elenderen Gelegenheitsjobs. Nebenbei begann er seine ersten Modelle zu entwerfen, er malte auf dem Asphalt der Place du Tertre und vor Notre Dame, zeichnete Touristen in den Cafés auf dem Montmartre oder auf den Champs Elysées.

Schließlich ergatterte er eine Stelle als Laufbursche bei Dior, wo er sich während der nächsten Jahre alles aneignete, was er noch nicht wusste. Aber als er mit einer Mappe seiner Entwürfe bei den großen Modehäusern vorsprach, wurde er abgelehnt. Man bescheinigte ihm durchaus Talent, aber seine Modelle waren zu unkonventionell, als dass die renommierten Firmen ihren guten Ruf für einen Flop aufs Spiel gesetzt hätten.

So blieb das einzige Resultat seiner Suche die Tatsache, dass Dior ihn als Verräter der Hausgeheimnisse betrachtete und hochkant hinausschmiss.

Und nicht nur ihn, sondern auch einen Fotographen, mit dem Nick zu diesem Zeitpunkt zusammenlebte: Michel Malacru. Nicht gewillt, ihre Ziele aufzugeben, beschlossen sie, eine eigene Präsentation auf die Beine zu stellen und organisierten dafür bei zwielichtigen Geldverleihern das nötige Kapital.

Erstaunlicherweise hatte Nick es nach dieser Nacht im Château Tignac tatsächlich geschafft. Die Zeitungen feierten ihn als Shooting-Star der Szene, Dominic Bandier war ab diesem Zeitpunkt das Synonym für avantgardistische Mode. Mit seiner zweiten Kollektion hatte er sich endgültig etabliert, ein Jahr später gründete er mit Michel Malacru den DOBAN Konzern. Er flog von Triumph zu Triumph, alles, was er berührte, verwandelte sich postwendend in Erfolg.

Da er gleichzeitig die Teilnahme an karitativen Veranstaltungen verweigerte, vermutete ein Reporter in seiner Kolumne „Nick Bandier unterschrieb einen Pakt mit dem Teufel". Mangels eigener Ideen griffen seine Kollegen diesen Satz begeistert auf und *der Pakt mit dem Teufel* wurde zum geflügelten Wort, wenn DOBAN wieder mit etwas reüssierte, das andere Unternehmen nicht einmal in Betracht gezogen hätten.

Auch Madelon Fenchette wurde erwähnt. Sie war seit vier Jahren das DOBAN Mädchen. Das bedeutete, dass sie nicht nur auf den internationalen Catwalks präsent war, sondern auch Kosmetika, Parfums und Accessoires auf Plakaten und in Spots bewarb.

Zu Connys Bedauern waren zwar jede Menge Fotos und Zeichnungen von Modellen, Modeschauen und Prominenten in DOBAN-Ensembles in dem Buch, aber keine Bilder von Nick selbst. Zu gerne hätte sie gewusst, wie er vor zehn Jahren ausgesehen hatte.

Anzunehmen, er wäre damals kein selbstherrlicher Egozentriker gewesen, war ein Luxus, den sich Conny nur kurz gönnte. Schließlich zog er schon zu jener Zeit Werte wie Menschlichkeit und Mitgefühl durch seine Ablehnung von Hilfsaktionen für Menschen, die ohne diese Hilfe zu Elend und Not verurteilt waren, durch den Schmutz.

Warum ihn die Medien deshalb nicht in der Luft zerrissen, war Conny ein Rätsel. „Er hat sie alle in der Hand", dachte sie. „Wie ein Puppenspieler zieht er die Fäden und wartet, was passiert. Und so wie die Dinge liegen, sind Madelon und ich jetzt die Marionetten in Nick Bandiers Stück."

Im Studio mühten sich die Deckenspots heldenhaft ab, die Nebelwand aus Zigarettenqualm zu durchdringen. Auf jedem der Tische befand sich zwischen den Stiften und Blättern mindestens ein überquellender Aschenbecher und dort wo Nick saß, stand eine fast leere Cognacflasche.

Conny trat zu der Panoramawand und öffnete ein Fenster, ehe Nick sie bemerkte.

„Überstunden gemacht?", fragte er ohne aufzusehen.

„Man könnte es so nennen", antwortete sie auf Deutsch, aber er reagierte nicht.

„Warum hast du mir nicht gesagt, dass du in Salzburg aufgewachsen bist?"

Er unterbrach seine Arbeit noch immer nicht. „Du hast mich nicht gefragt", stellte er fest – wieder auf Französisch.

Conny blieb vor ihm stehen und nahm ihm den Stift aus der Hand. „Himmel, ich habe dich auch nicht gefragt, ob du Mormone bist. Nick, wir haben dieselbe Muttersprache und du lässt mich mühsam jeden Satz formulieren."

Er lehnte sich im Sessel zurück. „Dein Französisch ist perfekt, und das weißt du auch. Außerdem ist Deutsch – wie du richtig erkannt hast – die Sprache meiner Mutter, nicht meine. Ich spreche sie seit vierzehn Jahren nicht mehr, und ich werde sie auch in Zukunft nicht mehr sprechen, nie mehr."

Conny vergrub die Hände in den Taschen ihres Mantels. „Du hast meine Beleidigung im Krankenhaus verstanden. Hast du mich deshalb verführt – um mir das Gegenteil zu beweisen?"

„Deine charmante Bemerkung über meine intimen Gewohnheiten?", säuselte er und ein boshaftes Funkeln trat in seine Augen. „Natürlich habe ich sie verstanden. Aber man hat mich schon ganz anders beschimpft, sei beruhigt, und ich werfe einen hübschen Mann, von dem ich mir eine aufregende Nacht verspreche, auch nicht aus meinem Bett. Ich meine, du als meine Frau solltest das wissen, falls ich jemand mitbringe."

Conny ignorierte seine Provokation und konzentrierte sich auf das Wesentliche. „Nick, warum hast du mich geheiratet?"

Er stand auf und holte einen sauberen Aschenbecher. „Du willst also reinen Tisch machen. Bist du ganz sicher, dass du das wirklich willst?", erkundigte er sich lakonisch und hielt ihr ein Glas Cognac hin. „Nimm es, du wirst es brauchen."

Conny schüttelte nur den Kopf.

Er blieb vor ihr stehen und drehte das bauchige Glas mit der bernsteinfarbenen Flüssigkeit in der Hand. „Also gut, ich habe dich – speziell dich – geheiratet, weil ich Madelon damit am meisten treffen konnte."

Da Conny schwieg, fuhr er fort: „Auf der Party, zu der du mit Yvette kamst, hatten wir wieder einmal Krach und Madelon machte sich daraufhin mit Ari aus dem Staub. Ich wusste, dass sie dich nicht ausstehen kann und dass sie über eure gemeinsame Freundin Yvette erfahren würde, mit wem ich die Nacht verbracht habe."

Er ging um den Tisch herum und setzte sich. „Wie erwartet, schäumte Madelon, als sie erfuhr, mit wem ich mir die Zeit vertrieb, während sie Aris feurigen Liebesschwüren lauschte. Die gute Madelon hätschelt seit längerer Zeit den Gedanken, auf ihren Kreditkarten den Namen Bandier zu lesen. Da ich ihre Begeisterung nicht teilte, drohte sie mir, sie würde Ari erhören, sollte ich mich nicht endlich zu einer Entscheidung durchringen."

Nick stellte das Glas weg und zündete sich eine Zigarette an. „Ich rang mich zu einer Entscheidung durch, aber nicht zu der, die Madelon erwartet hatte. Ich plante, eins der Models zu heiraten, damit sie das Ergebnis ihrer Erpressung ständig vor Augen hätte. Außerdem sollte sogar Madelon begreifen, dass ein Mann nicht zwei Frauen heiraten kann."

Er stützte beide Ellbogen auf den Tisch. „Gerade als meine Überlegungen an diesem Punkt ankamen, standest du mit den Kleidern vor meiner Tür. Dich hatte ich komplett vergessen, aber ich erinnerte mich an Madelons Reaktion auf unsere Nacht. Und der Gedanke, ausgerechnet die Frau, die sie verabscheute wie der Teufel das Weihwasser, könnte Madame Bandier werden, hat mein kaltes, grausames Herz sehr erwärmt."

Er machte eine Pause und streckte sich. „Abgesehen davon, bist du noch so grün hinter den Ohren, dass es mich keine großen Anstrengungen kostete, dich zu überreden mich zu heiraten."

„Aber du willst mich genauso wenig wie Madelon, da hättest du ja gleich sie heiraten können", versuchte Conny heiser ein Eckchen Logik festzuhalten.

Er sah sie an und auf seinem Gesicht lag ein harter Ausdruck. „Erstens lasse ich mich nicht gerne unter Druck setzen und zweitens wird eine Scheidung von dir wesentlich einfacher und billiger als von allen anderen Frauen, die ich kenne", schloss er und sah Conny nach, die mit vor dem Mund gepresster Hand an ihm vorbei ins Bad lief, wo sie sich stöhnend übergab.

Nachdem sie sämtliche *café crème* und *croque monsieur* in die Kanalisation gespült hatte, wusch sie ihr Gesicht und betrachtete es im Spiegel.

„Himmel, in was für eine Welt bin ich nur geraten, das darf doch alles nicht wahr sein", murmelte sie und kroch dann fröstelnd ins Bett. Sie fühlte sich, als hätte sie ein

Lastwagen überrollt. Ein Lastwagen, auf dem in Riesenlettern Nick Bandier stand.

Madelons drastische Vorführung mit der Zwiebackscheibe fiel ihr ein. Sechs Monate hatte sie gesagt und es dauerte nicht einmal drei Tage.

FÜNF

Conny hatte geschlafen wie eine Tote und sah jetzt verblüfft auf die Zeiger ihrer Armbanduhr. Halb zwölf. Glücklicherweise war heute ihr freier Tag, denn sie hatte vergessen, die Weckzeit zu aktivieren. Die Ereignisse des gestrigen Tages schienen irreal und weit entfernt. Sie schob sie noch ein Stück tiefer in den Nebel und beschloss, sich damit auseinanderzusetzen, wenn sie sich besser fühlte. Steif kroch sie aus dem Bett, schlüpfte in ihren Bademantel und schlurfte gähnend in die Küche.

Dort saß Nick an der Theke und las in der *Le Monde*. Neben ihm stand eine Kanne dampfenden Kaffees und ein Teller goldgelber Croissants.

Sie ignorierte seine Anwesenheit, holte eine Tasse vom Regal, nahm die Kanne und setzte sich auf den Hocker, der am weitesten von ihm entfernt stand. Eher hätte sie sich die Zunge abgebissen, als seinen Gruß zu erwidern. So füllte sie schweigend ihre Tasse, löffelte einen Berg Zucker hinein und fügte Milch hinzu. Während sie umrührte, starrte sie stur geradeaus und zog ihre Hand weg, als er danach griff.

Seufzend faltete er die Zeitung zusammen. „Du wolltest die Wahrheit hören."

„Wärest du ein menschliches Wesen, dann hättest du gelogen", antwortete sie einsilbig und fragte sich, wie es möglich war, dass er aussah als käme er von einer Kur in den Alpen, während sie ohne Probleme Klaus Kinski in *Nosferatu* doubeln konnte.

„Schau, du hast doch auch Vorteile davon. So lange wir verheiratet sind, brauchst du nicht mehr zu arbeiten, du besitzt Schränke voller Modellkleider, um die dich alle Frauen von Paris beneiden, du lernst interessante Menschen kennen und kannst eine schicke Party nach der anderen besuchen. Übrigens haben schon mehrere Reporter angerufen, die Interviews mit dir machen wollen, vielleicht kommst du sogar ins Fernsehen", fügte er mit einem Gesichtsausdruck hinzu, als wäre er der Weihnachtsmann, der einen Sack voller Geschenke vor ihr öffnete.

Hatte der Kaffee es nicht geschafft, ihre Lebensgeister zu wecken, seine Worte brachten sie innerhalb weniger Sekunden von null auf hundert. „Das darf doch wohl nicht wahr sein", begann sie gefährlich ruhig. „Soll ich jetzt auch noch Dankeschön dafür sagen, dass du mich für deinen miesen Plan missbrauchst? Zu deiner Information: Ich liebe meine Arbeit, ich werde sie ganz bestimmt nicht aufgeben. Ich werde auch niemals, ich wiederhole niemals, eines deiner Kleider tragen", fauchte sie wütend und zerkrümelte ein unschuldiges Croissant. „Denn abgesehen davon, dass ich für deine fantastischen Kreationen vierzig Zentimeter zu klein, dafür aber dreißig Kilo zu dick bin, verträgt es sich nicht mit dem letzten Rest Selbstachtung, der mir noch geblieben ist."

Sie hatte sich so in Rage geredet, dass sie Luft holen musste, ehe sie fortfuhr. „Und wenn du mit interessanten Menschen solche meinst, die nicht wissen, ob sie Männchen oder Weibchen sind und deren größte Sorge es ist, dass ihr Name in den Klatschspalten richtig geschrieben wird, dann lehne ich ebenfalls dankend ab, und die Partys ..."

„Okay, okay, ich habe verstanden", unterbrach er sie und verschränkte die Arme im Nacken. „Ich habe unten eine Besprechung, gegen zwei sollte ich fertig sein. Gehen wir zusammen essen?"

„Hast du mir überhaupt zugehört?"

„Natürlich habe ich dir zugehört. Du hast mir deine Sicht der Dinge mitgeteilt. Gut. Gehst du jetzt mit mir essen oder nicht?"

„Du nimmst mich nicht ernst, oder?"

Er legte die Zeitung weg und stand auf. „Guter Gott, Stan, entspann dich und sieh die Sache nicht so verbissen. Wir können es doch ganz nett zusammen haben. Schließlich bin ich dir nicht gänzlich zuwider", stellte er augenzwinkernd fest.

„Da wäre ich mir nicht so sicher", entgegnete Conny trocken.

Er lachte und ging zur Tür. „Aber, aber, ich bin's doch, dein Märchenprinz."

„Da muss bei der Verwandlung etwas schiefgegangen sein. Ich sehe nur einen großen glitschigen Frosch", stellte sie bissig fest.

„Du solltest nicht so viel Zucker nehmen, das macht aggressiv", ließ er sie wissen und wich geschickt der Zeitung aus, die an ihm vorbeiflog.

Finster starrte ihm Conny hinterher. *„Wir können doch eine angenehme Zeit zusammen haben"*, äffte sie ihn nach. Yvettes Bemerkung fiel ihr ein und sie musste lächeln, als sie sich vorstellte, wie sie im Kreise ihrer Enkelchen saß und erzählte: „Die erste meiner fünf Ehen schloss ich zwar nicht im siebenten Himmel, dafür aber in Paris."

Connys Dienstzeiten machten ein geregeltes Zusammenleben mit Nick praktisch unmöglich, da sie oft erst heimkehrte, wenn er noch um die Häuser zog. Es überraschte sie daher nicht, an einem der nächsten Tage das Penthouse zu nachtschlafener Zeit in völliger Dunkelheit und gespenstischer Stille vorzufinden. Durstig wollte sie in die Küche. Dabei kam sie an der Wendeltreppe vorbei und hörte Madelons helle Stimme aus dem Atelier: „... heirate ich Ari natürlich nicht. Ich weiß jetzt, wie kindisch ich mich benommen habe und es tut mir leid, Nick, dass du deshalb diese unverschämte kleine Schlange heiraten musstest."

„Die unverschämte kleine Schlange ist unschuldiger als du und ich es je waren, Chérie, selbst als wir noch Windeln trugen."

„So unschuldig kann sie nicht sein. Immerhin hat sie die Chance, die sich ihr bot, mit beiden Händen ergriffen", sagte Madelon spitz und Nick lachte. „Das setzt dir wohl am meisten zu, nicht wahr? Ich sagte auch unschuldig, nicht dumm. Darüber hinaus liebt sie mich bis zur Selbstaufgabe, denn jede andere Frau wäre nach meinen Enthüllungen Hals über Kopf aus dem Haus gestürzt. Und ich muss sagen, dass mir diese Art der Anbetung ausnehmend gut gefällt."

„Ach, und ich liebe dich nicht, willst du das damit sagen? Was haben wir dann hier gemacht, Murmeln gespielt?"

Madelons Stimme bekam einen schrillen Unterton und Conny wandte sich ab. Nick hatte Unrecht. Sie war dumm, hirnverbrannt dumm. So dumm zu glauben, Nick könnte sie liebgewinnen, dabei war sie nur ein zusätzlicher Stein in der Mauer seiner Selbstherrlichkeit. Besäße sie nicht unglücklicherweise das Rückgrat eines Regenwurms, würde sie ihre Siebensachen packen und noch in dieser Stunde zum besten Anwalt von Paris laufen, der Nick eine Scheidung lieferte, die ihn für den Rest seines Lebens zum Sozialhilfeempfänger degradierte. Müde ging sie in die Küche und verzichtete darauf, den weiteren Verlauf des Gesprächs mit anzuhören.

„Chérie, das einzige Wesen, das du liebst, siehst du täglich im Spiegel und das, was wir hier getrieben haben, hat mit Liebe so viel zu tun, wie Himbeermarmelade mit frischen Himbeeren."

„Du bist immer so furchtbar romantisch, Nick. Aber du lebst schon so lange von Himbeermarmelade, dass du frische Himbeeren nicht erkennen würdest, selbst wenn sie vor dir stünden."

Nick zuckte die Achseln. „Durchaus möglich, aber ich lebe auch von Himbeermarmelade nicht schlecht, man überisst sich nur so schnell daran."

„Du bist reichlich unverschämt, Nick", entgegnete Madelon eisig.

Er grinste. „Liebst du mich nicht gerade deshalb?"

Madelon begann ihre Kleidungsstücke einzusammeln. „Ari behandelt mich nicht so wie du. Er hat Achtung und Respekt vor mir."

„Er kennt dich auch erst vier Wochen."

Madelon schüttelte den Kopf. „Du hast vor niemandem Achtung, das ist der Punkt, schon gar nicht vor einer Frau, die mit dir schläft."

„Schau an, erteilt Ari Nachhilfe in Psychologie?", erkundigte sich Nick ironisch und rollte sich auf den Bauch. „Du solltest ihn wirklich heiraten, Ari, meine ich. Er hat die Nerven und die Geduld, die ein Mann für dich braucht."

Madelon, die in ihre Kleider stieg, hielt mitten in der Bewegung inne. „Wolltest du mich deshalb nicht heiraten, weil ich dir zu anstrengend bin?"

„Du beklagst dich doch immer über mein mangelndes Temperament. Ich fände es ausgesprochen ermüdend, dich dauernd aus fremden Betten zu holen, dich an allen möglichen Abenteuern zu hindern und meine Konten zu sperren oder in die Schweiz zu verlagern, damit du sie nicht ausräumst. Du bist eine charmante Freundin, aber für mich wärst du eine miserable Ehefrau, Chérie."

„Ach, und die Kleine ist keine miserable Ehefrau?"

„Sie ist mir so hörig, dass sie nackt über die Champs Elysées laufen würde, sollte ich das von ihr verlangen. Und sie sieht andere Männer auch dann nicht an, wenn sie in der Umkleidekabine von Olympic Marseille auf den Beginn der zweiten Halbzeit warten müsste, so fixiert ist sie auf mich", erwiderte Nick in schöner Bescheidenheit.

Kopfschüttelnd blickte ihn Madelon an. „Im Grunde sollte ich hundert Kerzen spenden, dass du mich nicht geheiratet hast."

„Bei deiner Zukunftsplanung solltest du berücksichtigen, dass dein Vertrag nur bis zu deinem dreißigsten Geburtstag läuft. Es sind zwar noch ...."

„Oh, untersteh dich, Nick, mein Alter ist meine Privatsache", unterbrach sie ihn wütend und stapfte zum Eingang.

„Bis zu deinem dreißigsten Geburtstag, sicher."

An der Tür blieb sie stehen und drehte sich noch einmal um. Ihre Miene hatte sich aufgehellt. „Wenn ich Ari wirklich heirate, machst du mir dann das Kleid?", fragte sie kokett.

„Wenn du Ari Pantopolous heiratetest, entwerfe ich dir ein Kleid, gegen das jenes von Lady Di ein schlichtes Nachthemd ist und von dem man noch in zwanzig Jahren reden wird", versprach er, warf ihr eine Kusshand zu und stieg die Wendeltreppe hinauf.

Als er durchs Schlafzimmer ins Bad ging, bemerkte er einen wirren Haarschopf, der unter der roten Seidendecke hervorlugte.

„Stan?", fragte er überrascht.

„Lass mich gefälligst in Ruhe, Nick. Ich will schlafen, morgen ist mein freier Tag, weck mich also ja nicht", knurrte Conny unter der Decke.

„Wie lange bist du schon da?"

„Zu lange. Und fass mich nicht an, ich habe doch gesagt, ich bin müde", fauchte sie als er nach der Decke griff.

Sie entspannte sich erst als sie die Dusche prasseln hörte. Dem Surren des Rasierapparates folgte eine bedrohliche Stille. Conny hoffte, er möge über so viel Kinderstube verfügen, seinen Körper nicht in dieses Bett neben sie zu legen, kam er doch gerade von einer anderen Frau.

Sie hoffte vergeblich. Umgeben von einer raumfüllenden Parfumwolke ließ er sich auf die Matratze fallen, dass das Bett krachte und Conny spürte, wie sich ihre Nackenhaare einzeln aufrichteten. Sogar ein unsensibler Typ wie Nick musste den Widerwillen spüren, den sie ausstrahlte.

„Du kannst jederzeit verschwinden, wenn dir etwas nicht passt", hörte sie seine kalte Stimme, bevor er sich unter seiner Decke ausstreckte. Wenig später verrieten seine regelmäßigen Atemzüge, dass er eingeschlafen war.

Als sie aufwachte, war es früher Nachmittag und sie war allein. Nicht nur im Bett, sondern in der ganzen Wohnung. Die Küche war klinisch sauber und der Kühlschrank genauso leer wie am Abend zuvor. Also entschied sich Conny dafür, im nächsten Bistro eine Kleinigkeit zu essen. Sie eilte die Wendeltreppe hinunter, durchquerte blitzschnell das Atelier, um Nick nicht zu begegnen, und drückte auf den Liftknopf.

Die Tür ging auf und Nick stand gemeinsam mit einem Mann in dunklem Anzug und Aktenköfferchen vor ihr.

„Stan, das ist Louis Dutronc von Cartier. Monsieur Dutronc, Constance, meine Frau."

Dutronc nahm seinen Koffer in die andere Hand, griff nach Connys Fingerspitzen, die er andeutungsweise an die Lippen hob und meinte: „Sehr erfreut, Madame Bandier, welch charmanter Zuwachs für die DOBAN Familie. Sie kommen auch aus der Modebranche?"

„Nein, diesbezüglich scheine ich wohl das schwarze Schaf der guten DOBAN Familie zu sein", entgegnete sie pampig, stieg in die Liftkabine und drückte *rez de chaussée*.

Nick legte die Hand auf die Lichtschranke. „Wo gehst du hin?"

„Etwas essen, wenn ich darf", gab sie kurz angebunden zurück.

„Bringst du mir was mit? Madame Aurore ist krank, wie du beim Anblick des Kühlschranks sicher bemerkt hast."

Madame Aurore hielt die Wohnung in Ordnung, wusch die Wäsche, kochte und achtete darauf, dass der Kühlschrank gefüllt war. Sie redete nicht viel, wenigstens nicht mit ihr.

„Was soll's denn sein? Cognac oder zur Abwechslung einmal Bourbon?"

Nick sah sie genervt an.

„Oder eine Stange Gauloise? In deinem Päckchen sind ja nur mehr fünfzehn Stück."

„Sandwiches, bring einfach ein paar schöne dicke Sandwiches mit", antwortete er dann sehr ruhig.

„Gut. Soll die dazugehörige Kellnerin rothaarig sein, oder tut's auch eine Brünette?", erkundigte sie sich giftig und versuchte nicht zu bemerken, wie attraktiv er aussah, wenn er grinste.

Nick nahm die Hand von der Lichtschranke. „Noch was, Stan, keinen Zucker in deinen Kaffee, sonst zerreißt es dich, bevor du mit den Sandwiches wieder zurück bist."

Die Türhälften schlossen sich, ehe sie ihn umbringen konnte.

Conny frühstückte im *coque d'or*, trödelte dann bewusst in einer kleinen Buchhandlung herum, und so waren fast drei Stunden vergangen, als sie im Maison DOBAN aus dem Lift stieg und im Atelier nach Nick fragte. Sie fand ihn in seinem Arbeitszimmer über einen der Tische gebeugt stehen, neben ihm eine rothaarige Frau in einem weiten Pelzmantel. Im ersten Moment dachte Conny, dass es sich um Madelon handelte, aber als sie näherkam, erkannte sie ihren Irrtum. Die Frau hätte Madelons Schwester sein können, ihre ältere Schwester.

Conny warf das Päckchen mit den Broten auf den Tisch und die beiden blickten von den Papieren auf.

„Ist die Kellnerin also bereits vorgegangen", stellte sie fest und schenkte der Frau, die ihre feingezupften Brauen hob, einen abschätzigen Blick.

Nick begann das Päckchen zu öffnen. „Das ist Madame Richard. Monique, meine Frau Constance. Oh, gleich *zwei* Stück, mit Gurke *und* Tomate, wirklich sehr lecker", meinte er ironisch.

„Sie hatten sonst nur Huhn, und davon wirst du impotent, wegen der Hormone, du weißt schon. Und das wollen wir doch nicht", fügte sie in ihrem besten Krankenschwesterntonfall hinzu, ehe sie sich der Frau zuwandte: „Erfolgreiche Jagd gehabt, Madame? Von Ihrem Mantel tropft Blut."

Das Schweigen konnte man mit dem Messer schneiden. Schließlich begann Madame Richard in versöhnlichem Ton zu sprechen: „Sie sind also Nicks Frau, ich habe von der

Hochzeit gelesen, aber vorgestellt habe ich Sie mir ganz anders."

„Wer hat das nicht."

„Nick und ich sind alte Bekannte. Ich war das erste DOBAN Mädchen", erklärte Madame Richard, noch immer freundlich.

„Dann sind Sie also Madelons Vorgängerin."

„Stan, es reicht", unterbrach Nick sie scharf, aber Madame Richard hob lächelnd die Hand.

„Lass sie doch, Nick, sie hat ja Recht. Wenn Sie jemanden suchen, der Ihnen Ratschläge über den Umgang mit Nick Bandier geben kann, wenden Sie sich vertrauensvoll an mich. Wir können uns gerne zu einem Frühstück verabreden", bot sie mit einem aufmunternden Lächeln an.

Conny ballte die Hände in den Brusttaschen ihres Sweaters zu Fäusten. Das Letzte, was sie wollte, war eine Verabredung mit einem von Nicks Bettwärmern.

Madame Richard wandte sich wieder an Nick und sagte, als wäre Conny gar nicht da: „Sie ist wirklich sehr süß, wie ein kleines Kätzchen …"

Conny spreizte die Finger und ließ ein lautes Fauchen hören.

„… ein Kätzchen, das aus Versehen in der Waschmaschine gelandet ist."

Conny ließ die Hände sinken und zuckte die Schultern. Gegen die Frau kam sie nicht an. Langsam drehte sie sich um und sah erst jetzt einen etwa fünfjährigen Jungen, der sie mit offenem Mund anstarrte. Vor lauter Faszination merkte er nicht, dass er das Tuschefläschchen schief hielt.

„Nick, die kleine Kröte entwirft gerade ein neues Muster für deinen Teppich. Scheinbar ist Talent vererbbar", meinte sie höhnisch und registrierte mit Befriedigung die Alarmlichter, die in Madame Richards Augen aufleuchteten.

Nick setzte den Jungen auf einen Tisch, schraubte das Tuschefläschchen zu und rieb ihm die Hände mit einem Taschentuch ab. Dem Kleinen kamen die Tränen und Conny hasste sich in diesem Moment selber.

„Ist doch nicht so schlimm, Pat", tröstete ihn Nick und zauste ihm das Haar. „Wir stellen einfach etwas drüber", schlug er vor und sah sich um. Als er dabei Connys Blick begegnete, ließ sie seine Verachtung schaudern.

„Dort steht eine große Vase. Glaubst du, du kannst mir helfen, sie hierher zu tragen? Alleine schaffe ich das nicht."

Der Junge nickte begeistert und hüpfte vom Tisch.

Hand in Hand gingen sie zu der bauchigen Vase, die fast so groß wie Patrick war, schoben sie gemeinsam quer durchs Zimmer und Nick schnaufte und stöhnte gebührend dabei.

Die beiden Frauen sahen ihnen zu. Madame Richard fing ihren Sohn auf, der strahlend zu ihr lief, und wirbelte ihn in der Luft herum.

„Das hast du wirklich gut gemacht, Pat", lobte sie, während sie Conny aus schmalen Augen betrachtete. „Sind Sie immer so gereizt, oder haben Sie Ihre Tage?"

Conny erwiderte ihren Blick und entgegnete bissig: „Sie haben Recht, ich bin nicht immer so gereizt, sondern nur dann, wenn ich unbefriedigt bin."

Nick, der neben ihr die Papiere zusammenschob, holte geräuschvoll Luft, und Madame Richard meinte: „Das wundert mich nicht. Sie sind absolut nicht der Typ, auf den Nick steht."

„Nicht gewöhnlich genug, ich weiß." Conny nickte beifällig und starrte Madame Richard kampflustig an.

Der Junge drückte sich an seine Mutter und wickelte sich in den weiten Pelzmantel. „Gehen wir heim, Maman, bitte, hier ist es heute nicht schön", bettelte er leise und Madame Richard hob ihn hoch. „Ja, wir fahren nach Hause, hier ist es heute wirklich nicht schön", sagte sie zu ihm. „Bemüh dich nicht, Nick, wir finden selber hinaus, und du musst ja wohl oder übel hierbleiben."

Sie ließ sich und den Jungen auf beide Wangen küssen, ignorierte Conny, und meinte jovial: „Übrigens, viel Spaß noch."

Nick lehnte sich mit vor der Brust verschränkten Händen an den Tisch. „Fühlst du dich jetzt besser?"

52

Unbehaglich antwortete sie: „Wie soll ich mich denn fühlen, wenn ich auf Schritt und Tritt über deine Freundinnen stolpere? Langsam gewöhne ich mich ja dran, aber ob ich das auch bei einer Legion deiner Sprösslinge schaffe, weiß ich nicht."

Nick rieb sich die Stirn und legte den Kopf in den Nacken. „Patrick ist nicht mein Sohn. Ich bin weiß Gott kein Chorknabe, aber glaubst du nicht, du übertreibst mit deinen Verdächtigungen? Oder hast du vor, mittels Rundschreiben alle meine Geliebten auf der Place Vendôme zu versammeln und sie von einer Standarte erschießen zu lassen?"

„Mittels Rundschreiben? Ich denke, man sollte Flugzettel vom Eiffelturm werfen, damit sich niemand übergangen fühlt", antwortete sie ironisch und wollte an ihm vorbei in die Küche gehen.

„Dein Benehmen heute hat sehr zu wünschen übriggelassen."

„Ich hab mich wohl verhört." Sie drehte sich um und sah ihm direkt ins Gesicht. „Mein Benehmen? Und was ist mit deinem Benehmen? Wir sind neunzehn Tage verheiratet, an wie vielen von diesen neunzehn Tagen hast du mich betrogen, oder machen wir es einfacher, an wie vielen hast du mich nicht betrogen?"

„Du wusstest, wen du heiratest. Ich habe dir keine Versprechungen gemacht, absolut keine, und schon gar nicht habe ich dir ewige Treue geschworen", erwiderte er kalt.

„Und ich habe nicht geschworen, alle deine Unverschämtheiten mit gutem Benehmen zu ertragen."

„Du benimmst dich wie ein eigensinniges Kind."

„Du warst derjenige, der gesagt hat, wir passen gut zusammen. Scheinbar tun wir das wirklich."

Sie starrten sich sekundenlang böse an, bis Nick plötzlich lachte und Conny an sich zog. „Auf jeden Fall brauchst du nie wieder versuchen, mir einzureden, dass du jeden Satz mühsam formulierst."

Er strich eine Haarsträhne aus ihrer Stirn und fuhr mit dem Finger über ihre Wange zu ihrem Mund. Conny entging der Ausdruck auf seinem Gesicht nicht. „Das Letzte, was ich jetzt will, Nick, ist Sex."

Er nahm die Hand weg, hielt Conny aber trotzdem fest. „Ich dachte, du fühlst dich vernachlässigt", meinte er sanft.

Conny zuckte die Achseln. „Es ist keine Art Probleme zu lösen, auch wenn du bisher damit durchgekommen bist. Du schiebst die Probleme bloß vor dir her, außerdem weißt du genau, es braucht nicht viel, um mit mir unter die Decke zu kriechen."

Nick seufzte und ließ sie los. „Und, was willst du tun?" Er sah auf ihre Armbanduhr. „Mittlerweile ist es fast sechs. Deine köstlichen Sandwichs liegen noch immer unberührt dort auf dem Tisch – wo sie auch bleiben werden. Das heißt, ich habe heute außer zwei Litern Kaffee und einem Becher Joghurt, den mir eine mitleidige Seele zusteckte, nichts im Magen."

„Dem willst du abhelfen", sagte Conny verständnisvoll. „Gut, lass uns essen gehen."

Nick schlenderte in die Küche und lehnte sich an den Kühlschrank. „Ich schlage vor, wir ergänzen unsere Vorräte, schließlich wissen wir nicht, wie lange Madame Aurore krank ist, und solange sie nicht definitiv mit einem Bein im Grab steht, will ich hier keine fremde Haushälterin haben. Was hältst du davon, ein paar Delikatessen zu besorgen und ein hübsches Kerzenlichtdinner zu veranstalten?"

Im Geiste sah Conny auch, wo das Kerzenlichtdinner enden würde. Aber nicht deshalb räusperte sie sich unbehaglich. „Ein netter Gedanke, äh, nur, ich kann nicht kochen."

„Sag das noch einmal."

Conny wand sich unter seinem spöttischen Blick. „Du hast mich schon verstanden."

„Meine überaus perfekte kleine Ehefrau kann nicht kochen." Er begann schallend zu lachen. Conny rammte ihm den Ellbogen in die Rippen und Nick krümmte sich kichernd.

„Ich weiß nicht, was daran so komisch ist", sagte sie beleidigt. „Kann Madelon kochen?"

Nick zuckte die Schultern. „Keine Ahnung."

„Warum ist das dann bei mir so lustig?"

„Weil man bei dir nicht glaubt, dass du irgendetwas nicht kannst. Patent, tüchtig, energisch, immer am Organisieren, immer in Bewegung", entgegnete er und rieb sich die Stelle, wo sie ihn gestoßen hatte.

Conny schnitt eine Grimasse. „Das klingt ja furchtbar. Wie die Charakterstudie eines Reklamemädchens für Scheuerpulver."

„Was ist furchtbar daran, kein hilfloses Traumännlein zu sein? Nur so haben deine Wünsche eine Chance, in Erfüllung zu gehen. Die gute Fee gibt's bloß im Märchen."

„Das ist mir inzwischen auch schon klar geworden", murmelte sie bedrückt.

Er griff nach ihrem Kinn, damit sie ihn ansehen musste, bevor er sie küsste. Als er wieder den Kopf hob, sagte Conny leise: „Der einzige Weg hier raus führt übers Schlafzimmer, nicht wahr?"

„Stört es dich wirklich so sehr?", fragte er ungläubig.

„Nein", antwortete sie kalt. „Warum soll ich nicht nehmen, was ich kriegen kann? Es ist Zeit, dass ich alles viel lockerer sehe."

Ihre Hand glitt unter den elastischen Bund seiner Hose, und sie merkte, wie er den Atem anhielt.

„Schüchtern?" erkundigte sie sich spöttisch.

„Nur erstaunt."

Sie warf den Kopf in den Nacken. „Warum? Wir sind doch gerade dabei, die Dinge auf den kleinsten gemeinsamen Nenner zu bringen."

Er sah sie an und schob ihre Hand weg. „Zieh dich um, wir gehen essen."

Conny betrachte mit gerunzelter Stirn ihre Kleider und entschied sich für ein elegantes türkisfarbenes Kostüm. Sie schminkte sich auch sorgfältiger, als sie es sonst tat und musterte sich prüfend im Spiegel. Ein großes buntes Schokoladenosterei mit Schleife sah ihr entgegen. Am liebsten hätte sie sich das ganze Zeug vom Leib gerissen, das Gesicht gewaschen und wäre in Jeans und T-Shirt geschlüpft.

Aber ihr Pensum an Streit war für heute gedeckt, also zeigte sie ihrem Spiegelbild die Zunge und ging hinüber zu Nick.

Er lümmelte in einem der Drehstühle, hatte die Beine auf den Tisch gelegt und starrte durch die Panoramascheibe auf den purpurfarbenen Himmel über der Stadt. Neben ihm stand eine halbleere Flasche Cognac. Die Versiegelung auf dem Boden bewies, dass er die fehlende Menge in der kurzen Zeit geschafft hatte, die sie zum Umziehen brauchte.

Sie hasste es, wenn er sich so planlos betrank, denn mit seinem Betragen in diesem Zustand machte er ihr Angst. Der boshaften Arroganz und dem unglaublichen Zynismus, die dabei zum Vorschein kamen, war sie nicht gewachsen.

„Ich bin fertig", sagte sie leise und er drehte sich um. Sein Blick war eine glatte, unverhohlene Beleidigung.

„Hübsch", meinte er im gleichen Tonfall, als spräche er von einem widerlichen, aber interessanten Insekt in einer Glasvitrine. Er nahm ein schwarzes Cape und stieg die Wendeltreppe hinunter. Conny folgte ihm schweigend durchs Atelier, wo noch immer Betriebsamkeit herrschte, zum Lift. Gedankenverloren blickte sie zurück. „Warum benützt eigentlich keiner deiner Angestellten die Treppe?"

"Weil sie wissen, dass sie entlassen werden, wenn sie es tun. Außer dir, geliebtes Weib", er verbeugte sich spöttisch, „gibt es nur eine Person, die meine Privatsphäre jederzeit ungestraft stören darf, die Person, der die andere Hälfte von DOBAN gehört."

„Und wer ist das?"

„Michel Malacru. Besser bekannt unter dem Namen Patchou, weil er immer zehn Meter gegen den Wind nach Patchouli stinkt."

Sie waren in der Garage angelangt und der Chauffeur öffnete hilfsbereit die Wagentür einer schwarzen Citroen-Limousine mit verspiegelten Scheiben. Nick fuhr nie selbst, sie wusste nicht einmal, ob er einen Führerschein hatte.

Als sie im Fond nebeneinandersaßen, griff Conny den Faden wieder auf. „Michel Malacru, das ist der Fotograf, der dir bei deiner ersten Modeschau geholfen hat."

„Da hat jemand brav seine Hausaufgaben gemacht", spottete er. „Ja, Patchou ist der beste Fotograf, den DOBAN hat."

„Warum habe ich ihn noch nicht getroffen?"

„Er ist seit drei Monaten verschwunden. Eines schönen Tages tauchte er bei mir auf, um den Hals zwei Kameras, in der Hand eine Reisetasche und teilte mir mit, dieser degenerierten Stadt für eine Weile den Rücken kehren zu müssen, da er sonst zugrunde ginge. Seitdem ist er weg, und Madelon spuckt Gift und Galle, da sie die Aufnahmen für die neue Kosmetikserie mit jemand anderem machen muss."

„Das arme Mädchen", meinte Conny betont mitfühlend.

„Kannst du nicht für fünf Minuten damit aufhören?", fragte er gereizt.

„Du schaffst es ja nicht, zwei Sätze hintereinander ohne ihren Namen auszusprechen", wehrte sie ab und sah betont gelangweilt aus dem Fenster, um nicht weiterdiskutieren zu müssen.

Das Restaurant war sehr vornehm, eine Menge devoter Maîtres wieselte lautlos um die Tische und Nick wurde vom Obermaître persönlich begrüßt, der sich auch nicht entblödete festzustellen: „Sie sind also Nicks Frau, welche Überraschung."

Conny lächelte breit: „Nick ist ja für Überraschungen bekannt, nicht wahr?"

Ein eisiger Blick aus grauen Augen brachte sie postwendend zum Schweigen und sie begnügte sich den Rest des Abends damit, die Gläser mit Aperitif, Rotwein, Digestif und Cognac zu zählen, die Nicks Kehle passierten.

Auf der Heimfahrt konnte Conny nur daran denken, was passieren würde, sobald sich die Wohnungstüre hinter ihnen geschlossen hatte. Mittlerweile bedauerte sie zutiefst, ihn am Nachmittag, als er nüchtern und ausgeglichen war, zurückgewiesen zu haben. So sternhagelvoll würde er sie wieder behandeln, als wäre sie irgendein namenloses Flittchen, nur gut zum gefühllosen Befriedigen seiner Begierde.

Und zu wissen, dass es auch ganz anders sein konnte, war das Schlimmste dabei. Oh, Himmel sie wusste es viel zu gut, weil ihr Körper vor Sehnsucht nach ihm schmerzte, wenn sie ihn ansah, wie er dumpf vor sich hinbrütend in der Ecke des Wagens lehnte und die vorbeihuschenden Lichter dämonische Reflexe auf sein Gesicht warfen.

Verständnislos beobachtete sie, wie er aus dem Fach der Armlehne eine kleine Dose und ein silbernes Löffelchen hervorholte und begann, das weiße Pulver in seine Nase zu stopfen.

„Nick", flüsterte sie atemlos, „weißt du überhaupt noch, *was* du da tust?".

„Aber, aber, Chérie", entgegnete er ironisch, „so wie du mich ansiehst, willst du heute Nacht deinen Spaß mit mir haben. Und da dein Äußeres ganz und gar nicht stimulierend wirkt, brauche ich eben einen anregenden Muntermacher." Er hielt ihr die Dose hin. „Willst du auch?"

Vor Abscheu schloss Conny die Augen. „Du bist nichts weiter als ein alkohol- und drogenzerfressenes Wrack", presste sie mühsam zwischen den Zähnen hervor.

Er nickte zustimmend. „Was für poetische Worte du an mich verschwendest, und welch Glück, dass nicht alle Teile von mir zerfressen sind, geliebtes Weib, so bin ich wenigstens zu etwas nütze." Er warf ihr eine Kusshand zu, bevor er die Utensilien wieder verstaute.

Rein äußerlich war ihm überhaupt nichts anzumerken, als sie den Wagen verließen und mit dem Lift hochfuhren. Er fand problemlos das Schlüsselloch und betrat die Wohnung. Conny folgte ihm schweigend mit gesenktem Kopf.

Als er sich umdrehte und mit einem abgrundtief bösen Ton in der Stimme sagte: „Und jetzt, meine Liebe, jetzt ...", ging sie auf ihn zu, legte die Arme um seinen Hals und küsste ihn mit verzweifelter Zärtlichkeit, obwohl ihr klar war, dass er wahrscheinlich nicht einmal wusste, mit wem er gleich ins Bett stieg.

SECHS

Conny hatte den Penthouseschlüssel vergessen, verließ deshalb den Lift bereits im Atelier und wollte mit einem schnellen Gruß zur Treppe eilen, als sie bemerkte, dass etwas anderes vorging als gewöhnlich.

Nick und zwei andere Männer, die Maßband, Kreide und Stecknadeln mit unglaublicher Präzision handhabten, bewegten sich zwischen einem Haufen fast nackter Mädchen als wären es Möbelstücke.

Gegen ihren Willen blieb Conny stehen und sah zu. Madame Verbier, eine der Direktricen, trat zu ihr und begrüßte sie freundlich.

„Ist Mademoiselle Fenchette auch hier?", fragte Conny und Madame Verbier lächelte nachsichtig.

„Doch nicht bei einer ersten Anprobe. Kommen Sie, von dort drüben haben Sie einen besseren Überblick." Sie führte Conny zu einem Tisch beim Fenster und Conny setzte sich auf die Tischplatte.

Die Sachen, die die Mädchen trugen, hatten mit Kleidern im herkömmlichen Sinn nichts zu tun, und hätte man sie um ihre Meinung gefragt, hätte Conny nur hilflos den Kopf schütteln können. Da sie aber ohnehin keiner fragte, wickelte sie das in der Boulangerie Cantrel gekaufte Päckchen aus und trank einen Schluck Schokomilch.

Nick ging um jedes einzelne Mädchen herum, änderte eine Kleinigkeit dort oder da und trat dann zurück, um sein Werk zu betrachten. Schließlich schien er zufrieden zu sein, denn einer der Männer rief: „Okay, Schluss für heute."

Jetzt erst bemerkte Nick sie und kam näher. „Hallo, Stan." Sein Blick ruhte jedoch unmissverständlich auf den neben ihr ausgebreiteten Gebäckstücken.

Conny lachte. „Madame Aurore ist also noch nicht wieder da."

„Erraten. Ich darf doch?"

Conny sah eins der Mädchen auf sich zukommen. Nick verdrehte die Augen und wandte sich ab.

„Oh, Monsieur Bandier, mein Name ist Patricia Duval, und das ist mein erster Job für DOBAN, und ich möchte mich bedanken, und das ist alles so schrecklich aufregend", zwitscherte sie zusammenhanglos und da Nick so betont an seinem Bissen kaute, wandte sie sich an Conny, um zu zeigen, wie gut sie sich über ihren Boss informiert hatte. „Und Sie müssen Madame Aurore sein. Ich habe schon gehört, dass Sie für Monsieur Bandiers leibliches Wohl zuständig sind."

Conny hörte, wie Nick hustete und lächelte freundlich. „Ja, ich kümmere mich gelegentlich um Monsieur Bandiers Wohlbefinden."

„Ach, das muss ja so aufregend sein, täglich für Monsieur Bandier zu arbeiten, ihm seine Lieblingsgerichte zu kochen und seine fantastische Garderobe in Ordnung zu halten", meinte Mademoiselle Duval mit Betonung auf fantastisch.

Nick war mittlerweile einem Erstickungsanfall nahe und während Conny ihm den Rücken klopfte, erwiderte sie: „Sie wissen gar nicht, wie Recht Sie haben, vor allem seine Dessous sind alles andere als pflegeleicht."

Sie merkte, wie sehnsuchtsvoll Mademoiselle Duval den Pappteller mit den Desserts betrachtete und sagte leutselig: „Ich würde Ihnen ja ein Stück anbieten, aber womöglich verlieren Sie Ihren Vertrag, wenn sie hundert Gramm zunehmen."

Mademoiselle Duval seufzte. „Ja, leider stimmt das haargenau. Sie können wirklich froh sein, sich als Putzfrau mit solchen Problemen nicht herumschlagen zu müssen."

Conny nickte weise. „Wenn man einmal fünfundsechzig Kilo erreicht hat, lebt man völlig ungeniert."

„Madame Bandier, Telefon", rief Madame Verbier und winkte mit dem erhobenen Hörer.

Conny sprang vom Tisch.

„Sie sind ... ach herrje", stammelte das Mädchen. „Und dabei habe ich gedacht, Monsieur Bandier ...", sie verstummte abrupt.

Nick hatte mit hochgezogenen Brauen zugehört und sagte jetzt gelassen: „Wenn Sie auch in Zukunft für DOBAN arbeiten wollen, hören Sie von jetzt an auf zu denken. Obwohl mir schwer fällt zu glauben, dass Sie das jemals getan haben."

Als Conny vom Telefon zurückkam, lagen nur mehr zwei *chausson aux pommes* auf dem Tisch und Nick trank von ihrer Schokomilch.

„Es war Yvette, ich muss morgen eine Stunde früher anfangen, sie schieben zwei Operationen ein."

Nick wischte sich mit dem Handrücken den Mund ab, was bei seiner sonst zur Schau gestellten Affektiertheit völlig deplatziert wirkte. „Du hättest sie wirklich im Glauben gelassen, die Putzfrau zu sein?"

„Warum nicht? Es ist ein durchaus ehrenwerter Beruf, und wenn sie glaubt, nur Frauen, die ein hübsches Gesicht auf einem 180 Zentimeter großen und 50 Kilo leichten Körper herumtragen, haben Anrecht auf die Rosinen des Lebens, wird sie noch früh genug ins Schleudern kommen."

Sie wickelte das verbliebene Gebäck in Papier und trank die Schokomilch aus. Dann schüttelte sie den Kopf. „Sag mal, Nick, ist Schwachsinn ersten Grades Voraussetzung um als Model arbeiten zu können?"

Er lachte. „Eigentlich nicht, aber ich muss zugeben, dass der Prozentsatz an Verrückten in unserer Branche höher ist als in der Restbevölkerung."

Conny warf die leere Plastikflasche in den Abfallbehälter. „Gut zu wissen, ich hatte schon das Gefühl, mit mir stimmt etwas nicht."

„Salut, Conny, schön dich zu sehen." Jean-Pierre Pinasse klopfte ihr freundschaftlich auf die Schulter.

„Grüß dich, Pierro, wie geht's?"

„Mal so, mal so. Was macht übrigens deine temperamentvolle Freundin?" erkundigte er sich unschuldig.

„Yvette? Sie hat bis zehn Uhr Dienst. Warum?"

„Nick – salut, Chef – schmeißt heute eine Runde durch unsere Stammlokale, vielleicht hat sie Lust mitzukommen."

Conny dachte an Yvettes Freund Raoul, aber das war schließlich nicht ihr Problem. „Wenn du willst, gebe ich dir die Nummer vom Krankenhaus, du kannst sie ja selbst fragen", schlug sie vor und er zog einen zerknitterten Zettel samt Filzstift aus seiner abgewetzten Lederjacke.

Conny schrieb ihm die Nummer auf und gab ihm den Zettel zurück. Er bedankte sich und hob zum Abschied die Hand. „Salut, wir sehen uns im *Marquis*", sagte er abschließend und Conny rief ihm nach: „Starke Jacke, Pierro."

Stirnrunzelnd sagte Nick: „DAS gefällt dir?"

Gemeinsam stiegen sie die Treppe hoch. „Natürlich, das ist eine Fliegerjacke aus dem zweiten Weltkrieg."

„Und woher willst du das wissen?"

„Mein Vater hat immer davon geträumt, selbst zu fliegen. Er hat's nie geschafft, aber er hat alles gesammelt, was mit Fliegerei zu tun hat. Wenn du mir nicht glaubst, frag' Pierro, du siehst ihn ja später."

Nick lehnte an der Tür. „Du kommst nicht mit?"

Conny schüttelte den Kopf. „Wenn ich morgen früher raus muss als sonst, gehe ich besser zeitig schlafen. Außerdem gibt's heute *Casablanca* im Fernsehen, da wäre ich auf gar keinen Fall weggegangen."

„Das ist nicht dein Ernst", meinte er ungläubig.

„Doch."

„Bandier in Farbe gegen Bogart in Schwarzweiß", spottete Nick.

„Ein ganzer Bogart gegen einen Bandier, den ich mit halb Paris teilen muss."

„Ach komm, Stan, du wirst doch nicht wirklich den ganzen Abend vor der Flimmerkiste hocken wollen", rief er.

„Doch", wiederholte Conny und schwenkte zwei Säckchen Chips. „Es ist einer meiner Lieblingsfilme und ich habe ihn lange nicht mehr gesehen. Dich sehe ich schließlich jeden Tag."

Nick sagte nichts mehr und ging ins Bad, während Conny in seinem Arbeitszimmer ein paar Kissen an der Wand gegenüber des Fernsehers aufstapelte.

In der Küche entdeckte sie eine leicht angestaubte Flasche Cidre, die sie entkorkte und gemeinsam mit den in eine große Schüssel geleerten Chips wieder hinübertrug.

Gerade als sie es sich bequem gemacht hatte, erschien Nick an der Tür, eine Symphonie in Rot und Schwarz. Rot waren Hemd und Hose, schwarz die Raulederstiefel ohne Absatz, die taillenkurze Jacke und der gut fünfzehn Zentimeter breite Gürtel, beides aus weichem Samt. Connys Hand mit dem Kartoffelchip blieb auf dem Weg zum Mund in der Luft hängen.

„Willst du nicht doch mitkommen", erkundigte er sich, ging zu einem der Schränke und nahm eine Flasche Cognac, aus der er sich ein Glas eingoss. An seinen Fingern funkelten zahlreiche Ringe und das üblichen Lederbändchen in seinem Haar war durch eine juwelenbesetzte Spange ersetzt worden.

Mit lautem Knirschen biss sie in den Chip. Wenn sie ihn so gehen ließ, war sie an allem, was weiter passierte selbst schuld.

„Nein, wirklich nicht, viel Spaß", wünschte sie ihm scheinbar ungerührt und fügte, als er fast weg war, hinzu: „Fang' dir keine Krankheiten ein, als Ehemann trägt man eine gewisse Verantwortung."

Er drehte sich um und tat das, was Conny am wenigsten erwartete: er lächelte, kam auf sie zu und ging vor ihr in die Hocke. Das Parfum, das er trug, war um Klassen stärker als sein übliches und Conny schnappte nach Luft.

„Ich wünsche dir auch einen schönen Abend mit dem lieben Bogey und dem guten Paul Henreid", sagte er genüsslich, beugte sich vor und berührte ihren Mund leicht mit seinen Lippen.

Conny war, als hätte sie einen elektrischen Schlag bekommen und sie klammerte sich an der Schüssel fest. Ausgesprochen zufrieden sah Nick sie an, bevor er sich aufrichtete und sie endgültig verließ.

Die Tür fiel ins Schloss und das Geräusch brachte Conny wieder zur Besinnung. Sie starrte auf den Bildschirm, ohne dort irgendetwas zu sehen, und sprach das einzige Wort aus, das zu ihrer Situation passte: „Merde."

Als Nick zu vorgerückter Stunde sein Schlafzimmer betrat, war das Bett leer. Geräuschlos ging er in sein Arbeitszimmer, schaltete den flimmernden Fernseher aus und die Deckenbeleuchtung ein. Conny lag in seinem roten Seidenmantel zusammengerollt in den Kissen, die Flasche Cidre war leer und umgekippt, auch von den Chips waren nur mehr ein paar Brösel übrig.

„Monique hat recht, sie sieht wirklich aus wie ein Kätzchen, das aus der Waschmaschine gefallen ist", dachte er, ehe er sie hochhob und ins Schlafzimmer trug.

Die Armbanduhr piepste fünf Minuten vor fünf und Conny stand wie von Fäden gezogen auf. Nick vergrub seinen Kopf unter dem Kissen und grunzte ein paar unverständliche Worte.

In Connys Schläfen hämmerten die sieben Zwerge um die Wette und stöhnend suchte sie nach einem Aspirin. Erst jetzt fiel ihr auf, dass sie Nicks Mantel trug und langsam tröpfelte die Erinnerung wieder in ihr schmerzendes Gehirn.

Unfähig, sich auf den Film zu konzentrieren, hatte sie den Cidre schneller und gründlicher beseitigt als ihr guttat. Voller Weltschmerz und Selbstmitleid wickelte sie sich dann in Nicks Mantel, um wenigstens irgendetwas von ihm festhalten zu können und war eingeschlafen, noch ehe Paul

Henreid mit Ingrid Bergmann im Nebel verschwand. Und nachdem sie im Bett aufgewacht war, musste sie es auch auf eine mysteriöse Weise bis dorthin geschafft haben. Wie genau, entzog sich allerdings ihrer Erinnerung, so sehr sie sich auch den Kopf zermarterte.

Sie traf Yvette vor dem Krankenhaus, und da sie Jean-Pierres Jacke trug, brauchte Conny gar nicht zu fragen, ob er sie erreicht hatte.

„Wie war's?", fragte sie statt einer Begrüßung.

Yvette verdrehte schwärmerisch die Augen. „Wahnsinn, diese Clique ist wirklich ein verrücktes Völkchen. Warum bist du nicht mitgekommen, Nick sah fantastisch aus."

Gemeinsam stiegen sie die Treppe hoch und Conny nickte. „Ja, das ist mir nicht entgangen. Ich hab mir *Casablanca* angesehen, zumindest habe ich es versucht", erklärte sie und kam sich dabei sehr, sehr blöd vor.

Yvette schien diese Ansicht zu teilen, denn sie meinte: „Nick sagte so was, aber ich hielt es für einen seiner üblichen Scherze. Conny, du lässt einen Mann, vor dem *tout Paris* auf den Knien liegt und der von Rechts wegen praktisch dein Eigentum ist, allein herumziehen? Was, bei allen Heiligen, ist los mit dir?"

Conny zuckte die Schultern. Sie konnte Yvette nicht verständlich machen, wie erniedrigend es war, wenn wildfremde Menschen mit völligem Nichtbegreifen in der Stimme nachfragten, ob sie tatsächlich die Frau des sagenhaften Nick Bandier sei.

„Ich hatte keine Lust", antwortete sie deshalb, doch eine Art masochistischer Neugier trieb sie dazu, zu fragen: „Und, hatte er Erfolg, oder musste ihn Madelon trösten?"

Mittlerweile waren sie im Schwesternzimmer angekommen. „Madelon war gar nicht da, aber auch wenn, hätte sie ihn nicht zu trösten brauchen. Ich glaube nicht, dass ihm jemand widerstehen kann, wenn er so in Form ist wie gestern. Wollte er alle Angebote nutzen, die er erhalten hat, müsste er Nummern austeilen."

„Und da fragst du mich, warum ich lieber zu Hause bleibe."

„Vielleicht hätte er sich zurückgehalten, wenn du da gewesen wärst", mutmaßte Yvette, aber Conny lachte nur bitter. „Niemals, er hätte schon darauf geachtet, dass ich mitbekomme, wie ungebrochen seine Chancen sind, und wäre herumstolziert wie ein radschlagender Pfau."

„Passender Vergleich", stimmte Yvette gähnend zu. „Leider habe ich nicht mitbekommen, wer das Rennen gemacht hat. Pierro und ich sind kurz nach Mitternacht unauffällig verschwunden."

„Armer Raoul."

„Ach Conny, ich bin erst zweiundzwanzig, und wir leben seit drei Jahren zusammen. Aus unserer Beziehung ist die Luft draußen, und Pierro ist das beste Angebot seit langem." Mit erhobenem Finger fuhr sie fort.: „Denk an all die Enkel und Urenkel ..."

„... die am Kamin auf unsere Geschichten warten."

SIEBEN

Nick fragte nicht mehr, ob Conny ihn bei seinen nächtlichen Streifzügen begleiten wollte und Atelierpartys fanden keine mehr statt, was er damit begründete, dass er für die nächste Präsentation zu arbeiten hätte. Gelegentlich gingen sie zusammen essen – wobei sich immer jemand aus Nicks schier unerschöpflichem Bekanntenkreis fand, der Conny wie ein Wesen von einem fremden Stern anstarrte – aber das blieb auch ihre einzige gemeinsame Aktivität.

Mit einer Ausnahme: Sex.

Nick machte es sich zur Angewohnheit, Conny abends, ehe er ausging, in einer gründlich-routinierten Art zu lieben, die zwar dazu beitrug, den statistischen Durchschnitt des ehelichen Verkehrs drastisch zu heben, sie aber in dem Gefühl zurückließ, sie hätte für ihn die gleiche Bedeutung wie ein Glas Milch, nämlich keine.

Wenn sie ihn dabei beobachtete, mit welcher Akribie er sich anschließend für seine Touren zurechtmachte – er verbrachte da mehr Zeit vor dem Spiegel als sie selbst in einem ganzen Monat – fragte sie sich, was eigentlich noch alles passieren musste, damit sie von ihm loskam. Wie konnte sie einen Mann lieben, der im Stande war, nach ausgedehnten Zärtlichkeiten einfach aufzustehen und sich kaltschnäuzig auf die Eroberungen der nächsten Stunden vorzubereiten? Mit ihrem Bleiben drückte sie ihr Einverständnis aus, das Spiel nach seinen Regeln zu spielen, wie demütigend diese für sie auch sein mochten.

Meistens schlief sie bereits, wenn er heimzukommen geruhte und das tat er mit für einen Menschen, der sich dem Besitz einer Armbanduhr verweigerte, außergewöhnlicher Pünktlichkeit gegen vier Uhr morgens mit derartigem Krach und Getöse, dass sie jedes Mal wach wurde. Anfangs stellte sie sich schlafend, aber irgendwann wurde ihr das zu dumm und sie schlug die Augen auf, als sie hörte, wie er die Nachttischlampe einschaltete.

Er begann immer abends zu trinken und hörte damit nicht auf, bis der Morgen dämmerte. Aber heute musste er noch mehr getankt haben als üblich. Nachdem er es geschafft hatte, sich seiner Kleider zu entledigen, ließ er sich rücklings aufs Bett fallen und merkte erst jetzt, dass Conny ihn beobachtete.

Einladend hob sie die Decke hoch und Nick runzelte die Stirn. Seine Augen waren blutunterlaufen und sein Blick ging so an ihr vorbei, dass sie sich fragte, wie viele Frauen er gerade in seinem Bett liegen sah.

Undeutlich murmelte er: „Stan, ich erinnere mich dunkel, wir haben das für heute schon erledigt. Ich bin nicht Superman."

Conny hielt die Decke weiter hoch. „Wenn das der Typ ist, der lautlos durch Wände gehen kann, dann bist du das wirklich nicht."

Nick lallte eine unverständliche Erwiderung und knipste die Lampe mit vier Versuchen aus.

Conny wollte die Decke sinken lassen, da spürte sie, wie er auf ihre Seite rollte und den Kopf an ihre Schulter drückte. Verblüfft deckte sie ihn zu und legte vorsichtig die Arme um seinen Körper, aber die Vorsicht war völlig unnötig, da ihn nicht einmal die Concorde bei Start geweckt hätte.

Von dieser Nacht an kroch Nick immer öfter und mit immer größerer Selbstverständlichkeit unter ihre Decke. Es war höllisch unbequem, aber Conny genoss diese Momente, die intimer waren als alles andere. Jeden Morgen, wenn sie aufstehen und zur Arbeit fahren musste, kämpfte sie dagegen an, einfach liegen zu bleiben. Und das nicht nur, weil Liebe zur Mittagszeit mit einem ausgeruhten, nüchternen Nick zu konditionsraubenden, aber unvergesslichen Höhepunkten ihres Lebens führte, sondern weil er in diesen unwirklichen Stunden zwischen Nacht und Morgen ihr ganz alleine gehörte. Er war nicht mehr der unvergleichliche Topdesigner der Avantgarde und schon gar nicht das böse verletzende Ekel, sondern ein auf seine pure Essenz reduzierter, erschöpfter Mensch.

Je länger Conny mit ihm zusammen war, desto klarer wurde ihr, dass weder seine zur Schau gestellte Exaltiertheit noch sein unleugbarer sexueller Magnetismus sie faszinierten, sondern die Persönlichkeit, die unverhofft aufblitzte, wenn er sich nicht mit Alkohol und Kokain zuschüttete, wenn er sich nicht unter Bergen von Seide, Samt und Juwelen vergrub.

Sein Spott war dann weder boshaft noch beleidigend, sein Humor trocken und seine Gesten frei von jeder Affektiertheit. Und trotz seiner Position besaß er die seltene Gabe, über sich selbst lachen zu können.

Genau das versuchte sie auch ihrer Schwester zu erklären, als sie wieder einmal mit ihr telefonierte.

„Sind Mutsch und Paps noch immer sauer auf mich?", fragte Conny, während sie im Bett lag und einen Schokopudding löffelte.

Silvie, drei Jahre älter als sie selbst und gerade dabei, die elterliche Autowerkstatt zu übernehmen, antwortete wie aus der Pistole geschossen. „Worauf du Gift nehmen kannst. Paps schäumt nach wie vor. Er war immer davon überzeugt, sein kleines Mädchen würde in der sündigen Stadt Paris auf die schiefe Bahn geraten."

Conny lachte. „Und dabei hab ich nur geheiratet."

„Nur geheiratet? Du hast ihn um das Erlebnis gebracht, seiner Lieblingstochter eine tolle Hochzeit auszurichten. Außerdem ...", Silvie räusperte sich. „... Mutsch reagierte rational wie üblich und ließ sich von einer Presseagentur ein Dossier über meinen Schwager schicken ..."

„Und dann war Schluss mit rational", ergänzte Conny.

„Nicht ganz unbegreiflich, oder?"

„Hast du es auch gelesen?"

„Gelesen? Ich habe es verschlungen. Meine kleine Schwester in der High Society. Aber, unter uns, was willst ausgerechnet du mit deiner Vorliebe für zerrissene Jeans mit einem Modeschöpfer? Haben die Rothschilds nicht auch schöne Söhne?"

„An dem Punkt war ich bereits, glaub mir, es ist nicht halb so lustig, wie es sich anhört."

„Sag mal, stimmt wirklich ALLES, was man über ihn schreibt?"

Conny seufzte und öffnete den zweiten Puddingbecher. „Ich fürchte schon."

Silvie schwieg eine Weile, und als sie weitersprach, klang ihre Stimme alarmiert: „Hand aufs Herz, schlägt er dich?"

„Nein, tut er nicht", antwortete Conny und musste kichern, weil sie sich vorstellte, wie Nick den starken Mann markierte. „Er ist viel zu träge, um jemanden zu schlagen."

Sie hörte, wie Silvie aufatmete. „Er behandelt dich also gut?"

„Wenn die Tatsache, dass er mich nicht schlägt, bedeutet, dass er mich gut behandelt, dann tut er das."

„Bist du glücklich?"

„Keine Ahnung. Was ist das?"

„Für diese Art von Zynismus bist du viel zu jung", bemerkte Silvie.

„In den letzten Wochen bin ich rapide gealtert."

„Wenn du nicht glücklich bist, verlass ihn doch. Soweit ich weiß, kann man sich neuerdings sogar in Paris scheiden lassen."

Conny lachte bitter. „Ach, Silvie, wenn es so einfach wäre. Ich weiß, er ist das absolute Gegenteil meines Traummanns, er ist ein Freak, und wenn ich ihn küsse, denke ich immer, ich küsse einen mit Cognac ausgewaschenen Aschenbecher, aber ..."

„Aber was?"

„... aber das Problem ist, ich mag ihn."

„Conny, du bist wirklich nicht mehr ganz dicht."

„Wahrscheinlich hast du Recht. Was tut sich bei dir?", fragte sie, um das Thema zu wechseln.

„*Ich* bin glücklich. Ohne Wenn und Aber."

Conny dachte an Yvette und sagte: „Scheinbar ist das die ganze Welt. Wer ist der Auserwählte?"

„Er heißt Kurt, ist achtundzwanzig und halt dich fest, er ist ein richtiger, waschechter ..."

„Rennfahrer", warf Conny ein, die die Leidenschaft ihrer Schwester zur Genüge kannte.

„... Koch!", vollendete Silvie mit Triumph in der Stimme.

Conny lachte. Silvie war in der Küche das gleiche Talent wie sie. „Gratuliere, da musst du ja wirklich wunschlos glücklich sein."

„Bin ich." Sie räusperte sich noch einmal. „Allerdings, einen Haken gibt es."

„Himmel, deine Geschichte war auch zu schön, um wahr zu sein", rief Conny. „Was ist es denn?"

Silvie macht eine angemessene Pause. "Er heißt Kümmerling. Kurt Anton Kümmerling."

Sie lachten, bis sie außer Atem waren.

„Du hast leicht lachen. *Constance Bandier*, das klingt wie ein Filmstar."

„So komm ich mir auch vor, wie im falschen Film", meinte Conny atemlos.

„Also gewöhn dich daran, dass du in Zukunft eine kümmerliche Schwester hast."

„Hauptsache, du bist glücklich, Silvie, alles andere ist egal", bemerkte Conny, unvermittelt ernst.

Silvie schwieg lange. „Du kannst jederzeit heimkommen, vergiss das nicht. Mutsch und Paps nehmen dich mit offenen Armen wieder auf, und wenn du das nicht willst, Platz ist auch in der kümmerlichsten Hütte."

ACHT

Ein dumpfes Stöhnen riss Conny aus dem Schlaf und sie setzte sich auf. Das Stöhnen wiederholte sich.

„Nick?", fragte sie besorgt und griff nach seiner Schulter.

„Ich habe solche Schmerzen", krächzte er heiser.

„Wo denn?"

„Im Kopf, im Hals, in den Augen, überall", jammerte er.

Conny legte ihm die Hand auf die Stirn. Sie fühlte sich zu warm an. „Wahrscheinlich hast du dich erkältet, ich werde ein Fieberthermometer holen."

Sie ging ins Bad und stöberte dort in den Kästchen, bis sie das Gewünschte fand und hielt es ihm hin. „Hier."

Er öffnete die Augen, schloss sie aber sofort wieder. „Oh, Gott, das Licht, lass die Jalousien runter."

Conny runzelte die Stirn. Im Zimmer war es bestenfalls dämmrig, aber sie drückte trotzdem den Knopf auf der Fernbedienung und die Glasscheiben über dem Bett verdunkelten sich geräuschlos.

Laut Thermometer hatte er achtunddreißigacht, ferner eine leichte Bindehautentzündung und einen geröteten Rachen.

„Hast du gestern mehr getrunken als sonst, oder vielleicht Tequila anstatt Cognac?"

Er bewegte langsam den Kopf von links nach rechts und wieder zurück.

„Hast du immer hohes Fieber, wenn du erkältet bist?"

„Weiß ich nicht, ist schon so lange her", krächzte er.

„Die meisten Viren ergreifen wahrscheinlich vor dem Alkoholspiegel in deinem Blut die Flucht."

Er zuckte gleichgültig die Schultern.

Conny besorgte in der Apotheke Augentropfen und Lutschtabletten. Sie stellte Nick eine Flasche Orangensaft ans Bett, und drückte zwei Aspirin aus der Folie. „Vor dem Mittagessen schluckst du noch mal zwei, von den Pastillen maximal sechs Stück pro Tag und die Augentropfen kannst du so oft nehmen, wie du willst."

Er richtete sich mühsam auf, würgte die Tabletten hinunter und ließ sich wieder in die Kissen zurückfallen. „Was machst du?", fragte er, als Conny das Zimmer verlassen wollte.

„Ich frühstücke und fahre zur Arbeit."

„Du lässt mich allein? Aber ich bin krank, schwer krank", krächzte er ungläubig.

„Um fünf bin ich wieder da, du hast vermutlich nur eine kleine Erkältung. Madame Aurore soll dir eine warme Suppe kochen, das kann sie ohnehin besser als ich, und zum Händchenhalten wird sich auch jemand finden, ich bringe dir gleich das Telefon."

Ehe sie ihn verließ, tropfte sie ihm die Augen ein, schrieb einen Zettel für Madame Aurore, dass man Nick heute nicht stören sollte, küsste ihn auf beide Wangen und ermahnte ihn zum Abschied: „Vergiss nicht, keinen Alkohol, kein Kokain, sonst kriegst du womöglich einen Kollaps, und versuch, weniger zu rauchen."

Er sah sie vorwurfsvoll an und hustete laut.

„Am besten wär's natürlich, gar nicht zu rauchen."

Um dreizehn Uhr wurde sie zum Telefon gerufen.

„Stan, ich sterbe", hörte sie eine matte, heisere Stimme.

„Warte vier Stunden damit, dann bin ich bei dir", sagte sie trocken. „Hast du noch immer Fieber?"

„Achtunddreißigsechs und mein Kopf wird irgendwann in der nächsten Viertelstunde zerplatzen."

„Darüber wird Madame Aurore nicht glücklich sein, du weißt doch sie verabscheut solche Schweinereien."

„Stan, das ist nicht komisch. Komm, ich brauche dich hier", ordnete er im gewohnten Befehlston an.

„In vier Stunden, Nick. Aber deine Stimme klingt unheimlich erotisch, sag mir etwas Liebes."

„Ich hasse dich", schnaubte er und legte auf.

Conny sah den Hörer an und ging gutgelaunt an ihre Arbeit.

Da sie im Supermarkt noch zwei Flaschen Vitaminsaft gekauft hatte, war es halb sechs als sie im Penthouse ankam. Eilig lief sie ins Schlafzimmer.

Nick lag mit einer weißen Binde über den Augen und seitlich ausgestreckten Armen, Marke sterbender Schwan, auf dem Bett.

Conny setzte sich zu ihm. „Wie geht's dir?"

„Ich bin tot, ermordet von einer gefühllosen Krankenschwester." Seine Stimme klang besser und Conny fühlte seinen Puls.

„Dafür arbeitet dein Herz recht gut. Was ist mit den Augen?"

Er nahm die feuchte Binde ab und sah sie an. „Es brennt nicht mehr so stark, aber lichtempfindlich bin ich noch immer", antwortete er und stützte sich auf den Ellbogen. Dabei verrutschte die Decke.

„Was ist denn das?", sagte Conny überrascht und schob die Decke ganz weg.

Seine Brust war übersät mit kleinen rotbraunen Punkten.

„Das sieht ja aus wie ...", sie räusperte sich, damit er ihr Grinsen nicht bemerkte.

„Das sieht aus wie?", wiederholte er beunruhigt, und genau diese Beunruhigung brachte sie auf eine Idee, wie sie ihm die Gemeinheiten der letzten sechs Wochen in einem Schlag zurückzahlen konnte.

„Dreh dich um", befahl sie. Auch da hatte er die gleichen Flecken.

„Also, was ist das?", fragte er ungeduldig.

Conny schwieg und versuchte ein besorgtes Gesicht zu machen, dann zog sie die Decke weg und drückte seine Leistengegend ab.

„Stan, ich glaube nicht, dass jetzt der geeignete Zeitpunkt ist ..."

„Geschwollene Lymphdrüsen", stellte Conny lapidar fest und stand auf.

Als sie zurückkam, suchte er selbst nach seinen Lymphdrüsen. Sie reichte ihm die Flasche Cognac, die sie geholt hatte. „Trink einen Schluck", empfahl sie ihm betont heiter.

„Du hast gesagt, ich soll nichts trinken. Was ist es, Stan?", fragte er misstrauisch.

Sie setzte sich wieder aufs Bett. „Etwas Cognac schadet dir jetzt nicht mehr", meinte sie und nahm seine Hand. „Ich bin nicht ganz sicher, aber wir werden ohnehin einen Arzt brauchen."

„WAS IST ES?"

Conny seufzte und reichte ihm das Buch, das sie in der Hand hielt. „Hier lies selbst, von dieser Stelle ... *beginnt das zweite Stadium mit einem hell bis braunrot fleckigem Exanthem*, das heißt Ausschlag, *vergrößerten Lymphknoten* ... "

Er nahm das medizinische Lexikon, das sie ihm reichte, überflog die Zeilen und gab es ihr mit einem fassungslosen Ausdruck in seinem plötzlich sehr blassen Gesicht wieder zurück.

„Das gibt's doch nicht", murmelte er mit belegter Stimme.

Conny nickte. „Ja, ich habe auch immer geglaubt, Syphilis wäre ausgestorben, aber voriges Jahr hatten wir in der Klinik einen Fall, ein bekannter Rocksänger, ein sehr bekannter Rocksänger ..."

„Syphilis", wiederholte er dumpf.

Conny wischte sich über die Augen. „Und ich herzlose Bestie habe dich alleine gelassen, es tut mir ja so leid."

Er lag flach auf den Kissen und sah sie an. „Du würdest doch mit so etwas keine Scherze machen."

„Aber Nick, wie kannst du das nur glauben?" Entrüstet schnäuzte sie sich.

„Muss ich jetzt ...", er nahm einen neuen Anlauf, „... ist das tödlich?"

Conny hielt seine schmalen Hände fest. „Es gibt ausgezeichnete Medikamente, wirklich Nick, ich glaube nicht, dass die Mortalitätsrate sehr hoch ist, wahrscheinlich sind die Heilungschancen sogar *ausgesprochen* gut."

„Wirklich? Ich kann also wieder ganz gesund werden?", erkundigte er sich erleichtert und Conny nickte übertrieben enthusiastisch.

„Natürlich, vielleicht musst du deine Lebensgewohnheiten ein wenig ändern, aber du wirst ganz sicher wieder gesund."

„Meine Lebensgewohnheiten ändern, was heißt das denn?", fragte er, hellhörig geworden.

Conny blickte schamhaft auf die Decke. „Du verstehst schon, was ich meine."

„Nein, was meinst du denn?" Seine Stimme klang scharf.

„Bei manchen Fällen, ... aber wirklich nur sehr, sehr selten, kommt es auch zu Auswirkungen auf deinen ... dein bestes Stück."

Nick wurde grau im Gesicht und Conny drückte seine Hand. „Aber es ist absoluter Schwachsinn, dass er verfault und abfällt, das sind wirklich nur Schauermärchen."

Nick schloss die Augen und Conny machte eine effektvolle Pause, ehe sie fortfuhr: „Wir müssen noch etwas bedenken."

Er öffnete die Augen wieder und Conny senkte die Stimme: „Du könntest auch andere angesteckt haben."

„Madelon bringt mich um", murmelte er schwach.

„Und sie wird nicht die Einzige sein", entgegnete Conny trocken und vergaß alle Skrupel, da sein erster Gedanke Madelon galt, obwohl er faktisch auf dem Totenbett lag.

76

Sie stand auf und holte aus dem Arbeitszimmer Block und Bleistift. „Also, dann zähl mal deine ... Partner, der – sagen wir – vergangenen drei Monate auf, wenn möglich mit Adresse und Telefonnummer."

„Wie bitte?", fragte er entgeistert.

„Ist es dir lieber, wenn die in Frage kommenden Personen direkt vom Gesundheitsamt vorgeladen werden? Ich dachte, du möchtest vielleicht selbst ..."

„Ich soll allen, mit denen ich in der letzten Zeit geschlafen habe, ein Kärtchen schicken mit *Hallo, ich habe Syphilis und du?"*

Conny klopfte ungeduldig mit dem Bleistift auf den Block. „Du kannst natürlich auch eine ganzseitige Anzeige in der *Le Monde* aufgeben. Text: alle, die mit Nick Bandier in den letzten Wochen sexuellen Kontakt hatten, werden dringend gebeten, sich einer ärztlichen Untersuchung zu unterziehen. Das klingt doch sehr neutral, findest du nicht?", beifallheischend sah sie ihn an und er wand sich wie ein Wurm am Angelhaken.

„Vielleicht wäre es doch besser, persönlich ...", seine Stimme versagte.

„Keine Angst, Nick, ich bin ja bei dir. Gemeinsam schaffen wir das." Aufmunternd tätschelte sie seine Hand.

„Und wenn ich dich angesteckt habe?" Mittlerweile changierte seine Gesichtsfarbe ins Grünliche.

Conny straffte ihre Schultern. „Ich werde mich natürlich untersuchen lassen. Aber was auch passiert, Nick, ich verlasse dich nicht, großes Ehrenwort", versprach sie tapfer. „Also, lass uns anfangen. Drei Monate sind keine Ewigkeit. Da wirst du dich doch erinnern. Sechs Wochen vor und sechs Wochen nach unserer Hochzeit."

Nick sah sie mit dem Ausdruck *jetzt ist schon alles egal* an, und legte die Stirn in Falten.

„Madelon Fenchette", sagte Conny und schrieb den Namen genüsslich ganz oben auf die Liste.

„Luc Contard."

„Der Regisseur?", fragte Conny neugierig.

„Ja, das war bei seiner Geburtstagparty, und seine Freundin Mimi, Gigi, Fifi, keine Ahnung."

„Vermutlich rothaarig", warf Conny ein und Nick schloss entnervt die Augen.

„Marielle d'Alembras ..."

„Kannst du das buchstabieren?", ersuchte Conny freundlich und er gehorchte zähneknirschend.

„Michelle Laconte, soll ich das auch buchstabieren?"

„Ich bitte darum", antwortete sie höflich, und fragte, als sie fertig war: „Hast du eigentlich ein kleines schwarzes Büchlein?"

Er schüttelte den Kopf

„Schade, so etwas hätte ich gerne einmal gesehen, womöglich mit Sternchen hinter den Namen."

„Du siehst zu viele schlechte Filme", tadelte Nick.

„Gut möglich. Aber machen wir weiter."

„Das war's", antwortete Nick und verschränkte die Hände im Nacken.

Conny sah ihn zweifelnd an. „Unmöglich, Nick, wir brauchen drei Monate, nicht die letzten vierzehn Tage. Komm, sei ehrlich, halbe Sachen bringen uns nicht weiter", stellte sie fest und tippte mit dem Bleistift auf seine Brust. „Ich suche mir draußen die Telefonnummern heraus und du denkst nach."

„Du brauchst die Nummern nur bei unserer Telefonzentrale verlangen", informierte er sie, „und der einzige Name, der auf der Liste fehlt ist deiner."

„Das glaube ich dir nicht, das sind ja nur sechs Personen und da zähle ich mich bereits dazu."

Nick zuckte die Schultern. „War halt nicht viel los in letzter Zeit."

Conny schüttelte den Kopf. „Allein in der Nacht, als Pierro Yvette abgeschleppt hat, musst du alle Neune abgeräumt haben."

„Ich bin um vier Uhr früh mit einer Frau ins Bett gegangen, die so betrunken war, dass absolut nichts mehr lief. Willst du ihren Namen wissen?" fragte Nick gelassen, aber Conny murmelte trotzdem: „Ich glaub's einfach nicht."

„Herrgott, Stan, wir sind seit sechs Wochen verheiratet und du kannst nicht behaupten, dass ich dich vernachlässigt habe. Deine sexuelle Erfahrung ist zwar begrenzt, aber glaubst du wirklich, ich bin rein körperlich im Stande, Nacht für Nacht durch Paris zu ziehen und Dutzende Nummern zu schieben?", rief er aufgebracht und fügte ruhiger hinzu: „Abgesehen davon, warum sollte ich mich darum bemühen, jemanden in mein Bett zu bekommen, wenn da bequemerweise ohnehin wer liegt?"

„Bemühen? Gleich wirst du mir erzählen, dass es dich schweißtreibende Anstrengungen kostet, jemanden in dein Bett zu kriegen."

„Hinein nicht, aber wieder raus."

„Wenn das so ist, warum hält dich dann alle Welt für einen Sex-Maniac?"

„In zwei Monaten werde ich dreißig, vielleicht hatte ich vor fünf Jahren eine überdurchschnittliche Quote, aber jetzt ..."

„Jetzt wird sich das alles gewaltig ändern", unterbrach sie ihn und schaffte es tatsächlich, so etwas wie Bedauern in ihre Stimme zu legen. „Verzeih mir, Nick, ich habe für einen Moment vergessen, wie ernst die Lage ist."

Mit einem schmerzlichen Lächeln strich sie über seine Wange und registrierte zufrieden, dass seine fast normale Gesichtsfarbe wieder ins Grau-Grünliche umschlug.

„Möchtest du zuerst mit einem Arzt sprechen oder willst du alle, die auf der Liste stehen, vorher informieren", erkundigte sie sich betont sachlich.

Er schloss die Augen. „Ich weiß nicht, ich glaube, ich möchte einfach einschlafen und wenn ich aufwache, war alles nur ein böser Traum."

„Ja, ja so geht es uns allen irgendwann einmal", bestätigte Conny. „Mein armer, armer Nick. Hast du eigentlich eine Idee, wer dir das angetan haben könnte?"

„Keine Ahnung", murmelte er und kroch tiefer unter die Decke.

„Nun, ich habe da einen Verdacht", meinte sie und griff nach dem Telefon. „Zentrale, verbinden Sie mich bitte mit Monique Richard, es ist sehr dringend, ich warte."

Nick fuhr auf, aber Conny legte ihm die freie Hand auf die Brust und stieß ihn wieder in die Kissen.

„Ich habe nicht ... Monique war niemals meine Geliebte ... hörst du mir überhaupt zu?", rief Nick wütend, aber Conny schenkte ihm nur einen kalten Blick und begann zu sprechen: „Guten Abend, mein Name ist Constance Bandier, ich möchte gerne Madame Richard in einer persönlichen Angelegenheit sprechen, es ist sehr dringend."

Nick versuchte das Schnurlostelefon an sich zu bringen, aber Conny entwand sich ihm geschickt und stand vor dem Bett. „Guten Abend, Madame Richard, zuerst möchte ich mich für mein schlechtes Benehmen entschuldigen." Sie lachte. „Ja, ich würde mich auch gerne mit Ihnen treffen, sagen wir morgen, ... ach, da geht es nicht ... so, so ... sehr bedauerlich ... da kann ich nur baldige Besserung wünschen und..."

Nick entriss ihr das Gerät und brüllte: „Monique, du bist krank, um Himmels willen, was ..."

Er sank aufs Bett und Conny ging in die Küche, um sich einen Apfel zu holen. Als sie zurückkam, lehnte Nick wieder in den Kissen.

„Gib ihm einen Kuss von mir und sag ihm, dass Onkel Nick jetzt überall rote Flecken hat", schloss er gerade.

Conny biss lautstark in den Apfel. „War mein Verdacht richtig?"

„Stan, das kriegst du zurück, Stück für Stück, so wahr ich Nick Bandier heiße", sagte er leise mit halbgeschlossenen Augen.

Unbeeindruckt sah Conny ihn an. „Immerhin, Nick, ich kenne nicht viele Menschen mit Hautausschlag, denen ich das Kapitel Syphilis zu lesen gebe, und die solche Schlüsse ziehen."

„Hat es Spaß gemacht?" fragte er ironisch und sie legte den Kopf schief.

„Mir schon."

„Fein, dann haben wir dieselbe Situation wie gewöhnlich in diesem Zimmer."

Das traf Conny tiefer, als sie zugeben wollte. „Da wird es dich ja beruhigen, dass du dich in nächster Zeit nicht überwinden wirst müssen", fauchte sie und knallte die Tür hinter sich zu.

Zornig marschierte sie in die Küche. „Einen Satz, er braucht nur einen einzigen gottverdammten Satz zu sagen, um mich völlig aus dem Gleichgewicht zu bringen." Noch immer verärgert inspizierte sie den Kühlschrank, nahm eine von Madame Aurore liebevoll zusammengestellte Rohkostplatte und eine Flasche Vinaigrette und stellte beides auf die Theke. Im Brotbeutel fanden sich zwei Stangen Weißbrot.

Conny begann lustlos zu essen, und gerade als sie sich ein Glas Seven-Up einschenkte, bemerkte sie Nick, der bei der Tür stand.

Mit der einen Hand stützte er sich an der Wand ab, mit der anderen hielt er die Decke fest. Die vom Fieber geröteten Wangen hoben sich scharf von seiner sonstigen Blässe ab.

„Kann ich auch etwas zu essen haben?", fragte er mühsam mit zusammengekniffenen Augen.

„Leg dich wieder ins Bett, ich bringe dir eine Kleinigkeit", antwortete sie und versuchte das Mitleid zu verdrängen, das in ihr aufstieg, als sie sah, wie wackelig er auf den Beinen war.

Schnell häufte sie Salat auf den Teller, schüttete Vinaigrette drüber, legte ein nussgroßes Stück Butter auf den Rand und balancierte alles mit einem Stück Brot und der Flasche Seven-Up hinüber ins Schlafzimmer.

Nick lehnte in den Kissen und beäugte die Mahlzeit misstrauisch. „Stan, ich hasse Gemüse", stellte er müde fest.

„Ich weiß, aber solange du Fieber hast, ist es besser, kein tierisches Eiweiß, also kein Fleisch und keinen Käse zu essen, sonst steigt die Temperatur noch mehr", erklärte sie geduldig.

„Das ist keiner von deinen Scherzen?"

Conny strich etwas Butter auf eine Scheibe Brot, und hasste sich dafür, dass sie fast soweit war, sich zu entschuldigen. „Nein, es ist keiner meiner Scherze."

Er ließ die Hälfte vom Salat stehen und weigerte sich, etwas von der Limonade oder dem Vitaminsaft zu trinken. Schließlich einigten sie sich auf Orangensaft.

„Ich kann mir nicht vorstellen, dass Masern eine harmlose Kinderkrankheit sein soll, so mies wie ich mich fühle."

„Kinderkrankheiten wirken sich bei Erwachsenen immer schlimmer aus. Ist wie mit der Liebe – je später desto ärger erwischt es einen", erklärte sie trocken.

„Wie lange werde ich k. o. sein?", fragte er, ohne auf ihrem Kommentar einzugehen.

„In zwei, drei Tagen lässt das Fieber nach, aber bis du ganz auf dem Damm bist, mindestens zwei Wochen."

„Das wirft meine Pläne gründlich über den Haufen", seufzte Nick.

„Es wird doch wohl jemanden geben, der deine verantwortungsvolle Tätigkeit übernehmen kann", meinte Conny und merkte weder, wie verächtlich ihr Tonfall war, noch dass ein Muskel in seiner Wange zuckte, als er ruhig erwiderte: „Oh, ja sicher."

NEUN

Fünf Tage später saß Conny mit untergeschlagenen Beinen auf dem Bett, delektierte sich an Madame Aurores köstlichem Frühstück und blätterte in einem Journal.

Nick ging es besser, aber er fühlte sich noch zu schwach, um aufzustehen. Er versuchte, Conny zu überreden ihren freien Tag damit zu verbringen ihn zu pflegen, aber sie stellte nur lapidar fest: „Ich muss mich beruflich von unausgelasteten Rekonvaleszenten herumkommandieren lassen, und ich denke nicht daran, in meiner Freizeit das Gleiche zu tun."

„Aber ich bin immerhin dein Mann", beharrte Nick.

„Das macht es noch schlimmer. Wenn dir langweilig ist, ruf doch jemanden an, du kennst so viele Leute. Was ist denn mit Madelon, ich habe sie seit Tagen nicht mehr gesehen?"

„Sie hat Angst, sich anzustecken, außerdem ist sie mit den Vorbereitungen ihrer Hochzeit beschäftigt", entgegnet er, rollte ein Stück Schinken zusammen und wollte hineinbeißen, stattdessen hielt er mitten in der Bewegung inne und starrte über Connys Schulter.

Bevor sie sich umdrehen konnte, hörte sie eine tiefe Stimme: „Nick, altes Haus, hätte nicht gedacht, dass ich mich so freue, dich wiederzusehen."

Nick ließ den Schinken fallen. „Patchou, bist du es wirklich?", rief er ungläubig und streckte die Hände aus.

„In voller Größe."

Die beiden umarmten sich stürmisch und Conny blieb fast der Bissen im Hals stecken, als sie den Neuankömmling betrachtete. Er trug riesige, zur Hälfte geschnürte Basketballstiefel und keine Socken. Die verwaschene Jeans war über dem Knie abgeschnitten und ausgefranst, dazwischen befand sich eine gut gebräunte Wade mit unglaublich dichtem, goldenem Haarflaum.

Als er sich aufrichtete, merkte Conny, dass er an die zwei Meter groß sein musste. Sein Haar fiel in langen, blonden, von der Sonne ausgebleichten Locken auf den Rücken und sein Vollbart bedeckte die halbe Brust.

„Die Kreuzung zwischen Rübezahl und einem Wikingerfürsten", fuhr es Conny durch den Kopf und sie schaffte es zu lächeln, da Rübezahl sich jetzt zu ihr drehte.

„Und das ist also Madame Bandier", stellte er fest und Conny hörte Nicks Stimme aus weiter Ferne: „Hat sich wohl schon rumgesprochen, Stan, das ist Michel Malacru."

Der Riese packte sie an der Taille und hob sie hoch, als wäre sie eine leere Colaflasche.

„Ach", murmelte Conny nicht gerade geistreich, „dann gehört Ihnen also die Hälfte von DOBAN."

Er grinste und sie sah in die blauesten Augen, die ihr jemals untergekommen waren. „Die Frage ist, ob ich mich diesmal mit der Hälfte zufriedengeben werde", meinte er und küsste sie unverschämt lange auf den Mund, ehe er sie wieder auf den Boden stellte.

Conny konnte den Blick nicht von ihm wenden und die Luft um sie herum schien Funken zu sprühen. Ihr wurde bewusst, dass sie bis auf ein altes T-Shirt und einen winzigen Slip praktisch nackt war und sie errötete. Er lächelte auf sie hinunter und sagte: „Warum, um Himmels willen, bleibt so ein entzückendes Mädchen ausgerechnet an Nick hängen."

Conny murmelte mit letzter Kraft, dass sie sich umziehen müsse und flüchtete ins Bad. Während sie ihr Haar bürstete, dachte sie daran, dass dieser Typ genau ihr Typ war, bis ... ja, bis Nick auf der Bildfläche erschien.

Bevor sie die Tür öffnete, atmete sie tief durch. Patchou saß bei Nick auf dem Bett und stopfte gerade das Ende eines Croissants in den Mund, der Augenblick war also günstig.

„Ihr werdet euch sooo viel zu erzählen haben", erklärte sie mit strahlendem Lächeln, „da will ich nicht stören."

Sie kniete sich auf die freie Seite des Bettes, küsste Nick blitzartig auf die Wange und winkte Patchou zu. „Wir werden uns sicher noch sehen, bis später!"

Patchou strich Butter auf ein frisches Croissant. „Wie kommt so ein kalter Teufel wie du Nick, zu so einem süßen Kobold?"

„Sie ist kein Kobold, sie ist eine Hexe. Dreihundert Jahre früher und man hätte sie auf dem höchsten Scheiterhaufen Europas verbrannt", entgegnete Nick trocken. „Vor ein paar Tagen redete sie mir ein, ich hätte Syphilis statt Masern."

Patchou starrte ihn an, ließ sich auf den Rücken fallen und lachte. Nach einer Weile meinte er mit zitternder Stimme: „Sie muss dich ja schon recht gut kennen. Wie lange seid ihr denn verheiratet?"

„Knapp zwei Monate, wie hast du davon erfahren?"

„Am Markt von Papeete wickelte die Fischverkäuferin mein Haisteak in den Gesellschaftsteil von *Paris Matin* und da stand in einer Spalte die Heirat von Monsieur Bandier und in der anderen die Verlobung von Mademoiselle Fenchette. Das bewog mich zurückzukommen, um nicht das Beste zu verpassen." Er nahm die Orangensaftflasche. „Ich hab vor drei Stunden vom Flughafen aus angerufen, aber das Telefon war abgestellt."

„Stan ist der Ansicht, ich soll mich schonen."

„Dann habe ich es bei Madelon versucht", meinte Patchou, trank einen Schluck und sah Nick prüfend an.

„Und, was hat sie dir erzählt?"

„Dass du, um sie zu ärgern, ein abscheuliches, unterbelichtetes Geschöpf geheiratet hast, das Tag und Nacht in stiller Anbetung deiner Person zubringt. Das ist die Kurzversion, Madelon hat eine geschlagene halbe Stunde auf mich eingeredet. Nicht Madame Bandier zu werden, muss sie sehr getroffen haben."

Nick hob nur kommentarlos die Augenbrauen.

„Sie spuckt Gift und Galle, und ein Mädchen, das ausgerechnet von ihr als unterbelichtet bezeichnet wird, hat mein Interesse geweckt, sonst wäre ich nicht einfach hereingeplatzt. Allerdings scheint es mit der Anbetung nicht weit her zu sein, keines deiner Häschen hat mich jemals so mit den Augen verschlungen."

„Man kann ihr jede Gefühlsregung vom Gesicht ablesen, das stimmt. Ich habe selten einen Menschen getroffen, der seine Seele so vor sich herträgt", meinte Nick nachdenklich.

„Hast du sie deshalb geheiratet?", fragte Patchou und Nick drückte ihm das Frühstückstablett in die Hand, damit er sich wieder ausstrecken konnte.

„Ich habe sie geheiratet, weil sie zufällig in diesem Bett lag, gerade als ich auf die Idee kam, eine Heirat wäre das Mittel der Wahl, um die gute Madelon endlich loszuwerden."

Patchou schüttelte den Kopf. „Ich hab's ihr am Telefon nicht glauben wollen. Nick, was ist nur aus dir geworden? Ein junges, unschuldiges Mädchen für deine armseligen Ideen zu missbrauchen", fuhr er Nick an.

„Sie ist nicht unschuldig, das täuscht."

„Nach ein paar Wochen mit dir – kein Wunder", entgegnete Patchou mit beißendem Spott.

Nick klopfte wütend ein Kissen zurecht und stopfte es sich in den Rücken. „Sie wollte mich heiraten, sie war geradezu verrückt danach, also habe ich ihren sehnlichsten Wunsch erfüllt. Zum Dank stehe ich jetzt da wie Jack the Ripper. Außerdem hast du selbst festgestellt, dass sie ihre Zeit nicht damit verschwendet, mir anbetende Blicke zuzuwerfen."

Er hielt einen Moment inne, dann sagte er etwas ruhiger: „Gerade als du aufgetaucht bist, versuchte ich ihr klar zu machen, dass es ihre verdammte Pflicht ist, sich um ihren kranken Ehemann zu kümmern, und sie hat mir kaltlächelnd geantwortet, dass sie sich als Krankenschwester täglich mit zänkischen Patienten abgeben muss und nicht daran denke, das auch noch in ihrer Freizeit zu tun."

Patchou pfiff leise durch die Zähne. „Sieht ganz so aus, als wäre sie zwar verrückt danach gewesen, dich zu heiraten, aber mittlerweile zu Verstand gekommen. War sie verliebt in dich oder ging es ihr um deinen Namen und um dein Geld?"

Nick zündete sich eine Zigarette an, bevor er antwortete. „Sie war verknallt in mich wie Robin in Batman und sie hat bis heute nicht einen Centime von mir genommen." Er legte das Zigarettenetui zur Seite. „Rate, womit sie ihren freien Tag verbringt. Sie geht mit einer Freundin einkaufen. Willst du wissen was?" Er blies den Rauch weg und machte eine dramatische Pause, ehe er weitersprach: „Kleider."

Patchou starrte ihn an. „Nein!"

„Doch."

„Das ist nicht dein Ernst."

Nick lachte zynisch. „Ich habe die einzige Frau auf Gottes Erdboden gefunden, die sich weigert, ein DOBAN Modell zu tragen."

Patchou grinste und fing so hemmungslos zu lachen an, dass ihm die Tränen kamen. Nick reichte ihm ein Kleenex, und wartete ab, bis er sich beruhigt hatte.

„Oh, Jesus, schade, dass ich nicht von Anfang an dabei war. Was treibt Madame Bandier denn sonst noch?" Seine Stimme bebte.

„Sie streitet mit allen meinen Bekannten, meinen Angestellten erzählt sie, sie wäre die Putzfrau und zwischendurch stopft sie sich mit Süßigkeiten voll. Anstatt mit unserer Clique auszugehen, sitzt sie lieber vor dem Fernseher und verfällt in hysterische Begeisterungsausbrüche beim Anblick von alten, fleckigen Lederjacken."

Patchou strich über seinen Bart. „Hört sich an, als ob ihr zwei zusammenpasst wie Crêpes Suzette und Ketchup."

Nick verzog den Mund. „Ein ekelhafter Vergleich, aber nicht ganz unzutreffend."

„Warum bleibt ihr dann zusammen?"

Nick drehte die glühende Spitze der Zigarette langsam an der Wand des Aschenbechers. „Zunächst einmal will ich sicher sein, dass Madelon diesen Griechen wirklich heiratet, damit hätte ich ein Problem weniger."

Patchou schüttelte den Kopf. „Als ich mit ihr sprach, hatte ich nicht den Eindruck, dass sie die Finger von dir lässt, nur weil sie verheiratet ist."

„Richtig. Aber der liebe Ari wird nicht dabei zusehen, wie sie hier in Paris mit dem Feuer spielt", bemerkte Nick und Patchou blieb eine Sekunde lang der Mund offenstehen.

„Du meinst, er verschleppt sie in den hintersten Balkan?"

Nick legte den Kopf in den Nacken und lachte. „Sag statt hinterster Balkan eine Insel in der blauen Ägäis mit Villa, Pool und jeder Menge Personal."

„Es wird ihr nicht gefallen, Nick."

„Aber es wird ihr gefallen, ihren Frühstückskaffee mit einem Diamanten serviert zu bekommen, und das tagtäglich."

„Ist dieser Pantopolous so reich?", fragte Patchou neugierig.

„Ärger als Onassis, nur ist er jünger und größer. Du siehst, ich werfe Madelon nicht in die Arme eines Zyklopen. Und wenn es einer schafft, sie auf Dauer zu ertragen, dann so ein ausdauernder Latinlover."

Patchou runzelte die Stirn. „Aber wird sie ihn ertragen?"

„Wenn sie erst einmal verstanden hat, dass sie ihn nicht bevormunden kann wie ein kleines Kind und dass er nicht lächelnd darüber hinwegsehen wird, wenn sie ihn genauso unverschämt betrügt wie mich, wird sie unwahrscheinlich glücklich mit ihm sein", prophezeite Nick spöttisch und drückte die Zigarette aus.

„Und dann lässt du dich scheiden?"

„Ungefähr in diese Richtung laufen meine Pläne", bestätigte Nick, beobachtete wie Patchou das leere Tablett in die Küche trug und seine Jacke anzog, die er auf einen Sessel geworfen hatte.

„Und die Kleine wird bei deinen Plänen so einfach mitspielen?"

„Schlimmstenfalls werde ich ihr die Sache mit einem Haufen Kleingeld schmackhaft machen."

„Wenn sie bisher kein Geld genommen hat, wird sie das später auch nicht tun", wandte Patchou ein.

„Sie schläft zwar ganz gerne mit mir, aber ich war ihr erster Mann und Frauen sind in der Hinsicht ganz schön sentimental. Es dürfte ihr mittlerweile aufgegangen sein, dass wir, wie hast du das so schön genannt, zusammenpassen wie Crêpes mit Ketchup", schloss er und sah Patchou an, der seinen Blick nachdenklich erwiderte.

„Wenn nicht, werde ich ihr klarmachen, dass ich die bessere Hälfte von DOBAN bin."

„Gefällt sie dir?", fragte Nick gleichgültig.

„Sie ist mit Abstand das interessanteste Mädchen, das seit langem in diesem Haus war, und hübsch ist sie außerdem", antwortete Patchou.

„Tu dir keinen Zwang an, von mir aus kannst du sie gerne haben, wie du weißt, sind mir Besitzansprüche fremd", meinte Nick gönnerhaft und Patchou entgegnete mit kaum verhohlener Verachtung: „Dir geht wohl gar nichts mehr nahe. Was wirst du tun, wenn du von Schnaps und Drogen auch keinen Kick mehr bekommst? Fallschirmspringen ohne Schirm?"

Nick hob die Augenbrauen. „Nein, dann werde ich Fotograf, damit ich die Dinge aus der einzig richtigen Perspektive sehe."

Patchou, der seine Reisetasche bereits in der Hand hielt, ließ sie wieder zu Boden plumpsen und sah seinen Freund feindselig an. „Sag, kommt eigentlich noch Blut, wenn du dich beim Rasieren schneidest oder schon Maschinenöl? Gibt es irgendetwas, an dem du wirklich Freude hast?"

„Ja, daran, dich rauszuwerfen."

„Manchmal glaube ich, der ganze Seiden-Spitzen-Parfum-Zauber schlägt sich auf dein Gehirn, Nick. Steck deinen Hintern zur Abwechslung mal in Jeans, zieh ein Polyesterhemd an und lass dir den Wind durchs Haar wehen, damit du merkst, was Leben ist", deklamierte er leidenschaftlich und blickte Nick an, der zu lachen begann.

„So, wie damals in Amerika?"

Patchou blies die Backen auf. „Genau, wenigstens hast du es nicht vergessen, es besteht noch Hoffnung."

„Das war das Erste, was wir uns leisteten, nachdem die Kredithaie ihr Geld zurückbekommen hatten", erinnerte er sich und Patchou nickte heftig.

„Acht Wochen auf zwei Harleys über die Highways, Mann, es …"

„Wir waren verrückt, ganz ohne Zweifel." Nick schüttelte gedankenverloren den Kopf. „Entweder schliefen wir in Fernfahrerkneipen oder unter freiem Himmel …"

„Und heute fährst du nicht einmal mehr selbst mit dem Auto, du lässt fahren und wenn ich mir die Speichellecker um dich herum ansehe, dann lässt du auch schon denken", fügte Patchou abfällig hinzu und fuhr eindringlich fort: „Nick, du lebst nicht mehr, du lässt leben. Du sitzt in deinem Elfenbeinturm aus Alkohol, Drogen und Selbstherrlichkeit, drückst ein paar Knöpfe und wartest ab, was passiert."

„Gibt's in der Südsee jetzt Rhetorikseminare, mein Bester?", fragte Nick unbeeindruckt. „Solche Vorträge kannst du dir sparen."

„Nein, das tue ich nicht, endlich einmal bist du nüchtern genug, um zu verstehen, was ich sage", erwiderte Patchou leise und zornig. „Du lässt leben, weil es dir zu anstrengend ist, es selbst zu tun. Womöglich kommt da ein Fleck auf dein Samtjäckchen."

„Bist du fertig?", unterbrach ihn Nick eisig. „Ich bin sicher, du verpasst die Metro, ein Flugzeug oder sonst was, wenn du nicht gleich gehst."

„Fast." Patchou packte seine Tasche und sprach mit ruhiger Stimme weiter: „Ich kenne deine Entwürfe für die neue Kollektion nicht, aber die letzten waren verdammt schwach. Ich hoffe, du weißt das."

„Jeder andere, der mir so kommt, kriegt Hausverbot." Nick drückte die halbgerauchte Zigarette aus.

„Drum sagt's dir auch keiner", entgegnete Patchou und grinste schon wieder. „Aber mich kannst du nicht entlassen, mein lieber DOBAN-Bruder, wir sind aneinander gekettet, bis der Tod oder das Konkursgericht uns scheidet."

In bester Laune kehrte Conny am späten Nachmittag ins Maison DOBAN zurück, zwei Plastiktaschen in jeder Hand. Außerdem hatte sie sich einen Männerschnitt mit langen Stirnfransen – Kontrastprogramm zu wildgelockten Models – zugelegt. Bevor sie mit ihren Einkäufen die *Galeries Lafayettes* verließ, machte sie bei den Parfumrepräsentanten im Erdgeschoss halt und probierte alles, was gut und teuer und nicht von DOBAN war.

Einen alten Schlager trällernd warf Conny die Tür hinter sich zu, stellte die Pakete an die Wand, ehe sie ins Schlafzimmer ging.

Nick hatte einen Stapel Journale neben und auf dem Bett verstreut und machte auf einem Zettel Notizen. Er blickte auf. „Gratuliere. Jetzt hält dich niemand mehr für meine Putzfrau, sondern für ...", er brach ab und Conny hob die Brauen. „Für wen?"

„Für meinen Lustknaben."

„Bin ich das denn nicht?" fragte sie süß und beugte sich vor, um ihn auf die Wange zu küssen, aber er drehte den Kopf und sie traf stattdessen seine halbgeöffneten Lippen.

Er machte eine rasche Bewegung und plötzlich lag sie inmitten der Hochglanzmagazine auf dem Bett und Nick hielt ihre Handgelenke neben dem Kopf auf den Kissen fest. Conny sah ihn an und fuhr sich mit der Zunge nervös über die Lippen. Seine Augen verdunkelten sich und er zog die Nase kraus. „Wie viele Parfumfläschchen haben sich denn über dich ergossen?"

„Ich weiß nicht, Änais-Änais, L'air du temps, Shalimar, ...", zählte sie auf, während er die Knöpfe ihrer Bluse zu öffnen begann.

„Nur das Beste vom Besten. Dann werden wir noch etwas Eau de Bandier hinzufügen", sagte er im gleichen Tonfall und berührte die Stelle ihrer Haut, die der Stoff freigab, mit den Lippen. „Manche Frauen baden in Parfum, wenn sie aus dem Bett ihres Liebhabers kommen, um die Spuren zu verwischen, wusstest du das, mein Schatz?"

Conny schüttelte den Kopf. „Verwendest du deshalb so viel Parfum?"

Sein Blick drückte für einen flüchtigen Moment Überraschung aus, während seine Finger erfolgreich den Verschluss der Jeans bearbeiteten und unter das Gummiband ihres Slips glitten.

„Er ist ein hübscher Junge, mein Freund Patchou. Gefällt er dir?", fragte er. „Komm schon, du kannst ohnehin nicht lügen."

Conny fühlte sich wie paralysiert. „Ja", krächzte sie schließlich tonlos, „er gefällt mir."

„Das habe ich mir gedacht. Ich werde dir seine Adresse aufschreiben, bei Gelegenheit."

Ihre Hilflosigkeit ließ Tränen in Connys Augen aufsteigen und sie war sich sicher, dass er sie jetzt, wo er seine Antwort hatte, einfach loslassen würde, was die Demütigung komplett machte.

Aber seine Hand strich über ihren flachen Bauch zurück zu ihrem Büstenhalter und öffnete die Häkchen auf der Vorderseite.

Conny riskierte einen Blick und sah, noch bevor sie es spürte, wie seine Zunge ihre Brustspitze zu streicheln begann. Erregung erfasste sie in samtigen Wellen und sie seufzte vor Wohlbehagen.

„Nick", rief sie leise und er hob den Kopf. „Wenn du weitermachst, wirst du dich morgen hundeelend fühlen. Wegen der körperlichen Anstrengung", fügte sie hinzu und kam sich wieder einmal sehr dumm vor.

Aber Nick lächelte nur. „*Willst* du, dass ich aufhöre?", fragte er sanft, während seine Finger wieder in ihrem Slip verschwanden.

Conny zitterte, aber unheilbar wahrheitsliebend sagte sie tapfer: „Nein, ich will nicht, dass du aufhörst."

„Eben. Also genieße und zerbrich dir nicht meinen Kopf."

Später lag sie an seiner Schulter und wickelte gedankenverloren eine lange schwarze Haarsträhne um ihren Finger. Zum tausendsten Mal war ihr klar, dass sie keine Chance hatte, ihn nicht zu lieben, wenn er so war, wie jetzt. Verträumt sah sie ihn an. „Du bist unwiderstehlich, Nick."

„Ich weiß", sagte er trocken. „Vor allem, wenn ich ein nörgelnder Patient bin."

„Ich mag nörgelnde Patienten", bekannte sie, hob den Kopf und küsste ihn spielerisch auf den Mundwinkel.

„Wenn sich deine Vorliebe herumspricht, wirst du auf den Gängen Betten aufstellen müssen", prophezeite er und Conny strich mit der Zungenspitze über seine Unterlippe.

„Diese Behandlung gibt es nur bei Hausbesuchen und nur bei sehr, sehr kranken Patienten."

„Im Moment fühle ich mich ganz gesund", meinte er und schob sie auf sich.

„Das fühle ich auch", gluckste Conny, „da siehst du, wie schnell natürliche Heilmittel wirken."

ZEHN

Die natürlichen Heilmittel taten weiter ihre Wirkung und einige Tage später fand Patchou Nick in seinem Arbeitszimmer über Entwürfen brütend. Er warf einen Stapel Briefe neben ihn auf den Zeichentisch.

„Du warst drüben in den Büros?", stellte Nick fest und legte die Tuschefeder weg.

„Ja, es gibt dort Leute, die glauben, du hast bereits das Zeitliche gesegnet, so lange haben sie dich nicht zu Gesicht bekommen."

„Die Bürokratie liegt mir eben nicht", meinte Nick und blätterte die Post durch.

„Trotzdem sollte man sich hin und wieder unters Volk mischen, das hebt die Unternehmensmoral", belehrte ihn Patchou und Nick lachte. „Da bin ich gerade der Richtige."

Während er die Briefe öffnete, sah sich Patchou die Zeichnungen an. „Ganz gut, wenn auch nicht sonderlich originell. Für die neue Kollektion oder ein Spezialauftrag?"

„Madelons Brautkleid", antwortete Nick abwesend und legte den Brief, den er in der Hand hielt, zur Seite.

Patchou betrachtete die Entwürfe genauer und plötzlich weiteten sich seine Augen überrascht. Prüfend sah er Nick an, der gerade einen Haufen Briefe ungelesen in den Papierkorb schmiss.

„Sie will noch im Juli heiraten, vor der Präsentation und vor meinem Geburtstag. Und an mir soll es nicht scheitern", grinste Nick. „Aber eine kleine Pause ist immer drinnen. Lass uns essen gehen, dabei kannst du mir alles von deiner Reise erzählen."

„Da habe ich eine viel bessere Idee. Wie wär's mit einem Imbiss à la DOBAN, darauf musste ich wochenlang verzichten", meinte Patchou und Nick verdrehte die Augen.

„Du kommst entspannt und ausgeruht aus der Südsee, nur um mich armes Schwein wie deinen Leibeigenen zu schinden."

„Du hast dich drei Monate von mir erholen können. Also schwing dich in die Küche und verwöhne deinen ältesten und vermutlich auch einzigen Freund", befahl er und folgte dem noch immer Protestierenden in die Küche, um sich dort auf einen Hocker an der Theke zu setzen. Während Nick Zwiebel und Champignons schälte, erzählte er ihm von seinen Erlebnissen in und um Tahiti. „In den nächsten Tagen entwickle ich die Filme und da wirst du sehen, es gibt auf dieser morschen alten Kugel Plätze, da bleibt dir vor Staunen glatt die Luft weg."

„Wie schön für dich", meinte Nick ohne große Begeisterung.

„Du solltest auch einmal längere Zeit in einem Ambiente ohne Klimaanlage, Fernseher und Bidet verbringen. Das wirkt sich auf deinen schöpferischen Geist sicher positiv aus."

„Mein schöpferischer Geist wäre schon glücklich, wenn er nicht in der Küche dahinvegetieren müsste", ächzte Nick und warf ein Stück Butter in einen Emailletopf, den er auf den Herd stellte.

„Wo ist eigentlich deine reizende Frau?"

„Sie legt im Krankenhaus eine Sonderschicht ein, weil einer der Quacksalber sie auf die Idee gebracht hat, ihre Berufung läge in der Arbeit im OP", antwortete Nick und hackte eine halbe Zwiebel.

Patchou knackte eine herumliegende Erdnuss. „Wenn ich ihr Chef wäre, hätte ich sie auch gern häufiger in meiner Nähe."

„Daran habe ich auch gedacht. Was soll sie schließlich groß von Ärzten lernen, deren einzige Sorge es ist, dass man die Narben nicht sieht."

„So eine Art Schönheitsfarm? Und Constance fühlt sich dort wohl?" Patchou öffnete die Tür des Kühlschranks und griff sich eine Flasche Mineralwasser.

„Ich denke, sie blickt da nicht so richtig durch. Sie sieht sich irgendwo zwischen Florence Nightingale und Jeanne d'Arc. Darüber hinaus hält sie ihre Arbeit für so enorm wichtig, dass alles andere daneben in absoluter Bedeutungslosigkeit versinkt", schloss Nick, nahm den Mixstab aus einem Schrank und hielt ihn in die Béchamelsauce.

Patchou trank einen Schluck Evian und strich über seinen Bart. „Vor allem so alberne Dinge wie Haute-Couture."

„Unter anderem. Dabei fällt mir ein, die neue Kosmetikserie ..."

„Du meinst das grüne Zeug mit der Urkraft des Meeres?" grinste Patchou und Nick lachte. „Ja. Vielleicht kannst du was draus machen. Pierro schießt den Accessoirekatalog und die zwei Neuen sind damit schlicht und einfach überfordert. Auf ihren Fotos sieht die Urkraft des Meeres aus wie ein pürierter Laubfrosch."

„Ein pürierter Laubfrosch ist rot", widersprach Patchou und öffnete eine Flasche Muscadet, während Nick die pochierten Eier vorsichtig auf zwei Teller legte, mit der Sauce überzog, die gebratenen Champignons herumdrapierte und alles neben die Toasts stellte.

„Wir haben jede Menge Einladungen bekommen", sagte Patchou zwischen zwei Bissen. „Und da die Präsentation der neuen Kollektion bevorsteht, sollten wir ein wenig mit den Ketten rasseln, damit wir genug Aufmerksamkeit kriegen."

Nick trank einen Schluck Wein. „Bei den Zeitungen müssen wir ohnehin Gut-Wetter-Stimmung machen, da meine liebe Frau alle Ansuchen um Interviewtermine gnadenlos abgeschmettert hat. Die Ziege von *La Scène* hat sie so verärgert, dass ich sie ins *Orphée* ausführen musste, sonst hätte sie wer weiß was geschrieben. Dort fraß sie sich die Speisekarte rauf und runter und jammerte mir die Ohren voll."

„Jacqueline Monteraux? Die wollte dich doch sicher zum Nachtisch", meinte Patchou mit vollem Mund.

„Worauf du dich verlassen kannst. Sie sollte einen Leitfaden verfassen *Wie vergewaltige ich einen Mann?* Es fehlte nicht viel und sie hätte mir mitten im Lokal zwischen die Beine gegriffen."

„Du solltest Mitleid mit ihr haben und sie endlich erhören. Sie rutscht dir seit bald zehn Jahren auf Knien nach."

„Von mir aus kann sie damit bis zu ihrer Pensionierung weitermachen. Da friert vorher die Hölle zu, ehe dieses Weib auch nur in die Nähe meines Bettes kommt."

Patchou zuckte die Schultern. „Wie du meinst. Was die Einladungen betrifft, sag mir nur, wo ich hingehen und welches der Mädchen ich mitnehmen soll."

„Du kannst dir das selber aussuchen, die Kärtchen liegen drüben. Allerdings ... irgendwann muss ich mit Stan bei einer Veranstaltung aufkreuzen, sonst entstehen die wildesten Gerüchte und das ist im Nachhinein schwer in den Griff zu bekommen."

„Wo liegt das Problem? So unzivilisiert, dass du sie verstecken musst, sah sie mir nicht aus."

„Das Problem, mein Bester, ist Folgendes: ich kann mit ihr zu keinem offiziellen Termin erscheinen, solange sie sich weigert eines meiner Kleider zu tragen", entgegnete Nick und stand auf, um seinen Teller in den Geschirrspüler zu tun. „Es ist mir verdammt gleichgültig, wie sie in ihrer Freizeit herumläuft. Wenn sie mit Jeans glücklich ist und nicht den geringsten Wert darauflegt, persönlichen Stil zu entwickeln, soll sie es tun. Aber bei einer offiziellen Veranstaltung braucht ihr nur ein Reporter zu sagen, wie hübsch sie aussieht, und sie wird mit Wonne antworten, das Kleid stamme vom Wühltisch bei *Au Printemps*. Und wie stehe ich dann da?"

„Bescheiden, du hast Recht. Aber in einer stillen Stunde wirst du ihr das schon klarmachen können." Patchou zwinkerte ihm zu.

„In einer stillen Stunde kann ich ihr so ziemlich alles einreden, aber das nicht", ließ Nick ihn wissen und schaltete die Espressomaschine ein.

Sie blätterten gerade im Arbeitszimmer die Billetts durch, als die Wohnungstüre zufiel und eine missmutige Conny erschien.

„So früh zurück?", sagte Nick und sah sie an.

„Der Primar hat mir verboten, Dr. Lavanne zu assistieren, weil ich keine Spezialausbildung habe", erklärte sie kurz und verschwand in der Küche. „Ich dachte, Madame Aurore kommt heute erst um drei", rief sie und Patchou warf Nick einen fragenden Blick zu.

„Weiß sie nicht, dass dein zweiter Vorname Bocuse ist?"

„Der einzige Teil von mir, der sie interessiert, befindet sich zwischen meinem Nabel und meinen Kniescheiben", entgegnete er zynisch.

Conny hielt den Emailletopf in der Hand und kratzte mit dem Kochlöffel die Reste der Sauce zusammen. „Sehr lecker, ihr hättet mir wirklich etwas aufheben können", meinte sie vorwurfsvoll.

„Wenn wir gewusst hätten, dass du so früh zurück bist, hätten wir das natürlich getan", antwortete Nick.

Conny zuckte die Schultern, holte zwei Becher Schokopudding aus dem Kühlschrank und sah den beiden Männern zu, wie sie über den Kärtchen verhandelten.

„Sind das Einladungen?", fragte sie neugierig.

„Ja. Wir streiten gerade, wer die Highlights bekommt und wer bei den Langeweilern antreten muss." Patchou lächelte sie an.

Conny wischte sich die Hand an der Hose ab und zog den Stapel, der vor Nick lag, zu sich. Als sie die Unterschriften las, bemühte sie sich, nicht zu zeigen, wie beeindruckt sie war, denn die meisten Namen kannte sie aus Kunst, Politik und Wirtschaft.

„Interessiert dich eine der Einladungen?" fragte Patchou. „Willst du mitkommen?"

Conny sah ihn erschrocken an. „Ich? Himmel, was mach ich denn dort?"

„Manchmal ist es ganz unterhaltsam", meinte Nick. „Du lernst Menschen kennen, die du sonst nur im Fernsehen siehst."

Conny spielte mit dem Löffel. „Wenn ich mitgehe, kann ich anziehen, was ich will?"

„Nein", erwiderte Nick und Conny sagte patzig: „Dann bleib ich eben zu Hause."

„Du kannst als Madame Bandier nicht in einem Schaffell zu einer Veranstaltung gehen, bei der jede Menge Reporter und Fotografen wie Aasgeier auf einen Skandal warten, DOBAN lebt zwar gerne von Skandalen, aber nicht von solchen."

„Okay, okay, ich habe verstanden", murmelte Conny.

„Trägst du ein DOBAN Modell?", fragte Nick gereizt und Conny sah ihm in die Augen. „Nein."

Patchou beobachtete die beiden, räusperte sich und meinte fröhlich: „Ich mache mich auf die Socken, war schön dich zu treffen, Conny. Auf bald, Nick."

Er steckte seine Einladungen in die Jacke und war schon bei der Treppe als Nick rief: „Warte, ich nehme dich mit."

Patchou kam zurück. „Wo fährst du hin?"

Nick schob die Zeichnungen zusammen. „Zu Madelon, sie soll sich die Entwürfe ansehen."

„Gut. Setz mich bei den Studios ab, dann nehme ich die Urkraft des Meeres einmal in Augenschein", entgegnete Patchou und wartete, bis Nick die Zeichnungen in einer Mappe verstaut hatte.

Conny steckte die leeren Becher ineinander und verließ das Zimmer. Patchou warf seinem Freund einen Blick zu, den dieser ungerührt erwiderte, und folgte ihr dann in die Küche.

„Warst du schon in den Fotostudios?", fragte er und als sie den Kopf schüttelte, fuhr er fort: „Gut, dann komm mit mir und sieh dir alles an. Ich werde versuchen, aus einem pürierten Laubfrosch das Schönheitsmittel des einundzwanzigsten Jahrhunderts zu machen."

Conny lächelte. „Klingt ja furchtbar."

„Warte ab, bis du es siehst."

„Gut, ich habe heute ohnehin nichts mehr vor", antwortete sie und ging mit den beiden Männern in die Garage.

Patchou setzte sich so auf den Beifahrersitz, dass er mit dem Rücken an der Tür lehnte und in den Fond sehen konnte.

„Ich habe gehört, du hast Thierry Fugace entlassen", sagte er als der Wagen die Auffahrt zum Boulevard St. Michel nahm.

„Richtig. Er schickte aus Marokko nur mehr Telegramme mit der Forderung nach mehr Geld, ohne das geringste Ergebnis vorzulegen. Scheinbar hat er sich um unser Geld einen schönen Urlaub gemacht."

„Und wer dreht jetzt den Werbespot für *Sunset*?"

Nick zündete sich eine Zigarette an und öffnete das Fenster auf seiner Seite. „Dutronc hat mir Serge Vasseur empfohlen, er hat für Cartier ein paar Sachen abgeliefert, die dort Begeisterungsstürme hervorriefen."

Patchou runzelte die Stirn. „Vasseur ist ein absoluter Profi, das stimmt, aber privat würde ich lieber eine Klapperschlange streicheln, als mich mit ihm abzugeben. Der Typ ist so schleimig." Er schüttelte sich.

„Immerhin erfreut er mein blutendes Herz damit, auf der Suche nach einem passenden Platz für seinen Sonnenuntergang nicht auf Spesen um die Welt zu jetten, sondern dreht in der Normandie und sichert mir zu, nicht länger als zwei Wochen Zeit zu brauchen, damit wir *Sunset* noch mit der neuen Kollektion lancieren können", entgegnete Nick gelassen und Conny, die zugehört hatte, ohne zu begreifen, worum es ging, wagte die Frage: „Was ist *Sunset*?"

„Ein Parfum. In den Studios sollten noch ein paar Flaschen stehen, du kannst es gerne probieren. Komm, steig aus, wir sind da."

Sie standen vor einem imposanten Hochhaus, das nur aus verspiegeltem Glas zu bestehen schien und auch in New York oder Hongkong gute Figur gemacht hätte. Conny war schon von Nicks Atelier beeindruckt gewesen, aber gegen die großzügigen Räume, die sie jetzt betrat, wirkte es wie eine kleine, enge Rumpelkammer.

Kulissen wurden an ihr vorbeigeschoben, Einkaufswagen mit Requisiten standen herum und Menschen wimmelten dazwischen wie Ameisen in ihrem Bau. Patchou ging neben Conny, erklärte ihr dies und das, und wechselte immer wieder ein paar Worte mit einem der Vorbeihastenden. Schließlich erreichten sie eine abgedunkelte Koje und Patchou knipste eine Lampe an.

Auf einem Beistelltischchen lag eine dicke Mappe. Er nahm sie und reihte die darin befindlichen Fotos auf dem langen Tisch nebeneinander auf. Kopfschüttelnd betrachtete er sie, bevor er sie mit einer einzigen Bewegung in den Papierkorb kippte.

„Nick hat Recht, das ist wirklich Schrott."

Während er Scheinwerfer anknipste, Stative aufbaute und in verschiedenen Kästchen und Laden stöberte, fing er an, sich mit Conny zu unterhalten. Zwischendurch rief er über die Sprechanlage nach einem Assistenten, sowie nach jemandem vom Product Styling.

Conny zog die Nase kraus. „Was ist das denn?"

„Das sind Leute, die mithelfen, dass sogar ein fauliger Apfel auf einem Foto appetitlich aussieht und so jemanden werden wir bei diesem Zeug auch dringend brauchen."

Er hielt ihr eine Plastikschüssel hin. Die darin befindliche Masse duftete zwar angenehm, wirkte im Übrigen aber nicht sehr vertrauenerweckend. Conny rieb etwas davon auf ihren Handrücken und war erstaunt, wie schnell es von ihrer Haut aufgenommen wurde.

„Salut, Patchou, wieder im Lande?", begrüßte ihn eine rundliche Brünette mit einer riesigen Brille und zog ihn am Hemd zu sich herunter, um ihn auf die Wange zu küssen.

„Und schon in der Tretmühle. Conny, das ist Alix Coudin vom Product Styling. Alix, Constance Bandier."

„Sie sind also das bedauernswerte Wesen, das Nicks Launen jetzt aushalten muss. Herzliche Anteilnahme."

„Das ist die erste treffende Bemerkung, die ich dazu höre", erwiderte Conny baff.

„Die anderen reden Ihnen wohl ein, Sie müssen Ihr Glück täglich lobpreisen? Aber lassen Sie sich nicht unterkriegen, Männer haben meistens größere Ähnlichkeit mit einer Dampfwalze als mit menschlichen Wesen. Dieses Exemplar ausgenommen", fügte sie hinzu und lächelte Patchou an.

„Alix, du bist ein altes Lästermaul."

„Gut, dann sag mir, welche Frau käme auf die Idee, diese grüne Erbsensuppe als Urkraft des Meeres verkaufen zu wollen", stellte sie fest und Patchou lachte. „Eins zu null für dich."

„Eben, und ich kann's wieder ausbaden."

Conny beobachtete die beiden, wie sie beratschlagten, Porzellantiegel aufstellten, Requisiten hin und her räumten. Schließlich schlug sich Alix mit einem Aufschrei auf die Stirn, verschwand und kam nach einer Viertelstunde mit einer Siphonflasche wieder, in die sie einen Teil der Creme füllte. Nach kurzem Schütteln spritzte sie etwas davon in eine schimmernde Muschelhälfte, die sie zurück auf den mit glänzender Seide umhüllten Podest legte und Patchou nickte anerkennend.

„Nicht schlecht."

„Nicht schlecht? Das ist es. Sieh nur, wie leicht und geschmeidig das Zeug jetzt aussieht", rief Alix und klatschte in die Hände.

Patchou verknipste einen Film nach dem anderen, Paul legte geduldig neue Apparate bereit und Alix reichte Conny zum Abschied die Hand.

„Sag, ist noch etwas von *Sunset* da?", fragte Patchou, während er eine andere Kamera aufs Stativ schraubte, „Conny möchte es probieren."

„Gut möglich. Ich sehe nach", versprach sie und kam kurz darauf mit einem Plastikkörbchen zurück.

In dem Korb waren rot-gold-orange farbige Glasfläschchen in mehreren Größen. Außer Parfum in verschiedenen Konzentrationen gab es Badeöl, Bodylotion und Deospray.

Conny schnupperte zuerst an einem der Flakons, bevor sie etwas von dem Inhalt auf ihr Handgelenk rieb. Das erste, was ihr zu dem Duft einfiel, war, dass er tatsächlich wie warme Sonnenstrahlen auf ihrer Haut wirkte. Die Flasche selbst lag angenehm rund und glatt in ihrer Hand. Die Einheit von Farbe, Duft und Flakon war unglaublich, als hätte man den Sonnenuntergang in geschliffenem Glas eingefangen.

„Das Zeug ist unbeschreiblich, aber es gibt keinen besseren Namen dafür als *Sunset*. "

Patchou warf die Filmkapseln in ein anderes Körbchen. „Es hat alles, um ein Klassiker zu werden."

„Hat Nick es ... *gemacht*?"

„Nein, *gemacht* hat er es nicht. Es gibt tatsächlich ein paar Dinge auf dieser Welt, die selbst der großartige Nick Bandier nicht fertigbringt und eines davon ist, Parfum zu mischen."

Er ging durch die Studios, bis sie zu einer Tür kamen, über der ein grünes Schild mit der Aufschrift „Labor 3" leuchtete. Während er mit den Vorbereitungen fürs Entwickeln begann, erklärte er weiter: „Alles, was nicht unmittelbar mit Design zu tun hat, wird von DOBAN in Auftrag gegeben. Für Parfums bedeutet das, Monsieur Kerouac, unser Parfumeur, entwickelt alle zwei Jahre eine Palette von fünf Duftmischungen und Nick oder ich selbst, wer gerade Lust und Laune hat, sucht eine davon aus und DOBAN produziert sie."

„Und wer hat *Sunset* ausgesucht?", wollte Conny wissen.

„Nick hat es ausgesucht und hat auch den Namen gefunden, außerdem hat er zum ersten Mal den Flakon entworfen. Es war die letzte nüchterne Periode, die er hatte."

„Trinkt er immer so viel?"

„Er hat um einen guten Tropfen noch nie einen Bogen gemacht. Aber schlimmer als sein Hang zu Cognac und zu

Kokain ist das Valium. Wenn er mit einem verquollenen Gesicht und ohne Nasenscheidewand herumlaufen will, bitte. Aber Valium zerstört seine Kreativität von Grund auf."

Er griff nach einer blauen Flasche und hielt mitten in der Bewegung inne, als er Connys Gesicht sah. „Sag bloß, du weißt das nicht? Mädchen, du bist Krankenschwester und Nick schluckt Valium wie Smarties. Das musst du doch gemerkt haben?"

Schweigen.

„Oder hat er damit aufgehört?"

Conny räusperte sich. „Nachdem ich nicht einmal gewusst habe, dass er Valium nimmt, bin ich wohl kaum die geeignete Person für diese Frage", entgegnete sie schärfer als beabsichtigt und blickte zu Boden. Wenn Nick Valium nahm, dann erklärte das einiges: seine enorme Gleichgültigkeit, den an Bewusstlosigkeit grenzenden Schlaf und das Kokain, mit dem er sich wieder aufputschte. „Wissen es alle anderen?"

„Alle, die mit ihm zu tun haben. Meinst du vielleicht, ich lüge?", fragte er mit gehobenen Brauen.

Conny seufzte. „Alle wissen es, aber keiner tut was dagegen. Ich dachte, du bist sein Freund."

Patchou lehnte sich an den Tisch und verschränkte die Arme vor der Brust. „Ich bin nicht sein Kindermädchen. Der Mann ist alt genug, um die Verantwortung für sein Leben zu tragen", meinte er und in seiner Stimme klang Verärgerung mit. „Nach allem, was ich so höre, bettet er dich nicht auf Rosen, was kümmert's dich also?"

Conny wich seinem Blick aus. „Es tut mir leid. Ich habe ohnehin kein Recht, dir Vorschriften zu machen."

„Dich hat's ganz schön erwischt, nicht wahr?" stellte Patchou fest und knipste einen Schalter an, der den Raum in rotes Licht tauchte und eine unwirkliche Atmosphäre schuf.

„Wie du das bloß gemerkt hast."

Während er eine Filmpatrone öffnete, sagte er langsam: „Menschen wie wir haben unsere eigenen Gesetze, es ..."

„Ach, und da ist es ganz normal, Alkohol und Betäubungsmittel zu schlucken, als gäbe es kein Morgen. Sag schon, was nimmst du denn?", rief sie entrüstet.

„Dreimal täglich eine Flasche Bier. Aber das war nicht immer so."

„Himmel, wo bin ich nur hingeraten", meinte Conny kopfschüttelnd.

Patchou befestigte einen Filmstreifen an einer Leine und trocknete sich die Hände ab. „Es gibt Situationen im Leben, die einem keine großen Möglichkeiten lassen. Du bist noch jung genug, um andere unbekümmert verurteilen zu können."

„Ich kann mir nicht vorstellen, dass ich jemals in die Lage komme, Beruhigungs- und Aufputschmittel zu schlucken, ganz egal, was passiert", erwiderte Conny hart.

Patchou öffnete wieder eine Kapsel. „Als Dior uns rausschmiss – du kennst doch die Geschichte?"

„Ja, ich habe dieses Pakt-mit-dem-Teufel-Buch gelesen."

„Gut, es hat einen etwas pathetischen Unterton, aber die Fakten sind korrekt. Also, Nick und ich standen ohne einen Franc da. Es war Winter und auch das winzige Zimmer, das wir uns teilten, wollte bezahlt sein. Nick wurde bei keinem Modehaus mehr aufgenommen, und mich wiesen sie ab, da sie Angst hatten, ich würde ihm Informationen zuspielen. Bei den Zeitungen bekam ich nur freie Mitarbeit angeboten, was uns auf Dauer nicht über Wasser halten konnte. Nick arbeitete an seinen Einwürfen und wenn er sich dazu aufraffte, in Cafés Touristen zu zeichnen, bekam er dafür mehr böse Worte als Geld."

Verständnislos sah ihn Conny an und er erklärte knapp: „Wenn jemand Quasimodo war, dann zeichnete Nick ihn so. Und wer kauft ein Bild, um sich täglich darüber zu ärgern? Aber so profane Dinge lagen Maître Nick natürlich fern und die Temperatur in unserem Zimmer näherte sich der Nullgradmarke."

Er hängte den zweiten Filmstreifen auf die Leine. „Genau zu diesem Zeitpunkt bekam ich ein äußerst lukratives Angebot."

Der nächste Filmstreifen glitt aus seinen Fingern zurück in die Wanne. Er musste zweimal danach greifen, ehe es ihm gelang, ihn festzuhalten. „Ich habe drei Monate lang fünf Stunden täglich, sechs Tage die Woche Pornos fotografiert. Ich war oft so stoned, dass ich nicht einmal meinen Namen wusste."

„Das ist natürlich schlimm, aber trotzdem ..."

„Normale Pornos sind schlimm." Die Stimme, mit der er sie unterbrach, schien jemand anderem zu gehören. „Ich habe Pornos fotografiert, für die man mehr als zehn Jahre im Knast verbringt und von den Mithäftlingen ganz besonders nett behandelt wird."

Begreifen sickerte im Zeitlupentempo in Connys Verstand und sie saß da wie vom Blitz erschlagen. Sie wusste nicht, was sie sagen sollte, wenn es überhaupt etwas gab, das man darauf sagen konnte.

Patchou machte mit seiner Arbeit weiter. „Ich will nie wieder darüber reden, verstanden? Es sollte dir nur zeigen, dass man besser den Mund hält, wenn man keine Ahnung hat."

Conny lehnte den Kopf an die Wand und schloss die Augen. Sie fühlte sich mit Dingen konfrontiert, die einfach eine Nummer zu groß für sie waren. Ihre Finger krampften sich ineinander und sie versuchte möglichst unbekümmert zu antworten: „Nick hat nicht im Entferntesten mit so etwas zu tun, und säuft und kokst trotzdem."

„Nick ist eine Kerze, die an zwei Enden brennt", entgegnete Patchou und seine Stimme klang wieder ruhig. „Er arbeitet wie ein Tier. Weißt du, die wievielte Kollektion er im Juli vorstellt? Die zwanzigste. Er macht seit zehn Jahren alle sechs Monate eine Präsentation, und er macht sie alleine. Er ist außer Christobal Balenciaga der einzige Haute-Couturier, der ein gezeichnetes Modell auch selbst umsetzen kann. Sicher, er sitzt heute nicht mehr an der Nähmaschine, aber jeder einzelne Teil seiner Kollektion ist sein persönliches Werk. Anders gesagt, er hackt zweimal jährlich seine Seele in kleine Stücke."

Patchou legte einen neuen Filmstreifen in die Entwicklerflüssigkeit. „Und mittlerweile geht es nicht mehr nur um ihn und mich. All das ...", er machte eine ausholende Handbewegung, „... hängt an Nick und seinen Ideen. Unsere Branche ist eine schnelle Branche, niemanden interessiert die Kollektion der letzten Saison, auch wenn sie fantastisch war. Drei schlecht bewertete Präsentationen en suite reichen aus und DOBAN kann samt seiner Angestellten den Rollladen dichtmachen."

Ohne seine Arbeit zu unterbrechen, sprach er weiter: „Nick beschäftigt keine Designer, obwohl er das könnte, denn sie rennen ihm die Tür ein. Er bräuchte unter ihre Entwürfe nur seinen Namen zu setzen. Aber Nick ist ein Besessener, er kann nichts abgeben und langsam erreicht er seine Substanz. Wenn er so weitermacht, führt sein Trip geradewegs in die Hölle."

„Und nichts und niemand kann ihn aufhalten", schloss Conny an seiner Stelle.

„Außer, er zieht selbst die Notbremse", bemerkte Patchou und sah Conny an. „Du bist ein nettes Mädchen, und ich werde dir etwas verraten: du bist der einzige Mensch, mit dem Nick länger als achtundvierzig Stunden zusammengelebt hat, mich ausgenommen."

„Bequemerweise hat er so jederzeit eine Frau zur Hand, wenn ihm danach ist."

Patchou lachte. „Das hat Nick gesagt, nicht wahr? Immer kalt wie eine Hundeschnauze."

„Er hat nie mit einer Frau zusammengelebt? Auch nicht mit Madelon?", fragte sie neugierig.

„Nein, und nachdem was mir seine Häschen erzählt haben, wenn sie sich ausweinten, ging er mit ihnen entweder gleich in ihre Wohnung oder in ein Hotel oder er hatte es so eilig, sie aus seinem Bett und seinem Leben zu drängen, dass sie nicht einmal Frühstück bekamen. Madelon versuchte zwar am Anfang, sich bei Nick breit zu machen, aber es hat ihr nichts genützt und jetzt schiebt er sie so sanft aufs Abstellgleis, dass sie es gar nicht merkt."

Als er Connys erwartungsvolles Gesicht sah, lächelte er. „Madelons Vertrag geht bis zu ihrem dreißigsten Geburtstag. Nick wird ihn nicht verlängern, soviel steht fest. Und Madelon weiß das natürlich. Wenn er sich jetzt auch noch privat von ihr getrennt hätte, müsste er die nächsten eineinhalb Jahre mit einem keifenden Fischweib arbeiten oder ihr eine enorme Summe anbieten, damit sie vorzeitig aus dem Vertrag aussteigt. Und Nick hütet sein Geld wie Petrus seine Apostel.

Madelon andererseits wird Nick nur für einen kapitalen Hecht von der Angel lassen und der ist jetzt in Gestalt von Ari Pantopolous auf der Bildfläche erschienen. Da Multimillionäre auch in ihrem Umfeld nicht gerade in Scharen auftreten, wird sie den eleganten Ausstieg, der sich ihr bietet, nützen."

„Hat Nick dir das alles erzählt?"

„Teils, teils, den fehlenden Rest habe ich mir selbst zusammengereimt", antwortete Patchou und vergaß großzügig, die von Nick geplante Scheidung zu erwähnen.

Conny sah auf ihre Armbanduhr. Kurz nach sieben. Die Zeit war wie im Flug vergangen. Erst jetzt fiel ihr ein, dass Nick nach allen Regeln der Wahrscheinlichkeit gerade mit Madelon im Bett lag und Kaviarschnittchen verspeiste und ihre gute Laune ließ sie schlagartig im Stich.

Patchou betrachtete sein plötzlich schweigsames Gegenüber und dachte daran, dass Nick, ausgerechnet Nick, der zu Frauen die gleiche Einstellung zu haben pflegte wie zu Papiertaschentüchern, sich darüber beklagte, das Mädchen wäre nur an Sex mit ihm interessiert. Und dann waren da noch die Skizzen von Madelons Brautkleid ...

Aus diesen Gedanken heraus meinte er: „Nach der nächsten Präsentation solltest du versuchen, Nick von hier loszueisen. Je weiter er Paris hinter sich lässt, umso besser."

„Da ich die Letzte bin, auf die er hört, wird sich das wohl kaum einrichten lassen", entgegnete sie kühl. „Wäre es möglich, über etwas anderes zu sprechen?"

„Klar", meinte er freundlich. „Willst du etwas pürierten Laubfrosch zu deinem Sonnenuntergang?"

ELF

Als Conny ins Maison DOBAN zurückkam, fehlte nicht mehr viel auf Mitternacht. Nick saß an einem der Zeichentische und Conny legte die Mappen vor ihm hin. „Mit Grüßen von Patchou."

Schweigend schlug Nick sie auf und betrachtete die Fotos. „Er ist ein großer Könner, unser lieber Patchou", meinte er träge und sah Conny durch den Nebel seiner Zigarette prüfend an.

„War's schön mit Madelon?", fragte sie gereizt, weil ihr die Zweideutigkeit seiner Bemerkung nicht entging.

Er begann, die Fotos zu sortieren. „Wie immer ein Erlebnis."

Conny nahm die Tasche mit den *Sunset* Produkten und machte sich auf den Weg ins Bad, aber Nicks Stimme hielt sie noch einmal zurück. „Es ist nicht das erste Mal, dass Patchou und ich uns eine Frau teilen. Und es wird nicht das letzte Mal bleiben", setzte er hinzu und Conny sagte müde: „Du bist widerlich, Nick."

Das Geräusch der auf die Glasscheiben über dem Bett trommelnden Regentropfen weckte sie. Gähnend sah sie auf die Leuchtziffern ihrer Armbanduhr. Halb fünf. Die Schlafzimmertür war angelehnt und ein dünner Lichtstrahl fiel auf die seidene Decke.

Conny griff nach ihrem Frotteemantel, erhob sich und öffnete vorsichtig die Tür. Zwei Spotlampen brannten über einem der Tische, auf dem Zeichnungen lagen. Nick stand bei einem der geöffneten Fenster an der Panoramawand.

Als er sich plötzlich umdrehte, drückte sie sich unwillkürlich an den Türrahmen, aber er sah ohnehin nicht in ihre Richtung, sondern ging zum Tisch. Dort nahm er eine Zeichnung, betrachtete sie kurz und warf sie mit einer unwilligen Geste zurück, ehe er sich auf den Drehsessel fallen ließ. Sein Feuerzeug klickte, dann war es wieder still.

Mitten in diese Stille hinein begann er halblaut vor sich hinzumurmeln. Conny spitzte die Ohren und als sie die Worte verstand, musste sie lächeln.

Es waren Flüche, für deren farbenfrohe Ausdruckskraft die romanischen Sprachen berühmt waren und sie wurde neugierig, was ihn dermaßen aus der Fassung brachte. Langsam und geräuschlos ging sie zu ihm, blieb hinter dem Sessel stehen und spähte auf den Tisch.

Dort lagen die Entwürfe für Madelons Brautkleid und sie fragte sich, wie oft es ihm wohl noch gelingen würde, sie in ein tiefes, schwarzes Loch zu stoßen. Sie mochte vielleicht die einzige Frau sein, mit der er – notgedrungen – zusammenlebte, aber die Verzweiflung trieb ihn dazu, in aller Herrgottsfrühe hier zu sitzen und seiner verlorenen Liebe nachzutrauern.

Obwohl ihr zweites Ich riet, Würde zu bewahren, sich umzudrehen und wieder ins Bett zu gehen, bevor er sie bemerkte, trat sie näher und legte ihm die Hände auf die Schultern.

Er zuckte zusammen und hörte mit seinen Verwünschungen auf.

„Komm ins Bett, Nick, vielleicht fällt dir eine Lösung für dein Problem ein, wenn du ausgeschlafen bist", sagte sie leise und konnte nicht verhindern, dass die Resignation, die sie empfand, in ihrer Stimme hörbar wurde.

Ohne sich umzudrehen, griff er nach ihrer Hand und hielt sie fest. Er lehnte den Kopf zurück und ihre Hand rutschte auf seine Brust.

„Eine Lösung?", wiederholte er verständnislos.

„Wenn du sie so sehr vermisst, solltest du mit ihr reden, bevor sie Ari heiratet", erklärte sie in einem Anfall von

Selbstzerfleischung. „Es ist nicht nötig, vier Menschen unglücklich zu machen."

Der Sessel schwang herum, Connys Hand fiel herunter und statt auf Nicks dunkles Haar sah sie in sein blasses Gesicht.

„Ich habe ein Problem, das stimmt." Er deutete mit dem Kopf auf die Zeichnungen, wandte seinen Blick aber nicht von ihr. Conny trat näher zum Tisch und betrachtete die Entwürfe. Sie verstand von diesen Dingen absolut nichts und sie konnte sich auch nicht vorstellen, dass er bloß deshalb fluchte wie ein Müllkutscher, weil Madelon die Zeichnungen nicht gefielen.

„Wenn ihr das Kleid nicht zusagt, entwirf halt etwas anderes", entgegnete sie lahm.

Er sagte nichts, sondern sah sie nur an. Conny begann, sich unter diesem Blick unbehaglich zu winden. Die ganze Zeit über wurde sie das Gefühl nicht los, irgendetwas stimmte nicht, irgendetwas war nicht so, wie es sein sollte. Schon bei ihrer Heimkehr hatte sie diesen Gedanken gehabt.

Dann fiel der Groschen und in Connys Kopf hallte das Geräusch, das er dabei machte wie die Trommeln am Rio Bravo.

Er war nüchtern.

Es war fünf Uhr morgens und Nick Bandier war so nüchtern wie Björn Waldegard beim Start der Tausend-Seen-Ralley.

Die Wut über die Ungerechtigkeit dieser Welt, in der manche Frauen alles und andere gar nichts bekamen, stieg heiß und unkontrolliert in ihr auf.

„Ist dein toller Plan also nach hinten losgegangen", stellte sie gehässig fest.

„Dieser Gedanken ist nicht von der Hand zu weisen, nicht wenn es danach geht." Er machte wieder eine Kopfbewegung zu den Zeichnungen.

Conny vergrub die Hände in den Taschen des Bademantels und schwieg trotzig.

Nick seufzte und drückte die Zigarette aus. „Madelon wird mit Ari nicht unglücklich, nicht mehr als mit jedem anderen. Für sie ist eine Heirat mit ihm das Beste, das sie in ihrer Situation tun kann."

„Und was ist mit dem armen Ari?"

„Der arme Ari ist alt genug, um zu wissen, was er für sein Geld bekommt."

Das Letzte, was Conny wollte, war über Madelon zu reden, aber da Nick offenbar nicht anders konnte, gab sie nach.

„Ich hoffe, er hat sie schon vor der Hochzeit ungeschminkt gesehen, sonst kriegt er womöglich einen Herzinfarkt", sagte sie widerspenstig und ging langsam zum geöffneten Fenster.

Nick stützte die Ellbogen auf den Tisch. „Ist dein Horizont immer so beschränkt oder nur in diesem speziellen Fall? Glaubst du wirklich, dass sie vierundzwanzig Stunden am Tag in Modellkleidern herumläuft?", fragte er belustigt. „Oder dass sie mit Rouge auf den Wangen zur Welt kam?"

„Ich glaube gar nichts. Ich mache mir über Mademoiselle Fenchette nicht die geringsten Gedanken", ließ sie ihn wissen und sah gelangweilt aus dem Fenster.

„Und ich bin Yves St. Laurent", erwiderte Nick. „Der Grund für Madelons Scarlett O'Hara Komplex ..."

„Für was?"

Nick streckte die Faust zur Decke. „Gott ist mein Zeuge, ich will nie wieder hungern, und wenn ich stehlen und morden müsste, ich will nie wieder hungern!"

Er grinste. „Hin und wieder schau ich auch in die Flimmerkiste. Das mit dem Hungern kannst du ruhig wörtlich nehmen. Nach elf Jahren als Model hat sie es verdammt satt, täglich ein fünf Franc großes Steak zu essen, vor Fotoaufnahmen auf zehn Stunden Schlaf zu achten und immer zu lächeln, sobald ein Reporter näher als fünfzig Schritte an sie herankommt."

„Gut, aber das alles kann sie haben, wenn sie ihre Karriere beendet. Dazu braucht sie keinen griechischen Millionär. Sie hat sicher Geld genug verdient", wandte Conny unbeeindruckt ein.

„Durchaus", pflichtete ihr Nick bei. „Aber in der Welt, in der sie sich bewegt, ist Geld nicht alles." Er machte eine Pause. „Wärst du einmal unten in den Logen gewesen, brauchte ich dir das nicht zu erklären", versetzte er ironisch. „Es sind Frauen, die sich die Kleider vorführen lassen, aber Männer, die sie bezahlen. Vielleicht ändert sich in zehn oder zwanzig Jahren etwas daran, aber heute macht die Emanzipation vor den Türen der Anprobestudios der Haute-Couture halt."

„Ich verstehe nicht, worauf du hinauswillst."

„Ich will auf Folgendes hinaus: Madelon sieht seit Jahren mit an, dass die Fahrkarte für gesellschaftliche Akzeptanz ein Mann ist, dessen Rang und Namen eine Frau ins rechte Licht rückt."

Kopfschüttelnd blickt ihn Conny über den ganzen Raum hinweg an. „Das ist doch Schwachsinn aus der untersten Lade männlicher Selbstüberschätzung."

„Meinst du? Erinnere dich, wenn du mit mir essen gegangen bist. Angefangen bei den lächerlichen Fähnchen, die du so gern trägst und mit denen sie dich gar nicht ins Lokal gelassen hätten, wärst du alleine gewesen. Hätten sie es doch getan, wärst du an einem der winzigen Tische neben dem Klo gesessen, und müsstest dreimal so lange auf dein Essen warten als die Frauen, die in Begleitung dort sind."

Dass es wieder auf die leidige Kleidersache hinauslief, beruhigte Connys erhitztes Gemüt auch nicht.

„Vielleicht trifft das alles auf deine degenerierten Nobelherbergen zu, aber nicht auf die Restaurants, die ich besuche", gab sie eingeschnappt zurück.

„Bei McDonalds gibt's auch Selbstbedienung."

„Eben, wenn Madelon dorthin geht, hat sie keine Probleme, aber dafür ist sie sich bestimmt zu fein", fügte Conny voller Verachtung hinzu.

„Wenn du dich einmal in ein Klischee verbissen hast, lässt du so schnell nicht los. Hast du dir einmal überlegt,

114

warum Madelon dich so sehr hasst?", fragte er und Conny blickte ihn an als sei er geistesgestört.

„Weil du sie mit mir betrügst, ist dir das etwa entgangen?"

„Da bist du nicht die Erste", belehrte er sie kalt. „Aber du bist die Erste, bei der sie völlig durchdreht. Wenn du nicht so verbohrt wärst, wüsstest du, warum." Mit ruhigerer Stimme fuhr er fort: „Du bist alles, was sie in deinem Alter gerne gewesen wäre."

Conny begann zu lachen und es dauerte eine Weile, bevor sie wieder sprechen konnte: „Monsieur Bandier öffnet seine Scherzkiste. Warum sollte eine Frau, die so aussieht, so viel Geld hat und vor der alle Männer auf dem Bauch liegen, mit mir tauschen wollen?"

Nick spielte mit seiner Zigarette und sagte nach einer kleinen Ewigkeit: „Okay, wenn sie dahinterkommt, dass ich dir das erzähle, lösen sich alle Probleme von selbst, dann bist du nämlich Witwe."

Er lehnte sich im Sessel zurück. „Madelon kommt aus einer Familie wie es tausende hier in Paris gibt. Ihre Eltern waren nicht reich und nicht arm, sie war das jüngste von vier Kindern und das einzige Mädchen. Alles Geld wurde in die Ausbildung der Jungen gesteckt. Für Madelon suchte ihr Vater als sie fünfzehn war in der Fabrik, in der er selbst arbeitete, einen Platz am Fließband und dort drehte sie acht Stunden täglich zwei Kontakte in ein Relais."

Er schwieg und Conny ging langsam zu ihm zurück.

„Unnötig zu sagen, dass sie davon schnell genug hatte. Sie suchte sich einen Job als Serviererin in einem Café, den sie aber bald wieder verlor und auch in den anderen Bistros behielt man sie nicht lange."

„Warum?", fragte Conny neugierig und setzte sich Nick gegenüber auf die Tischplatte.

„Weil sie zu groß war. Die meisten Männer arbeiten nicht gerne mit Frauen zusammen, die einen Kopf größer sind als sie selbst und sie ekelten Madelon einfach weg. Schließlich jobbte sie als Kassiererin in einem Supermarkt. Eine Anzeige brachte sie auf den Gedanken, es als Mannequin zu versuchen und nach mehreren Anläufen fand sie eine Agentur. Man brachte ihr bei, sich zu bewegen, sich zu schminken, Kleider zu präsentieren und färbte ihr die Haare. Als ich sie engagierte, war sie bereits recht bekannt. Verstehst du jetzt?"

Die Tatsache, dass Madelons Haare gefärbt waren und dass Nick das auch noch wusste, irritierte sie gewaltig.

„Sie beneidet mich, weil ich nur einssiebzig groß bin?", fragte sie mit gerunzelter Stirn.

„Heute ist nicht dein Tag, was Stan?", stellte Nick fest, aber er lächelte dabei. „Sie hasst dich, weil du die Möglichkeit hattest, etwas zu lernen, weil du eine Ausbildung hast, die es dir zu jeder Zeit ermöglicht, freie Entscheidungen zu treffen und die dir Selbstvertrauen gibt. Du hast nie Klinkenputzen müssen, du kannst dir Freunde nach Sympathie suchen und nicht nach der Überlegung, ob sie gut oder schlecht für deine Karriere sind, du kannst dich zurücklehnen und dich auf dich selbst verlassen. Und als wäre das alles nicht genug, bekommst du noch den göttlichen Nick Bandier."

Er betrachtete Conny, die über seine Worte nachdachte.

„Madelon hat alles erreicht, was sie erreichen kann. Sie war auf den Titelblättern der Magazine, die zählen; sie war Laufstegkönigin in Paris und sie war das Gesicht einer in der Szene nicht ganz unbedeutenden Firma. Im Moment ist sie ganz oben – alles, was danach kommt, ist ein Abstieg."

Conny runzelte die Stirn. „Kling ja sehr plausibel. Aber wenn sie aufhört ein Model zu sein, kann sie noch immer eine Ausbildung machen."

„Sicher. Nur ist sie heute viel zu bequem dazu. Die einzige Richtung, in die sie sich entwickeln will, ist im Sessel zu sitzen und sich Kleider vorführen zu lassen, statt selbst welche vorzuführen. Außerdem erlebt sie bei den anderen Mannequins, dass es einfacher ist, einen einflussreichen Mann zu heiraten, als selbst Einfluss zu bekommen. So, wie sie heute aussieht, kann sie wählen. In zehn Jahren gehen dreizehn von ihr auf ein Dutzend."

„Und Ari weiß das alles?", fragte sie zweifelnd.

„Der Mann ist mit goldenen Löffeln groß geworden. Er ist daran gewöhnt, dass Frauen nicht nur mit ihm, sondern auch mit seinen Geldsäcken ins Bett gehen", antwortete Nick brutal und hob die Brauen, als er Connys schockiertes Gesicht sah.

„Warum bist du so entsetzt? Die Farben, aus denen unsere Welt besteht, sind nicht Schwarz und Weiß, sondern Schattierungen von Grau. Madelon ist nicht das Ungeheuer, das du aus ihr machst und Ari nicht der missbrauchte Heilige, den du in ihm siehst. Wir sind alle nur Menschen, die ihr Kreuz tragen und versuchen, beim Zusammenbruch eine möglichst gute Figur zu machen."

Conny blickte ihn aufmerksam an. Er wirkte unglaublich müde und erschöpft.

„Und was ist das Kreuz des Nick Bandier?", fragte sie leise.

„Was glaubst du denn, was es ist?", erwiderte er ausweichend.

Conny legte den Kopf schief und wippte mit den Beinen, während sie ihre lackierten Zehennägel betrachtete. „Keine Ahnung. Aber womöglich hast du auch so eine Leiche im Keller wie Patchou und ..."

„Er hat dir davon erzählt?", unterbrach Nick sie ungläubig und sah mit einem Mal hellwach aus. „Er hat dir von den Fotos erzählt, auf denen ..."

„... mit denen er euch über Wasser gehalten hat", vollendete sie schnell.

„Ihr müsst euch ja sehr nahe gekommen sein. Für gewöhnlich spricht er nicht darüber, weil er sich am liebsten täglich dafür auspeitschen würde."

„Musstest du auch so etwas tun, um nicht zu verhungern?", erkundigte sie sich voller Anteilnahme und sah Nick bereits als Zeichner schmieriger Erotikcartoons oder als männliches Aktmodell.

„Nein, in so dramatische Situationen kommen nur Menschen, die dafür geschaffen sind, sie zu meistern und ich bin alles andere als ein Held", ließ er sie wissen und griff nach ihrem Fuß, den er langsam zu streicheln begann.

„Wovon hast du denn gelebt als du nach Paris gekommen bist?"

„Ich habe in einer Kleiderfabrik Hemden genäht."

Sie konnte nicht verhindern, dass sich sowohl Überraschung als auch Erheiterung auf ihrem Gesicht ausbreiteten.

„Wirklich?"

Seine Hände massierten sanft ihre Zehen, ihre Fußsohle und den Knöchel. Es war angenehm, unbeschreiblich angenehm.

„Wirklich. Zwar wurde es nicht besonders gut bezahlt und stellte auch keine künstlerischen Anforderungen, aber es reichte aus, um nicht zu verhungern und um ein Untermietzimmer zu bezahlen. Außerdem war die Fabrikhalle im Winter gut geheizt und die Frauen brachten riesige Jausenpakete und Thermoskannen voller Kaffee mit."

Conny lächelte noch immer, als sie sich Nick betreut und verwöhnt von unzähligen Fabrikarbeiterinnen vorstellte. „Waren die anderen Männer nicht eifersüchtig auf dich?"

Er nahm ihren zweiten Fuß und begann ihn mit derselben nebensächlichen Zärtlichkeit zu streicheln, der ihren Verstand ehebaldigst in einen körperlosen Wattebausch verwandeln würde.

„Welche anderen Männer?"

„Na, die anderen Männer, die dort arbeiteten", erklärte sie ungeduldig.

„Außer mir arbeiteten dort keine Männer, nur neununddreißig Frauen", sagte er unbewegt und rückte mit dem Sessel näher. „Zwei von ihnen führten die Aufsicht, die anderen saßen so wie ich an der Nähmaschine."

Während er erzählte, knöpfte er sein Hemd auf und legte ihre Fußsohlen an seine warme Brust. Sie konnte seinen Herzschlag unter der glatten festen Haut spüren und hielt den Atem an, als seine Hände langsam nach oben wanderten.

„Die beiden waren eine Kreuzung aus Bud Spencer und Brigitte Nielsen, ausgestattet mit Brüsten wie Bowlingkugeln und einem schier unerschöpflichen Sinn für Humor, der das Betriebsklima überaus angenehm gestaltete. Und natürlich hatten sie mich besonders in ihre großen weiten Herzen geschlossen. Glaub mir, ein sechzehnjähriger Junge mit langem Haar und Pickel, der noch dazu mit einer Nähmaschine umgehen kann, weckt jede Menge weiblicher Instinkte."

Seine Finger kamen in ihren Kniekehlen an, aber da das Grauen über das Gehörte langsam ihr Bewusstsein erreichte, merkte sie nicht, wie er ihren Bademantel zur Seite schob und dabei sah, dass sie darunter nackt war.

„Wie ...", sie räusperte sich, „... wie lange hast du dort gearbeitet?"

„Bis ich bei Dior anfing", antwortete er und band ihren Gürtel auf. „Mehr als ein Jahr."

„Himmel, Nick ..."

Seine Hände lagen auf ihren Hüften und er zog sie mit einem Ruck nach vorne, sodass sie sich mit den Ellbogen abstützen musste, um nicht nach hinten zu fallen.

„Sie haben es weder geschafft, mich um den Verstand zu bringen noch mich schwul zu machen", unterbrach er sie und vergrub den Kopf zwischen ihren Schenkeln.

Eine Stunde später befreite sich Conny aus Nicks Umarmung und setzte sich im Bett auf.

„Willst du weg?", murmelte er, ohne die Augen zu öffnen.

„Ich muss zur Arbeit", sagte sie nicht gerade euphorisch und beschloss insgeheim zu bleiben, wenn er sie drum bat.

Jetzt öffnete er die Augen doch und sah sie mit einem trägen Blick an. „Beeil dich, sonst kommst du zu spät und sie fangen mit dem Aufschneiden ohne dich an."

Conny ging verdrossen ins Bad und knallte die Tür zu. Wie konnte sie nur glauben, es hätte sich etwas geändert?

ZWÖLF

Dr. Lavanne verschaffte Conny Zugang zu einem Ausbildungsprogramm für OP-Personal, das von Montag bis Freitagabend in der Universitätsklinik stattfand. Die Folge davon war, dass sie noch weniger Zeit mit Nick verbrachte, da sie gleich vom Hôpital Forney zu dem Kurs fuhr und erst gegen Mitternacht todmüde ins Bett fiel.

Yvette bemerkte kopfschüttelnd, sie würde sich einfach zu viel zumuten, doch Conny lachte nur und stürzte sich voller Begeisterung in die neue Aufgabe. Aber als sie an ihrem ersten freien Tag nicht vom Wecker aus ihren Träumen gerissen wurde, schlief sie bis Mittag und musste blinzeln, so hell schien die Sonne durch die Deckenfenster.

Gähnend reckte sie die Arme über ihren Kopf und hielt mitten in der Bewegung inne, als sie den Duft von Vanille und Orangen bemerkte, der in der Luft hing. Schnell streifte sie das T-Shirt, das neben dem Bett lag über und griff auch nach der Jeans, denn Madame Aurore rümpfte jedes Mal missbilligend die Nase, wenn Conny *halbnackt* bei Tisch auftauchte. An der Küchentür blieb sie abrupt stehen und fragte sich, ob man von zu viel Arbeit auch Halluzinationen bekommen konnte.

Nick stand mit dem Rücken zu ihr, auf der Arbeitsfläche lag ein Stapel goldgelber Crêpes und auf dem Herd befand sich eine kupferne Kasserolle, deren Inhalt für die aromatische Duftwolke verantwortlich war, die in der Luft schwebte.

Leise trat sie neben Nick, der ein Stück Orangenschale mit unglaublicher Geschwindigkeit in dünne Streifen

120

schnetzelte. „Jetzt ist mir klar, warum du so gelacht hast, als ich sagte, ich kann nicht kochen."

Ohne seine Tätigkeit zu unterbrechen entgegnete er: „Ich habe damals mit keiner Silbe von dir verlangt, das zu tun."

„Das ist richtig", gab sie zu. „Krieg ich auch etwas davon?", fragte sie vorsichtig, weil sie seine Stimmung nicht so recht zu deuten wusste.

„Was bekomme ich denn dafür?"

Conny lächelte. „Was möchtest du denn? Wie wär's mit einem Guten-Morgen-Kuss?", bot sie ihm mit sanfter Stimme an, aber er schüttelte den Kopf.

„Abgesehen davon, dass es halb eins ist, von Morgen also keine Rede sein kann, kostet dich das nicht die geringste Überwindung."

Conny lehnte sich nachdenklich an den Geschirrspüler. „Du willst etwas, was ich sonst nicht tun würde?"

Er schob die Kasserolle vom Herd und schraubte eine Flasche Grand Marnier auf. „Bingo", hörte sie ihn belustigt sagen und sah zu, wie er etwas Likör in der Sauce verrührte.

„Womit könntest du wohl mein kleines Herz erfreuen?", säuselte er und kam mit einem Kaffeelöffel voll Sauce auf sie zu. „Der erste Löffel ist gratis."

Es schmeckte genauso himmlisch, wie es geduftet hatte und sie ließ das Aroma langsam auf der Zunge zergehen. Nick beobachtete sie aufmerksam. „Na, hast du eine Idee?",

Conny erwiderte seinen Blick. "Du willst, dass ich eines deiner Kleider trage."

Mittlerweile hatte er den Löffel weggelegt und stützte die Hände links und rechts von ihr auf dem Geschirrspüler ab.

„Wieder Bingo", lächelte er. „Eine schöne große Portion Crêpes Suzettes, wenn du willst, kannst du dir extra Zucker drauftun, gegen einen Abend in einem DOBAN Modell."

Er stand viel zu nahe bei ihr, als dass sie eine objektive Entscheidung hätte treffen können. Automatisch begannen ihre Finger mit seinem Hemd zu spielen.

„Wenn es deine Überlegungen günstig beeinflusst, darfst du mich auch küssen", schlug er vor.

„Das käme auf den Versuch an", entgegnete sie und legte die Arme um seinen Hals. Während sie sich küssten, zog Nick das T-Shirt aus ihrer Hose und begann ihre nackte Haut zu streicheln. Mit geschlossenen Augen ließ sie ihren Mund über seine Wange gleiten und hörte damit auch nicht auf, als er den Reißverschluss ihrer Hose öffnete und dabei mehr genervt als leidenschaftlich stöhnte: „Warum hast du bloß immer so unmögliche Sachen an."

Conny schmiegte sich an ihn und ließ ihre Finger über seinen Rücken wandern, während er noch immer mit ihren Jeans kämpfte. „Sollten wir nicht hinübergehen?", fragte sie verträumt und Nick lachte. „Stan, zeig um Himmels willen etwas mehr Flexibilität."

„Im Moment bist du derjenige, der mit der Flexibilität seine Schwierigkeiten hat."

Gerade als sie sich an seinen Schultern festhalten wollte, damit er ihr die Jeans ausziehen konnte, sah er an ihr vorbei zur Tür und sagte ausdruckslos: „Wenn du Koks brauchst, dann hol ihn dir, Madelon, du weißt ohnehin wo er ist."

Conny wurde steif und wollte sich von ihm befreien, aber er hielt sie fest und fuhr fort, sie mit seinen Händen zu liebkosen.

„Danke, Nick, lieb von dir, aber ich wollte wegen des Brautkleides mit dir sprechen", hörte sie Madelon sagen und dieses Wort genügte, um sie in einen Eiszapfen zu verwandeln.

„Da du jetzt beschäftigt bist, komme ich ein anderes Mal", fügte sie hinzu und Conny konnte sich ihr boshaftes Lächeln richtig vorstellen. „Auf bald Nick, und schönen Nachmittag."

„Madelon, warte", rief Nick und Conny dachte, dass sie tot umfallen müsse, weil sich seine Hand noch immer innerhalb ihrer Jeans befand.

„Wenn du gehst, leg deinen Schlüssel auf den Tisch. Ich bin nicht darauf aus, Ari mitten in der Nacht mit einer Pistole an meinem Bett stehen zu sehen. Hast du mich verstanden?" Seine Stimme klang ruhig, enthielt aber eine unüberhörbare Warnung.

Als Conny die Tür ins Schloss fallen hörte, entspannte sie sich und lehnte ihre Stirn gegen Nicks Brust. „Ich hasse sie", seufzte sie aus tiefster Seele.

„Und wie du weißt werden deine Gefühle leidenschaftlich erwidert."

Conny schob seine Hand weg und rutschte vom Geschirrspüler. Als sie mit einer endgültigen Bewegung den Reißverschluss zuzog, hob er die Augenbrauen. „Und was ist mit mir?"

„Stell dich unter die kalte Dusche, glaub mir, das wirkt. Ich habe meine gerade gehabt", antwortete sie unbarmherzig.

Er knöpfte sein Hemd zu und beschäftigte sich wieder mit den Crêpes.

Conny goss sich eine Tasse Kaffee ein. Dann verfluchte sie ihre Reaktion, immerhin hatte Nick der guten Madelon eine imposante Abfuhr erteilt, was wollte sie mehr? Aber die Stimmung war dahin.

Nick faltete schweigend die Crêpes zu kleinen Dreiecken, legte sie auf eine Glasplatte und verteilte die Sauce darüber, ehe er sie auf die Theke stellte.

Während er aus seinem Arbeitszimmer eine Flasche Bacardi holte, legte Conny Teller und Besteck so zurecht, dass sie sich gegenübersaßen. Er hatte schon wieder eine Zigarette im Mund und als er den Bacardi auf die Crêpes träufelte, stellte sie ärgerlich fest: „Ich finde es ekelhaft, wenn du beim Essen rauchst."

Er entzündete den Bacardi mit seinem Feuerzeug. „Und ich finde es ekelhaft, wenn du mich an- und ausklickst, wie einen Deckenspot."

Blaue Flammen leckten über die Orangenstreifen und verloschen zischend. Nick drückte seine Zigarette im Aschenbecher aus und legte drei Crêpes auf seinen Teller. Als Conny nach dem Vorlegebesteck griff, hielt er ihr Handgelenk fest.

„Tust du es?", fragte er kalt.

Ihre Blicke bohrten sich ineinander und Conny hörte ihren Magen knurren. „Einmal, einen einzigen Abend?", knirschte sie mit zusammengebissenen Zähnen.

„Einen einzigen Abend", bestätigte er und ließ ihr Handgelenk los, als sie nickte.

Er betrachtete sie, wie sie – so würdevoll es in dieser Situation möglich war – mit dem Verzehr der Crêpes begann. Mit einem Grinsen meinte er dann: „Fürs zweite Mal werde ich mir auch etwas Hübsches einfallen lassen."

Nick schmiedete sein Eisen solange es heiß war, das musste Conny feststellen, als er darauf bestand, noch am gleichen Nachmittag ein Kleid für sie auszusuchen.

Missmutig saß sie mit einem Asterixheft und einer Schüssel Erdbeeren im Atelier. Sie sah auf, als Patchou hereinkam und ihr freundlich zulächelte: „Wie geht's?"

„Schlecht. Ich muss eines von Nicks Kleidern tragen", erklärte sie mit Märtyrerton in der Stimme.

Patchou platzierte seinen silbernen Koffer auf einem der Tische und legte die beiden Kameras dazu. „Ein wahrhaft heroisches Opfer, wo ist er denn?"

„Er stellt gerade eine Auswahl seiner besten Stücke zusammen, von denen darf ich mir eines aussuchen."

Patchou hängte seine Jacke über einen Sessel. „Ich werde nachsehen, ob er Hilfe braucht", meinte er und schlenderte davon.

Er traf Nick in der zweiten Etage, wo er vor einem Computer stand, neben dem eine aufgeschlagene Mappe lag. Während er zum Getränkeautomaten ging, klappte Nick die Mappe zu und gab dem Computer den Befehl zum Drucken. Die fertige Liste reichte er Madame Verbier.

„Lassen Sie die Sachen in eine der Logen im dritten Stock bringen. Ich wünsche dort nicht gestört zu werden."

Patchou kam mit der Flasche zurück. „Hast du sie also doch überzeugen können."

„Ja, aber ich musste ihr praktisch mit Wasser und Brot drohen."

„Und wo geht ihr hin?"

„Aubiard inszeniert Carmen, er hat Karten für die Premiere nächste Woche geschickt", erzählte Nick und Patchou verzog das Gesicht, als hätte er Zahnschmerzen.

„Du willst das arme Mädchen wohl dazu bringen, händeringend um die Scheidung zu flehen. Drei Stunden dramatische Oper in einem Kleid, das sie hasst – du solltest den Anwalt mit der Urkunde gleich mitnehmen."

Nick hob eine Augenbraue. „*Du* sagst doch immer, dass es DOBAN an Kultur fehlt."

„A propos, ich wollte dich fragen, was du davon hältst, wenn wir den nächsten Pret-à-Porter-Katalog in einem Museum fotografieren, zum Teil wenigstens", schwächte er ab, als er Nicks Miene bemerkte.

„Woran hast du denn gedacht? Den Louvre und die Mona Lisa?"

„Ans Rodin Museum."

„Das Hôtel Biron? Du glaubst, das bringt's?"

„Lass es uns versuchen. Wenn du einverstanden bist, strecke ich meine Fühler aus wegen der Genehmigung."

„Okay, du bist der Fotograf", sagte Nick nur.

Im dritten Stock stand die Tür des ersten Anprobestudios offen. Der Raum war durch einen Vorhang abgeteilt. Auf der einen Seite stand ein vollbeladener fahrbarer Kleiderständer, auf der anderen vier Sessel, eine Couch und ein niederer Tisch. An der Wand befand sich ein zwei Meter hoher, schwenkbarer Spiegel.

Conny betrat die Loge und ging auf die Kleider zu. Während sie die Bügel drehte und wendete, erkundigte sich Nick bei Patchou: „Hast du die Polaroid dabei?"

„Ja, sie liegt oben. Warum?"

„Mach ein paar Fotos von ihr. Vielleicht schaffen wir das Ganze dann in fünf Stunden statt in zehn", erklärte Nick mit einem Blick auf Conny, die aufreizend langsam jedes einzelne Kleid in Augenschein nahm.

Nick hatte sich verkehrt auf einen der Stühle gesetzt und legte die Hände auf die Rückenlehne. Patchou lümmelte sich auf die Couch und legte die Füße auf den Tisch. Es herrschte Schweigen und die Raumtemperatur näherte sich dem Siedepunkt.

Schließlich bequemte sich Conny dazu, drei Bügel hochzuhalten und Nick mitzuteilen: „Die anderen kannst du wegbringen lassen. Sie gefallen mir nicht."

Er sah sie an und entgegnete ruhig: „Wie Sie wünschen, Madame."

Unsicher, weil er so gelassen reagierte, schob sie den Kleiderständer weg und zog den Vorhang zu.

Patchou pfiff leise durch die Zähne. „Das fängt ja gut an."

Nick drehte sich zu ihm um. „Ich verbringe jetzt mein halbes Leben damit, Frauen und ihre seltsamen Verhaltensmuster zu studieren. Sie hat genau die drei Kleider, die sie anprobieren soll. Glaub mir, ich könnte Psychologievorträge über die Struktur der weiblichen Gedankenwelt halten."

Conny schob den Vorhang zur Seite. Sie war zur Gänze in ein weites unförmiges Gebilde aus graugrünem Chiffon gehüllt, das mit goldenen Bändchen eingefasst war. Misstrauisch beäugte sie sich im Spiegel.

„Das sieht ja entsetzlich aus."

Nick, der sich eine Zigarette angesteckt hatte, blies den Rauch weg und nickte beifällig: „Stimmt. Du hast es verkehrt an."

Mit rotem Kopf verschwand Conny wieder.

„Hast du die Kamera bereit, falls sie es jemals schafft, die Kleider richtig anzuziehen?", erkundigte sich Nick.

„Du könntest ihr helfen oder eine der Direktricen kommen lassen", schlug Patchou vor.

„Könnte ich, will ich aber nicht. Wenn sie es darauf anlegt, kann ich genauso kindisch sein."

Conny erschien wieder, drehte sich zweimal vor dem Spiegel und blickte in Nicks Richtung.

„Besser", sagte er nur, und Patchou, der in die Hocke gegangen war, um zu knipsen, strahlte sie an. „Du siehst toll aus."

Conny war der gleichen Meinung, wäre aber eher gestorben, als es zuzugeben. „Es macht zu breite Hüften", erklärte sie deshalb.

„Es macht nichts, was du nicht hast", erwiderte Nick trocken und erntete einen bösen Blick.

Patchou wartet darauf, dass sich das Bild entwickelte und reichte es Nick, der nur einen flüchtigen Blick darauf warf.

„Sie sieht großartig aus", meinte Patchou, „Feuer in Eis."

Nick streckte die Beine aus. „Du weißt es, sie weiß es, ich weiß es. Aber so leicht wird sie es uns nicht machen."

Das nächste Kleid war aus glänzendem Material in verschiedenen Tönen von hellrosa bis neonpink und so asymmetrisch geschnitten, dass ein Bein und eine Schulter unbedeckt blieben.

Patchou fiel theatralisch auf die Knie. „Wenn du so ins *Regine* gehst, fallen die Männer um wie Fliegen", japste er und Conny lächelte.

Nick betrachtete sie und fuhr mit dem Daumen über seine gerunzelte Stirn. „Vergiss aber deinen Ausweis nicht, Kinder haben dort keinen Zutritt."

Patchou grinste und legte ihr den Arm um die Schulter. „Dann sage ich eben, sie ist meine kleine Schwester. Aber du hast Recht, es gehört wirklich in eine Disco und nicht in die Oper, sonst trifft den fetten Tenor noch der Schlag."

Conny befreite sich von seinem Arm und marschierte auf Nick zu. „Stimmt das, wir gehen in die Oper?", fragte sie angriffslustig und stemmte die Hände in die Hüften.

„Es stimmt. Als dein Mann fühle ich mich nicht nur für dein körperliches Wohlbefinden zuständig, sondern auch für deinen Anspruch auf kulturelle Weiterentwicklung", entgegnete er gelassen.

„Ich erhebe keinen Anspruch auf kulturelle Weiterentwicklung."

„Oh doch, jetzt schon."

„Ich hasse Opern", rief sie verzweifelt.

„Wie viele hast du denn gesehen?", erkundigte er sich sanft.

Conny ließ die Hände sinken und spielte mit ihrer Armbanduhr. Ohne aufzublicken murmelte sie undeutlich: „Eine."

Nick legte die verschränkten Arme auf die Rückenlehne. „Soll ich raten, welche?", fragte er belustigt und Conny hob den Kopf.

Seine Augen funkelten vor Heiterkeit und plötzlich verstand sie, warum. Spontan schlug sie sich mit der Hand auf den Mund und kicherte: „Du auch, Brutus?"

Patchou blickte von einem zum anderen: „Was läuft denn hier ab?"

„Die Kulturmetropole, in der wir beide groß wurden, sieht es als essentielle Notwendigkeit an, seine Bewohner in wehrlosem Alter mit den Werken ihres berühmtestes Sohnes zwangszubeglücken. Und obwohl ich zehn Jahre älter bin als Stan, ändert sich an solchen Einrichtungen nicht so schnell etwas, hab ich recht?"

Conny nickte. „Was war's denn bei dir? Auch die Zauberflöte?"

Er lachte. „Ich hab' geschwänzt und mir die neueste Stones LP angehört", antwortete er und senkte die Stimme. „Aber ich habe meinen Fehler erkannt und deshalb werde ich als Buße ein neues Mitglied für den Opernfanclub werben."

Conny sah ihn resigniert an. „Also keine Chance für mich?"

„Nicht in diesem Fall. Aber du kannst Bizet nicht mit Mozart vergleichen."

„Ach nein?"

„Genauso wenig wie DOBAN mit Chanel."

„Was immer das auch bedeuten mag", warf Conny ein und verschwand wieder.

Das nächste Kleid bestand zur Gänze aus türkisblauen Pailletten und schmiegte sich wie eine zweite Haut an ihren Körper. Sie sah aus wie die Sängerin in einem sehr exklusiven Nachtclub. Misstrauisch beäugte sie ihr Spiegelbild und zupfte am Oberteil herum.

„Da sieht man ja ...", sie brach ab.

„Na und?"

„So gehe ich nirgendwo hin."

„Kleb dir Leukoplast drüber", riet Nick und Conny wurde noch dunkler. Sie bemerkte zwei Frauen, die den Kleiderständer wegrollen wollten. Eine von ihnen trug ein weißes Kleid über dem Arm, das sie jetzt zu den anderen hängte.

„Das dort will ich anziehen", rief Conny und zeigte mit dem Finger darauf.

Nick drehte sich um. „Nein."

Conny hatte nur gesehen, dass das Kleid weiß war und fand ihre Hoffnung, Nick aus seiner stoischen Ruhe zu bringen, bestätigt.

„Ich will dieses Kleid probieren", beharrte sie und nahm den Bügel vom Ständer.

„Du kannst dieses Kleid nicht anziehen", wiederholte Nick und Patchou dachte, dass es um die Psychologiekenntnisse seines Freundes wohl doch nicht so gut bestellt war.

„Ach, und warum kann ich das nicht?"

Nicks Augen verengten sich und er sagte brutal: „Weil du dafür zu fett bist."

Conny wurde zuerst blass, dann rot. „Das wollen wir doch einmal sehen", schnaubte sie, wandte sich ab und tauchte Minuten später in dem einfachen schulterfreien Kuvertkleid aus Satin wieder auf.

Triumphierend sah sie ihn an. „Siehst du, es passt."

„Ja, wenn du aufhörst zu atmen."

Conny stolzierte vor dem Spiegel auf und ab, bemüht den Bauch einzuziehen und nicht zu tief Luft zu holen.

„Ich werde dieses Kleid tragen", ließ sie die beiden Männer wissen.

„Es ist dir oben viel zu eng. Du siehst aus wie ein Fasan im Speckhemd", meinte Nick boshaft.

Beleidigt zischte Conny zurück: „Du bist es nur nicht gewöhnt, dass eine richtige Frau deine Kleider trägt und keines von deinen Geisterbahnskeletten."

Sie baute sich vor Patchou auf, der das Polaroidfoto in der Hand hielt, stemmte wieder die Hände in die Hüften und fragte drohend: „Ist es mir zu eng?"

Vorsichtig antwortete Patchou: „Mir gefällt's."

Sie wandte sich an Nick. „Hörst du? Ich werde dieses Kleid anziehen."

„Das wirst du nicht tun." Er stand jetzt knapp vor ihr und kochte sichtbar vor Wut.

Conny musste sich zusammennehmen, damit sie nicht vor ihm zurückwich. Kurz schoss ihr die Frage durch den Kopf, ob es das alles wirklich wert war, aber der Moment der Vernunft verpuffte.

„Ich soll ein DOBAN Modell tragen, und das ist eines, oder?", fragte sie süß und starrte ihn bockig an.

Gefährlich leise antwortete er: „Es wird dir verdammt leidtun, wenn du es tust. Denk daran, ich habe dich gewarnt."

Er drehte sich um und ging zurück zu seinem Platz, während Conny den Vorhang wieder hinter sich zuzog.

Patchou gab ihm das Foto. „Was hast du denn? Sie sieht ganz passabel aus, nicht so gut wie in dem grünen, aber so schlecht auch nicht."

Das Wetterleuchten in Nicks Gesicht dauerte an, doch dann hellte sich seine Miene auf und er lehnte sich im Sessel zurück. Mit einer raschen Bewegung warf er das Bild auf den Tisch und verschränkte die Hände im Nacken.

„Ich werd's dir sagen, mein Bester, vorausgesetzt, du kannst schweigen. Dieses Mal soll sie die Suppe, die sie sich eingebrockt hat, selbst auslöffeln. Abgesehen davon hängst du genauso drinnen, von wegen *mir gefällt's*. Also, hältst du den Mund?"

130

Patchou hob die Hand. „Von mir erfährt niemand nichts, großes Ehrenwort."

Nick trank einen Schluck aus der Colaflasche, bevor er genussvoll antwortete: „Madelon hat sich für die Premiere das gleiche Modell ausgesucht."

Patchou pfiff durch die Zähne. „Das wird garantiert ein interessanter Abend. Ich hoffe, du lebst lange genug, um mir davon zu erzählen."

Dann zog er die Augenbrauen zusammen und strich über seinen Bart. „Ich frage mich ... ach was, ich komme mit", entschied er. „Ein Opernabend wird mich zwar Jahre meines Lebens kosten, aber was soll's."

Er legte die vier Fotos in einer Reihe auf den Tisch und Nick beobachtete ihn nachdenklich. „Was hältst du von einem unserer Spezialauftritte?", fragte er langsam und Patchou hob überrascht den Kopf.

„Du meinst, wie in alten Zeiten? Die beiden schönsten Männer östlich des Mississippi", deklamierte er mit tiefer Stimme.

„Vielleicht würden meine Überlebenschancen steigen", überlegte Nick laut. „Wie sollen wir es denn anlegen?"

Patchou lachte. „Nachdem, was ich gerade gesehen habe, ist mein Vertrauen in dich unbegrenzt, großer Meister."

Nick verschränkte die Hände und streckte sie durch, dass die Knöchel krachten. „Ach, das war nur eine kleine Fingerübung. Stan gehört zu den wenigen Frauen, die absolut alles tragen können, ohne lächerlich zu wirken. Sie wird noch ein Gesicht haben, wenn andere zum fünften Lifting pilgern." Er blickte Patchou an. „Wenn du ihr das sagst, bringe ich dich eigenhändig um. Sie ist eingebildet genug", setzte er leise hinzu, da Conny mit dem Kleid über dem Arm auf sie zukam.

„Darf ich mich jetzt wieder wichtigeren Dingen widmen?"

„Wenn du damit deine intellektuelle Lektüre meinst, will ich dich nicht aufhalten", entgegnete Nick jovial. „Lass das Kleid hier, es muss gebügelt werden, wenn du es nächsten Donnerstag tragen willst."

Conny warf das Modell auf den Tisch als wäre es ein Putzlappen und Nicks Augen blitzten ärgerlich auf, aber er sagte nichts und Conny marschierte davon.

„Du lässt es bügeln?", fragte Patchou ungläubig.

„Nein, ich werde es weitermachen lassen, sonst fällt sie mir im ersten Akt bewusstlos vom Hocker", erklärte er. „Also, wie willst du es anlegen?"

Patchou spielte mit den Fotos. „Auf jeden Fall sehr dekadent, so wie es sich für die Oper gehört, aber es muss auch was dabei sein, was die Spießer richtig schön schockiert, sie sollen richtig nach Luft schnappen."

„Das tun sie bei deinem Anblick von ganz alleine. Komm, wir fahren rauf und ich werde versuchen, deine präzisen Vorstellungen zu realisieren."

„Aber nachher muss ich unbedingt etwas essen. Ich hatte heute nicht einmal noch Frühstück. Nehmen wir Constance mit?"

Nick drückte auf den obersten Liftknopf. „Da ich nicht vorhabe, ihr zu sagen, dass ich das Kleid ändern lasse, würde es mich sehr wundern, wenn sie in den nächsten Tagen mehr zu sich nimmt als zwei Gläser Wasser und einen Apfel."

DREIZEHN

Bei diesem Punkt traf Nick ins Schwarze. Tagsüber aß Conny nur mehr Salat mit Zitronensaft und abends gar nichts mehr, obwohl er jedes Mal in der Küche zauberte, wenn sie zu später Stunde heimkam und die Wohnung nach den aromatischsten Gewürzen duftete, so dass die Geräusche ihres Magens immer mehr Ähnlichkeit mit dem Knurren eines Kodiakbären bekamen.

„Möchtest du wirklich nichts? Ich glaube, diesmal habe ich mich selber übertroffen", meinte er leutselig.

„Danke, ich habe schon gegessen", entgegnete Conny eisern und ignorierte seinen wissenden Blick.

Donnerstagvormittag stieg sie in der Klinik auf die unbarmherzig genaue Digitalwaage, um festzustellen, dass sie exakt 1079 g abgenommen hatte und verfluchte ihre Dummheit, wegen eines albernen Stück Stoffs die erste – und letzte – Diät ihres Lebens gemacht zu haben. Überdies hatte sie zugegebenermaßen in dem grünen Chiffonmodell wesentlich besser ausgesehen.

Ihre Stimmung bewegte sich demnach irgendwo um den Nullpunkt, als sie die Wohnungstür hinter sich zuwarf. Zu ihrer Erleichterung arbeitete Nick in seinem Zimmer, denn heute hätte sie ihn kaltlächelnd mit dem Tranchiermesser geköpft, wäre er wieder in der Küche gestanden.

Sie ging durchs Schlafzimmer ins Bad und sah dabei die Kleidungsstücke, die Nick für sich selbst aufs Bett gelegt hatte. Vorsichtig strich sie über eine Jacke aus bordeauxrotem Samt, ein Hemd, das nur aus Bergen cremefarbener Spitze zu bestehen schien und eine schwarze Hose aus dünnem schwarzen Material, das sich wie Gummi anfühlte.

Kopfschüttelnd betrat sie das Bad und drehte das Wasser auf. Sie leerte die halbe Flasche *Sunset* Badeöl in die Wanne und blieb eine gute dreiviertel Stunde im warmen Wasser liegen. Ihre Stimmung besserte sich, während sich ihr Körper entspannte und sich ihre Haut mit dem schweren Duft vollsog. Als sie sich in ihren Frotteemantel wickelte, summte sie bereits wieder vor sich hin. Sie schob die Tür auf und sah Nick, der sich gerade umzog, vor den Spiegeln stehen. Bei ihrem Erscheinen drehte er sich um und fragte: „Was meinst du?"

Conny musterte ihn und wurde prompt rot. Die Hose war so eng, dass sein Köper von den Hüften abwärts aussah als wäre er in schwarze Farbe getaucht. So gelassen wie möglich ging sie an ihm vorbei.

„Sehr elegant, wirklich. Wir wollen nur hoffen, dass das gute Stück deine Gemütsbewegungen unbeschadet übersteht."

Mit in den Taschen seiner Jacke vergrabenen Händen kam er auf sie zu. „Das können wir gleich herausfinden."

Er beobachtete wie sie langsam zurückwich und dabei fast stolperte. Schließlich stoppte die Wand ihren Rückzug und er näherte sich ihr mit er trägen Eleganz eines schwarzen Panthers.

Knapp vor ihr blieb er stehen und griff nach ihrem Gürtel. Der Mantel fiel auseinander. Er stützte die Hände neben ihrem Kopf ab und sah ihr in die Augen.

„Hast du schon einmal Latex auf deiner nackten Haut gespürt?", wollte er wissen und presste seine Schenkel an die ihren.

Conny, die mittlerweile ihr loses Mundwerk verwünschte, flüsterte matt: „Tu mir das nicht an, Nick."

Er wollte ihr nur beweisen, wie schnell er sie erregen konnte, ohne selbst die Kontrolle zu verlieren. „Späte Rache für das Intermezzo in der Küche", dachte sie und schloss die Augen, aber das machte die Sache noch schlimmer, weil sich alle ihre anderen Empfindungen verstärkten. Sie fühlte den weichen Samt auf ihren Brüsten und das glatte, von seinem Körper warme Latex an ihren Schenkeln und bebte vor Verlangen als er sich an ihr zu reiben begann.

„Gefällt dir das?", hörte sie ihn überflüssigerweise fragen und hob den Kopf, um ihn noch einmal zu bitten, damit aufzuhören. Aber als sie ihn ansah, war sie zu keinem klaren Satz mehr fähig.

Sein Blick glitt über ihre halbgeöffneten Lippen und er hörte auf, seine Hüften zu bewegen. Die Welt um sie herum stand still.

Dann holte Nick tief Luft und küsste sie. Er war darin immer recht gut gewesen, aber diesmal übertraf er alle seine Rekorde. Conny war so damit beschäftigt mitzuhalten, dass sie nicht merkte, wie er seine Jacke abstreifte und seine Hose nach unten zog.

Seine Finger strichen über ihre Hüften, nahmen ihre Handgelenke und legten sie um seinen Hals. Ohne seinen Mund von dem ihren zu lösen, drückte er sie fester gegen die Wand und hob sie hoch. Es blieb ihr nichts übrig, als sich mit Händen und Füßen an ihm festzuklammern. „Nick, du bist verrückt", flüsterte sie tonlos, als er ihren Mund freigab, um stattdessen die empfindliche Haut ihrer Kehle mit seinen Lippen zu bearbeiten.

„Nein", entgegnet er heiser, „verrückt wäre ich erst, wenn ich jetzt normal sein wollte."

Das Erste, was Conny merkte, als sich die Proportionen ihrer Welt wieder gewohnten Bahnen näherten war, dass Nicks Herzschlag raste wie ein Presslufthammer und dass er sie noch immer an sich drückte, obwohl sich sein Körper schon entspannte.

Langsam lockerte er seinen Griff und stellte sie vorsichtig auf den Boden. Aber ihre Beine schienen plötzlich aus Schaumgummi zu bestehen und gaben einfach nach. Er fing sie auf, geriet dadurch selbst aus dem Gleichgewicht, da die Latexhose keinen Bewegungsspielraum ließ. Gemeinsam fielen sie um wie ein Sack Steine und Conny begann unpassenderweise zu kichern.

„Entschuldige", keuchte sie atemlos, „war keine Absicht, ehrlich."

Nick strich sich das Haar aus dem Gesicht. „Was hast du heute alles gegessen?"

Conny legte die Stirn in Falten. „Allzu viel wird's nicht gewesen sein, sonst hättest du mich nicht hochheben können", lächelte sie.

Er sah sie mit einem unergründlichen Blick an, und Conny begriff, dass sie ihn beleidigt hatte.

„Wie", fragte er, „glaubst du, bist du nach deinem Casablancabesäufnis ins Bett gekommen, auf einem Besenstiel?"

Conny versuchte das Ganze ins Lächerliche zu ziehen. „Für eine Bleiente wie mich reichen Humphrey Bogart und Paul Henreid nicht, da musste auch Ingrid Bergmann mit anpacken."

Er sah sie mit einem unergründlichen Blick an. „Ich werde mein Fitnessprogramm wohl verstärken müssen."

Conny schaute ihn ungläubig an.

„Doch, doch", fügte er ernst hinzu, „in Zukunft werde ich drei Bleistifte stemmen statt zwei."

Er lachte, als er ihr Gesicht sah. „Um ein Haar hättest du mir geglaubt."

Conny kuschelte sich an ihn, glücklich darüber, dass er nicht mehr verärgert war.

„Also, was hast du heute gegessen?"

„Eine Banane?", schlug sie nach kurzem Überlegen vor. „Aber ich bin zuversichtlich, dass ich in deinem Kleid jetzt atmen kann."

„Ich hoffe es, und ich hoffe, dass du so etwas Idiotisches nicht noch einmal durchziehst. So wie's aussieht, tut es mir nicht besonders gut, wenn ich länger als zwei Tage die Finger von dir lasse."

Connys Herz schmolz. Und sie hatte gedacht, er schlief nicht mit ihr, weil er böse über die Sache mit dem Kleid war. „Du hast mich in Ruhe gelassen, weil ich so wenig gegessen habe?", fragte sie sanft und er schnitt eine Grimasse. „Ich hasse es eben, wenn die Frauen in meinem Bett vor Schwäche zusammenbrechen, bevor ich mit ihnen fertig bin", antwortet er betont gelangweilt.

Das Schnurlos-Telefon piepste und Nick verrenkte sich, um es zu erreichen, ohne Conny loszulassen. „Ja, sie kommt gleich hinunter", sagte er und legte es weg. „Im Atelier warten sie auf dich."

Conny wollte sich aufrichten, aber er hielt sie zurück.

„Sie können ein wenig länger warten", stellte er fest und küsste sie wieder. Als er sie losließ, murmelte Conny schwach: „Können wir nicht hierbleiben und das Ganze vergessen?"

„Und deine heldenhafte Nahrungsverweigerung soll unbelohnt bleiben?", wollte er belustigt wissen und Conny seufzte.

Sie stand auf, band den Gürtel um ihren Frotteemantel und schlüpfte in einen Slip. Nick brachte seine Kleidung in Ordnung und schüttelte die Samtjacke aus.

„Du willst dich wirklich so in der Öffentlichkeit zeigen? Womöglich vergewaltigt dich jemand", versuchte sie nochmals seinen Entschluss zu ändern.

„Du wirst mich schon beschützen", antwortete er heiter und winkte über ihre Schulter. „Salut, Patchou, hier sind wir."

„Patchou, sag du ihm, dass ...", sie brach ab, denn von dieser Seite war keine Unterstützung zu erwarten: Patchou war genauso gekleidet wie Nick.

Die beiden strahlten sich an und Nick sagte kopfschüttelnd: „Grundgütiger – deine Schuhe!"

„Echte Nike's. Toll, was?"

Conny betrachtete die beiden. „Ich glaube nicht, dass irgendwer auf eure Schuhe achten wird."

„Ja, die Hemden sind wirklich aufsehenerregend."

„Da werden sie sich unten sehr anstrengen müssen, damit ich mithalten kann", meinte Conny und machte sich auf den Weg ins Atelier.

Nick bückte sich nach dem Telefon und ging, gefolgt von Patchou, in sein Arbeitszimmer. „Monsieur Papin, hier Bandier, schicken Sie mir ein paar Sandwiches rauf, ja, mit allem, was sie gerade dahaben."

Patchou hatte die Cognacflasche samt zwei Gläsern genommen und kam um den Tisch herum auf ihn zu.

„Hältst du nicht mehr durch bis zum großen Buffet?", fragte er, während er den Cognac einschenkte.

„Stan hat die ganze Woche gefastet und sieht ein bisschen blass um die Nase aus. Wenn sie merkt, dass ihr das Kleid passt, wird sie hoffentlich nachgeben und etwas essen, bevor wir gehen."

Er nahm sein Glas. „Ich habe fast jeden Tag gekocht, aber sie hat nichts angerührt. Wenn sie sich etwas in den Kopf setzt, kann sie unglaublich stur sein."

Patchou lächelte. „Ja, wenn sie darauf besteht, geht sogar die Sonne im Westen auf."

„Würde mich nicht wundern", pflichtete ihm Nick bei und trank einen Schluck. „Du musst dir vorstellen, sie fuhr müde und hungrig von der Klinik zu diesem idiotischen Kurs. Dort sah sie zu, wie in fremden Eingeweiden gewühlt wurde, während ihre eigenen krachten." Er schüttelte sich vor Abscheu. „Ich werde nie verstehen, was einen Menschen dazu drängt, sein Leben mit so widerlichen Dingen zu verbringen."

„Nicht jeder eignet sich zum tapferen Schneiderlein", meinte Patchou trocken und beobachtete Nick, der mit dem Polaroid spielte, auf dem Conny das weiße Kleid trug.

„Wenn sie sich dazu entschließen könnte, ihren Mund zu halten und ihre Stacheln nicht in den unpassendsten Momenten aufzustellen, sieht sie aus wie ein Gemälde von Renoir."

Patchou grinste. „War das der mit der Vorliebe für in sich rund geformte Körper?"

Nick schüttelte den Kopf. „Das war Rubens. Renoir malte Bilder mit Licht. Er war ein Genie und seine Frauen waren helle leuchtende Sterne, strahlende Sonnen."

Patchou lachte nicht mehr, sondern musterte seinen Freund mit gefurchter Stirn.

„Etwas fehlt da", stellte Nick fest, der noch immer das Foto in der Hand hielt und griff neuerlich zum Telefon.

„Madame Dutronc, bestellen Sie ihrem Mann, dass er innerhalb der nächsten halben Stunde im Maison DOBAN erscheint, in jeder Hand einen Musterkoffer." Er zündete sich eine Zigarette an und hörte zu. „Es interessiert mich einen feuchten Dreck, was ihr Mann gerade treibt. Wenn er seinen Arsch nicht unverzüglich hierherschiebt, spielen sich Geschäfte mit DOBAN nur mehr in seinem Kopf ab. Ist die Botschaft angekommen?", fragte er ruhig und legte mitten in Madame Dutroncs Wortschwall auf.

„Was glaubst du, ist früher da? Die Brillanten oder die Sandwiches?", wandte er sich an Patchou, der die Schultern zuckte.

„Deinen freundlichen Aufforderungen kann man sich nur schwer entziehen", erwiderte er und ging zur Tür, als es klingelte. „Eins zu null für den *coque d'or.*"

„Geh schon hinunter, ich komme gleich nach", rief Nick und verschwand im Bad. Er kam mit dem *Sunset* Flacon zurück und Patchou sah ihn überrascht an.

„Du lässt es sie tragen, obwohl es nicht offiziell vorgestellt ist?"

„Erstens hat sie bereits das dazugehörige Badeöl benützt – ohne mich zu fragen, und zweitens, wenn's ihr Freude macht, warum nicht", meinte Nick gelassen und schlenderte die Treppe hinunter.

„Wie steht's, passt das Kleid?", fragte er Conny, die gerade von einer Visagistin bearbeitet wurde.

„Natürlich. Hast du etwas anderes erwartet?", erkundigte sie sich fröhlich und Nick schmunzelte.

„Nein, eigentlich nicht." Er stellte das Parfum neben sie auf das Tischen. „Nimm nicht zu viel davon."

„Das sagst ausgerechnet du", kicherte Conny und ihr Blick fiel auf den Teller, den Patchou in der Hand hielt. „Für mich? Das ist aber wirklich nett von dir, Patchou."

„Leg dir einen zweiten Umhang um", befahl Nick, „sonst kleckerst du dich noch voll."

Die Türen des Lifts öffneten sich mit einem leisen Gong und Monsieur Dutronc, gewandet in einen hellblauen Trainingsanzug, verließ mit einem Lederkoffer in jeder Hand die Kabine.

„Sie hätten sich nicht so zu beeilen brauchen, Louis, ich glaube ja fast, Sie sind geflogen", begrüßte ihn Nick.

Dutronc bleckte die Zähne, dass es wie ein Lächeln aussah. „Für so treue Kunden tut man einfach alles", entgegnete er ebenso atemlos wie ironisch und stellte die Koffer auf einen Tisch.

Conny, die gerade mit dem ersten Sandwich fertig war, kam neugierig näher. „Ist das alles echt?", fragte sie ungläubig als Monsieur Dutronc die schwarzen Samttableaus ausbreitete.

Nick legte dem ohnehin schon angeschlagenen Mann die Hand auf die Schulter, bevor er aufbrausen konnte. „Das möchte ich doch sehr hoffen. Also was haben wir denn da?"

Patchou hielt ein Kollier hoch, das aussah, wie ein Kronleuchter aus dem Schloss von Versailles und rief begeistert: „Das wär doch ganz hübsch."

„Wenn sie als Weihnachtsbaum durchgehen soll, sicher, aber das überlassen wir den anderen Damen. Hier, das ist es", entschied Nick und nahm zwei Ohrgehänge.

Conny stopfte das letzte Stück Sandwich undamenhaft in den Mund und wischte sich die Hände in den herumliegenden Kosmetiktüchern ab, bevor sie die Schmuckstücke genauer betrachtete. Es handelte sich um fünf Zentimeter lange und gut einen Zentimeter breite, flexibel gearbeitete Streifen aus Brillanten, die bei jeder Bewegung blitzen und funkelten. Sie waren von der selben schlichten Eleganz wie das Kleid.

Fast ängstlich griff Conny danach, befestigte sie an ihren Ohrläppchen und sagte das Erste, was ihr einfiel: „Himmel, sind die schwer."

Nick verdrehte die Augen und stöhnte: „Die Worte, nach denen du suchst sind: *Danke, lieber Nick, sie sind zauberhaft.*"

„Sie sind trotzdem zu schwer. Wahrscheinlich krieg ich Kopfschmerzen davon." Stirnrunzelnd betrachtete sie sich in dem Spiegel, den ihr die Visagistin hinhielt. Die kleinste Kopfbewegung genügte, um die Steine das Licht einfangen und tausendfach zurückgeben zu lassen.

Patchou war zu den Tableaus getreten. „Haben Sie Creolen?"

„Selbstverständlich", entgegnete Monsieur Dutronc beleidigt und legte eine Samttafel vor ihm auf den Tisch.

Patchou griff nach dem massivsten Paar und steckte sie an. Mit einem fragenden Blick drehte er sich zu Nick um, der auf ihn zuging und dabei meinte: „Ganz große Klasse, fehlt nur mehr einer durch die Nase." Vorsichtig nahm er Patchou eine Creole ab und befestigte sie an seinem eigenen Ohrläppchen.

Da die Visagistin mit dem Augen-Makeup fertig war, konnte Conny die beiden Männer ungestört betrachten. Wenn man sie zusammen sah, verfügten sie über eine Ausstrahlung, die Klosterschwestern in hysterisch kreischende Groupies verwandeln konnte.

Und sie wirkten so verschieden, dass ihre identische Kleidung erst beim zweiten Blick auffiel. Patchou ähnelte einem schlaksigen Hünen, die weißen Basketballstiefel lockerten den dramatischen Eindruck des Ensembles und er trug das alles mit herrlicher Unbekümmertheit.

Im Gegensatz zu ihm sah Nick aus, als hätte er gerade ein riesiges Wandgemälde der Rokokozeit verlassen. Angefangen von der schwarzen Samtschleife, die sein Haar im Nacken zusammenhielt, über die an Schultern gepolsterte Jacke, die kaskadenartigen Spitzenjabots seiner Hemdbrust und die jeden Muskel betonenden Hosen bis zu den glänzenden Lackstifletten drückte er genau die verspielte, verworfene Dekadenz dieser Epoche aus. Er warf ihr einen seiner spöttisch-arroganten Blicke zu und Connys Herz setzte einen Schlag aus.

„Ich bin fertig", sagte die Visagistin.

Wenn sie sich selbst schminkte, war das Ergebnis selten so, wie sie es haben wollte, und meistens wischte sie das ganze Make-up wieder ab, ehe sie ausging. Deshalb blickte sie ungläubig in den Spiegel, den ihr die Visagistin hinhielt.

Das Gesicht, das ihr entgegensah, wurde von riesengroßen Augen beherrscht, die leuchteten wie Smaragde. Ihre Wangenknochen bildeten mit dem Kinn eine harmonische Linie und ihr Mund wies einen vollen, verträumten Schwung auf.

Sie war so fasziniert, dass sie Nick erst bemerkte, als er ihr den Spiegel aus der Hand nahm und leise sagte: „Héléna macht nichts, was du nicht hast."

Conny stand auf und schlüpfte in weiße Pumps, deren Absätze so hoch waren, dass sie Nick gerade in die Augen sehen konnte.

„Kommst du damit zurecht?", fragte er zweifelnd.

„Im schlimmsten Fall fängst du mich eben auf, das haben wir heute ohnehin geprobt."

Mit Befriedigung registrierte sie, dass sich seine Augen verdunkelten und schlenderte zu den Tischen, wo Monsieur Dutronc seine Koffer wieder einräumte. Nick begleitete ihn zum Lift. Als er zurückkam, hielt Conny ihn am Ärmel fest.

„Nick", rief sie leise.

„Ja?"

„Danke, lieber Nick, sie sind wirklich zauberhaft", sagte sie mit einem kleinen Lächeln. Ihr Gesicht spiegelte die erwartungsvolle Vorfreude wider, die sie in diesem Moment empfand. Zum ersten Mal hatte sie wirklich das Gefühl, dass aus ihrer Ehe mit Nick doch noch etwas werden konnte. Dass die Dinge dabei waren, sich von Grund auf zu wandeln. Dass sie keinem Traum nachjagte, sondern dass alles gut werden würde.

Einen Moment lang sah er sie unentschlossen an, dann setzte er sie auf einen der Tische und griff in seine Tasche.

„Eigentlich wollte ich dir das erst später geben, als kleine Belohnung für einen Opernabend in einem DOBAN

Modell", meinte er und reichte ihr ein kurzes Kettchen, das aus winzigen, mit Brillantsplittern besetzten Würfeln bestand, die in allen Regenbogenfarben glitzerten. „Ich hoffe, du fragst mich nicht, ob es echt ist", sagte Nick trocken und schüttelte den Kopf, als sie es um ihr Handgelenk legen wollte. „Nein, es gehört woanders hin."

Er ging in die Hocke – was seine Hose mit bewunderungswürdiger Gleichmut ertrug – und befestigte das Kettchen oberhalb ihres Knöchels. Nachdem er sich wieder aufgerichtet hatte, rutschte sie vom Tisch und zog ihn an den Aufschlägen seiner Jacke näher.

Er lächelte sie an. „Wenn du tust, was ich hoffe, dass du tun wirst, wird dein Lippenstift sehr darunter leiden."

„Das bekümmert mich wirklich zu Tode", entgegnete Conny und ließ ihren Lippenstift erbarmungslos leiden.

Patchou seufzte und sah Héléna, die seinen langen dichten Bart mit einem grobzinkigen Kamm in Form brachte, hungrig an.

„Haben Sie heute Abend schon etwas vor?"

„Nein."

„Möchten Sie mich nicht zu einer Opernpremiere begleiten?"

„Sehr gerne. Mein Mann liebt klassische Musik."

Patchou seufzte noch tiefer. „Ich komme überall zu spät."

„Geben Sie die Hoffnung nicht auf, ich bin sicher, Sie werden heute mehr Herzen knicken als ein Rasenmäher Grashalme."

Conny ließ sich von Héléna das Make-up korrigieren und sah zu, wie Nick sich den Lippenstift mit einem Kleenex abwischte. Dann musterte er sein Spiegelbild, hob eine Augenbraue und sie begriff, dass er jedes Jota seiner Wirkung genau plante.

Die Öffentlichkeit rechnete mit einem spektakulären Auftritt von Nick Bandier und genau den würde er liefern. Indem er der Regenbogenpresse gab, was sie von ihm erwartete, hätschelte sie ihn als ihr liebstes Kind. Aber was er ihr gab, bestimmte er ganz alleine.

Mitten in diese Überlegungen lächelte Nick Conny an und ihre Gedanken zerbarsten in einem funkensprühenden Feuerwerk. Fröhlich betrachtete sie sich mit den beiden Männern, um deren Begleitung sie vermutlich halb Europa, sicher aber alle Opernbesucher beneiden würden, im Spiegel.

„Und der ganze Aufwand bloß dafür, damit wir einige buntkostümierte Gestalten laut schreiend auf der Bühne herumhüpfen sehen", bemerkte sie kopfschüttelnd.

VIERZEHN

Im Foyer der Pariser Oper betrachtete Conny beeindruckt die kostbar gekleideten Menschen, die über eine breite Treppe aus dreifarbigem Marmor zu den Arkaden strömten. Vorsichtig hob sie den Saum ihres Kleides an und war ausgesprochen froh, dass Nick, der sich benahm, als mache er eine kurze Stippvisite im *coque d'or,* ihren Arm festhielt.

Oben angekommen, blieb Conny bei einem der Balkone stehen und sah zurück auf den Weg, den sie gekommen waren. Nick zog sein Zigarettenetui aus der Tasche. „Gelungene Dekoration, könnte fast von mir sein."

Conny warf ihm einen genervten Blick zu und zupfte an ihren Handschuhen herum. Ihre Anspannung wuchs, da sie alles richtigmachen wollte. Nick sollte stolz auf sie sein.

„Entspann dich, es ist eine Opernpremiere und kein Gang zum Scharfrichter", sagte er und zwinkerte ihr aufmunternd zu.

Seufzend konzentrierte sich Conny auf die funkelnde, vibrierende Menge, die sich über die Treppe schob. Es schien ihr unmöglich, darin eine einzelne Person zu erkennen. Aber viele der Neuankömmlinge blieben erfreut bei ihnen stehen, begrüßten Nick und Patchou und wechselten auch ein paar nichtssagende Sätze mit ihr selbst. Keiner machte eine anzügliche Bemerkung darüber, warum ausgerechnet sie Madame Bandier war und Conny begann sich zu entspannen, da sie realisierte, dass ihre unverbindlichen

Worte nicht auf die Goldwaage gelegt wurden und niemand geistreiche Bonmots von ihr erwartete. Es ging nur darum, gesehen zu werden, dabei zu sein und deshalb begann sie neugierig, die Gesichter aus Film und Fernsehen zu betrachten, die jetzt einen halben Meter entfernt von ihr vorbeidefilierten.

Nick nahm zwei Champagnerkelche von einem Tablett, das livrierte Diener herumtrugen und reichte eines davon Conny. „Dort drüben kommt Aubiard mit Frau und Tochter", sagte er zu Patchou, der leise durch die Zähne pfiff.

„Die blonde Schönheit ist Isabelle? Hat sie nicht noch vor kurzem Zöpfe getragen?"

„Jetzt trägt sie keine mehr", gab Nick ebenso leise zurück. „Aber abgesehen davon, dass sie sechzehn Jahre jünger ist als du, verteidigt Aubiard die Tugend seiner Tochter mit der Reitpeitsche, such dir lieber jemanden, der die Spielregeln kennt und sich daran hält."

„So wie du", erwiderte Patchou ironisch, aber Nick wurde einer Antwort enthoben, da die drei hochgewachsenen Menschen jetzt vor ihnen stehen blieben.

Nick hob mit einer leichten Verbeugung die Hand der Frau an die Lippen. „Madame Aubiard, welche Freude Sie hier zu treffen."

Die Frau schmunzelte. „Bandier, Sie charmanter Teufel, ich merke genau, dass meine Robe keine Gnade vor Ihren Augen findet, aber da Sie unsere letzten Einladungen immer unbeantwortet ließen, rechneten wir nicht mit der Ehre, Sie heute Abend begrüßen zu dürfen. Sonst wäre ich selbstverständlich in einem DOBAN Modell erschienen."

„Madame Aubiard, die Ehre ist auf meiner Seite, wenn Sie ein DOBAN Modell wählen und was die anderen Einladungen betrifft, Sie wissen, zu manchen Zeiten frisst einen die Arbeit einfach auf", entgegnete er entschuldigend und legte einen Arm um Connys Taille. „Ich möchte Ihnen meine Frau vorstellen. Constance, Monsieur Aubiard, Madame Aubiard und ihre Tochter, Mademoiselle Isabelle."

Er bot Aubiard eine Zigarette an, während seine Frau Conny betrachtete. „Es ist eine Schande, dass Sie uns Madame Bandier so lange vorenthalten haben."

„Ich habe nur auf eine passende Gelegenheit gewartet. Und eine bessere als die Premiere einer Ihrer Inszenierungen konnte ich nicht finden."

„Da ist ja auch Monsieur Malacru", rief Madame Aubiard überrascht. „Ich kann mich nicht erinnern, Ihnen jemals hier begegnet zu sein."

Patchou schenkte ihr sein strahlendstes Lächeln. „Das kann sich nur um einen Irrtum handeln, ich bin ein großer Fan klassischer Musik."

„Ich habe gehört, Sie waren längere Zeit im Ausland?", fragte Etienne Aubiard.

Patchou nickte. „Ja, in der Südsee."

Isabelle sah ihn interessiert an. „Wie aufregend. Ich hoffe, Sie werden uns davon erzählen."

„Aber mit Vergnügen", antwortete Patchou, legte Isabelles Hand auf seinen Arm und schlenderte kurzentschlossen mit ihr davon.

Fassungslos sahen ihre Eltern ihnen nach und Conny unterdrückte ein Lächeln. Schließlich zuckte Madame Aubiard die Schultern. „Es scheint, als müssen wir uns in Zukunft an solche Szenen gewöhnen. Immerhin haben wir eine siebzehnjährige Tochter."

Monsieur Aubiard wirkte weniger erheitert, ließ sich aber von seiner Frau zu einer anderen Gruppe bugsieren ohne größeren Widerstand zu leisten.

Conny nippte an ihrem Champagner. Aus den Augenwinkeln bemerkte sie eine Frau in einem leuchtend dottergelben Abendkleid auf sich zuschweben.

„Oh Gott", stöhnte Nick und leerte sein Glas in einem Zug, „lächeln Stan, die größte Klatschtante der letzten zweitausend Jahre."

„Was soll ich tun?", fragte Conny leise.

„Erzähl ihr, was du willst, je unwahrscheinlicher desto besser. Sie schluckt alles."

Mittlerweile streckte die Frau beide Arme aus und rief durchdringend: „Nick Bandier, sind Sie es tatsächlich!"

Nick stellte sein Glas auf die Brüstung und griff nach den Händen der Frau. „Meine liebe Mademoiselle Monteraux, was für eine unerwartete Freude, Sie hier zu sehen."

Er zog zuerst ihre rechte, dann ihre linke Hand an die Lippen und schenkte ihr dabei seinen schönsten Schlafzimmerblick, bevor er mit einer Stimme wie dunkler Samt weitersprach: „Es ist unglaublich, wie viele Jahre wir uns jetzt schon kennen, meine liebe, verehrte Jacqueline, andere Frauen werden älter, aber Sie werden schöner. Ich wünschte, Sie würden mir Ihr Geheimnis verraten."

Die Antwort der Frau bestand aus einem gurrendem Lachen. „Es ist eben ein wahrer Jungbrunnen, sich mit Ihnen zu beschäftigen, lieber Nick."

„Constance, mein Herz, darf ich dir Mademoiselle Jacqueline Monteraux, Reporterin von *La Scène,* vorstellen."

Conny lächelte, mehr über Nicks Darbietung als für ihr Gegenüber, und reichte der Frau die Hand. „Ich freue mich, Sie kennenzulernen."

„Vielleicht erinnern Sie sich nicht mehr, aber wir haben bereits am Telefon miteinander gesprochen, kurz nach Ihrer unerwarteten Hochzeit", entgegnete Mademoiselle Monteraux und hielt Connys Hand fest. „Ich würde mich wirklich gerne mit Ihnen unterhalten, meine Liebe. Wir haben ja noch so viel Zeit bis die Vorstellung beginnt", sagte sie geschäftsmäßig und zog ein kleines Diktiergerät aus der Tasche.

Conny warf Nick einen hilfesuchenden Blick zu, aber er lächelte beruhigend. „Du darfst der lieben Jacqueline alles, wirklich alles erzählen, mein Herz. Sie ist eine meiner", er dehnte das nächste Wort genussvoll, „ältesten Freundinnen und ich genieße das Privileg, mindestens einmal in der Woche in ihrer berühmten Kolumne zu stehen."

„Ja", stimmte die Reporterin sofort zu, „Sie können mir unbesorgt vertrauen."

Der ironische Zug um Nicks Mund rückte die Bemerkung der Frau ins richtige Licht, und Conny war klar, dass sich jedes ihrer Worte in der nächsten Ausgabe von *La Scène* wiederfinden würde.

„Mich entschuldigt ihr bitte, ich sehe dort drüben einen guten Bekannten." Mit diesen Worten verschwand er in der Menge.

„Nun, meine Liebe, wo haben Sie Nick denn kennengelernt?", fragte Mademoiselle Monteraux und drückte auf ihr Tonbandgerät.

Während Conny erzählte, musterte sie ihr Gegenüber. Ganz ohne Zweifel war die Frau tadellos zurechtgemacht, aber trotzdem ging sie mit schnellen Schritten auf die Vierzig zu und dafür war ihr Kleid um einiges zu jugendlich. Gerade als sie ihre Geschichte von der Liebe auf den ersten Blick mit den passenden Details ausschmücken wollte, bemerkte sie den Fotografen, der sich ihnen näherte. Uninteressiert betrachtete er Conny und sagte zu der Reporterin: „Bandier ist schon da, aber seinen Rotschopf habe ich noch nirgends entdeckt. Wird ja sicher aufschlussreich, wenn sie mit ihrem Onassis auftaucht und …"

„Monsieur Gisbert, Sie kennen Madame Bandier noch nicht", unterbrach ihn Mademoiselle Monteraux scharf.

Patchou kehrte gerade zurück, ohne Isabelle, und lehnte sich an die Balustrade. „Na, Gisbert, genug schmierige Fotos für heute im Kasten?"

Mademoiselle Monteraux hielt Conny wieder das Diktiergerät unter die Nase. „Ist es nicht sehr schwierig, mit einem Mann zu leben, der von allen Seiten begehrt wird?", wollte sie wissen und Conny lächelte, weil Nick auf sie zu kam.

„Sagen Sie selbst, Mademoiselle Monteraux, welche Frau könnte ihn nicht lieben", meinte sie verträumt.

Die Reporterin drehte sich um und atmete mit einem scharfen Geräusch ein. Nick grinste schief und stolzierte mit wiegenden Hüften wie eine Filmdiva auf sie zu. Mademoiselle Monteraux verstaute das Gerät in ihrem Täschchen, während Nick Conny den Arm um die Schulter legte.

„Hast du Jacqueline unsere unglaubliche Geschichte erzählt, mein Herz?", fragte er und sah sie so verliebt an, dass

149

sie einen Moment lang darauf vergaß, dass er es nur wegen der Reporter tat.

„Kommen Sie, wir machen ein paar Fotos", ließ sich Gisbert jetzt vernehmen. „Stellen Sie sich auch dazu, Monsieur Malacru, am besten auf Madame Bandiers anderer Seite."

Der Fotograf betätigte den Auslöser seiner Kamera und Patchou, der die Menge überblickte, informierte Nick halblaut: „Achtung, es geht los."

Was losging, erfuhr Conny einen Herzschlag später.

Madelon, an ihrer Seite Ari Pantopolous, brauchte nur ein paar Sekunden, um die Situation zu erfassen. Dann eilte sie auf Conny zu, rief laut: „Meine liebste Constance" und hauchte ihr einen Kuss auf die Wange, dabei flüsterte sie ihr ins Ohr: „Um Himmels willen, lächeln Sie und tun Sie so, als sei das alles geplant. Umbringen können wir ihn auch noch später."

Sie wiederholte die Umarmung bei Nick und Patchou, bevor sie sich an Ari wandte: „Was sagst du zu dieser Überraschung, Liebling? Ist sie uns nicht perfekt gelungen?"

Gisbert knipste ungerührt und Mademoiselle Monteraux zückte wieder ihr Diktaphon. Connys gute Laune war wie ein Soufflé in sich zusammengefallen.

Neben ihr sagte Nick leise: „Ich habe dich gewarnt."

Sie blickte Madelon an, die groß und unglaublich schlank und strahlend aussah. In ihrem sorgfältig frisierten leuchtenden Haar schimmerte eine Perlentiara und um den Hals trug sie ein passendes Kollier.

Conny dachte an das Märchen vom hässlichen Entlein und dem stolzen Schwan und hegte über die Rollenverteilung nicht den geringsten Zweifel.

Gisbert ordnete an, dass sich Madelon und Ari für ein Foto neben die anderen stellen sollten und Patchou griff nach Madelons Hand.

„An meiner Seite siehst du besser aus. Ich bin größer", meinte er fröhlich und zog sie zu sich. „Hübscher Haarreifen übrigens. Wusste gar nicht, dass Ari Austern züchtet."

150

Gisbert hörte endlich auf zu knipsen, dafür näherte sich Mademoiselle Monteraux mit süffisantem Lächeln. „Meine liebe Madelon, das ist ja in der Tat eine ungewöhnliche Überraschung. Normalerweise sind zwei Frauen ja kaum zu bewegen, ein- und dasselbe Kleid bei der gleichen Veranstaltung zu tragen."

Madelon schenkte ihr einen strahlenden Blick. „Wir sind doch eine große Familie. Wie Sie wissen, hat Nick immer wieder ausgefallene Ideen. Nehmen Sie nur ihn und Monsieur Malacru. Sehen die beiden nicht aus wie verwegene Piraten?"

So leicht ließ sich die Reporterin nicht ablenken. „Eine gewisse Pikanterie können Sie doch nicht leugnen. Schließlich haben Sie selbst über Jahre hinaus eine sehr, sehr enge Beziehung zu Monsieur Bandier unterhalten und jetzt tragen Sie das gleiche Modell wie Madame Bandier", stellte sie mit honigsüßer Stimme fest.

Madelon lachte perlend. „Da haben Sie den besten Beweis, jede Frau, wirklich jede Frau, sieht in einem DOBAN Modell umwerfend aus, auch wenn sie kein Model ist. Chéri, gibst du mir eine Zigarette?", fragte sie Nick, der gerade sein Etui aufklappte. Er nahm zwei Zigaretten, steckte beide zwischen die Lippen, rauchte sie an und gab eine davon Madelon.

Conny, deren Haare sich bereits bei der vorigen Szene gesträubt hatten, wurde bei dieser intimen Geste fast schlecht. Sie wollte sich umdrehen und weglaufen, aber Patchou hielt ihren Oberarm eisern fest.

Inzwischen griff Madelon vertraulich nach Mademoiselle Monteraux' Hand. „Glauben Sie am Ende, Constance und ich fallen vor Eifersucht übereinander her? Liebe Jacqueline, wir sind die besten Freundinnen, außerdem habe ich die beiden zusammengebracht. Wussten Sie das gar nicht?"

Sie begann mit einer dramatischen Schilderung ihres Krankenhausaufenthaltes und fuhr damit fort, wie sie Conny zu einer Party eingeladen hatte. Geschickt brachte sie Ari ins Spiel, der seinen Arm um sie legte.

„Monsieur Pantopolous und ich wussten von Anfang an, dass wir vom Schicksal für einander bestimmt sind, ist es nicht so, Liebling?", wandte sie sich mit einem zärtlichen Lächeln an Ari, der sofort seinen Teil der Geschichte übernahm.

Schließlich schwärmte Madelon von ihrer bevorstehenden Hochzeit und den dazugehörigen Vorbereitungen. Conny schaffte es, ein eingefrorenes Lächeln zu produzieren, da sie merkte, dass viele der Umstehenden sie interessiert beobachteten, während sich Madelon umständlich über die zukünftigen Festlichkeiten ausließ.

Das Signal, das den Beginn der Vorstellung ankündigte, ertönte und Mademoiselle Monteraux stellte das Tonband ab. „Dann werden wir uns also alle bei Ihrer Hochzeit wiedertreffen, meine liebe Madelon."

„Aber natürlich, meine liebe Jacqueline", entgegnete Madelon gönnerhaft und verließ mit Ari den Balkon, ohne sich noch einmal umzudrehen.

Connys Blick ging ins Leere, und sie sank in der Loge auf einen der goldenen, mit rotem Samt bezogenen Stühle. Sie fühlte sich verletzt und verraten und das Loch, in das sie stürzte war tiefer und dunkler als jemals zuvor, da sie noch vor einer Stunde einfältig genug gewesen war, zu glauben, Nick nahegekommen zu sein.

Die Ouvertüre setzte ein, sie verschränkte betont gelangweilt die Hände im Schoß und betrachtete den Vorhang, der sich langsam hob. Aber je länger das Stück dauerte, desto schwerer fiel es ihr, gleichgültig zu bleiben. Als Carmen ihre Habanera sang, gab Conny auf, beugte sich vor und legte die Unterarme auf die Brüstung, um der Handlung besser folgen zu können.

Und als im zweiten Akt Don José Carmen seine Liebe gestand schwammen Connys Augen verdächtig. Nick lehnte sich zu ihr, gab ihr ein Taschentuch und erinnerte sie leise: „Aber, aber, das sind doch nur ein paar lächerliche Figuren, die hysterisch herumschreien."

Als das Geschehen im letzten Akt seinem Höhepunkt zustrebte, klammerte sie sich an Nicks Ärmel fest und schluchzte gänzlich um ihre Fassung gebracht in das Taschentuch, als Don José Carmen den Dolch in die Brust stieß.

Sogar als der Beifall einsetzte, konnte sie sich nicht beruhigen und Nick zog sie an sich. „He, schau, sie wird gleich wieder aufstehen und sich verbeugen. Weißt du, das ist so ähnlich wie Fernsehen."

Patchou streckte sich gähnend. „Sind sie endlich alle tot, haben wir es überstanden?"

Nick nahm ein zweites Taschentuch und begann vorsichtig, Connys Tränen zu trocknen. „Die Wimpertusche ist zwar wasserfest, aber für so einen Gefühlsausbruch hätte man sie bei der Sintflut testen müssen."

„Da muss ich wohl mein Make-up ausbessern, bevor wir zur Premierenfeier gehen", murmelte sie mit bebender Stimme.

Patchou hob die Hand. „Ich werde mich um Isabelle kümmern, wir sehen uns später."

„In Ordnung, ich warte auf Stan", erwiderte Nick und blieb in einiger Entfernung zu den Waschräumen stehen.

Er nahm gerade eine Zigarette, als er eine Stimme hinter sich hörte: „Dafür sollte man dich vierteilen, Nick Bandier."

Er drehte sich um und sah Madelon an. „Würdest du mir glauben, dass ich unschuldig bin?"

„Gib mir eine Zigarette, Aris griechisches Zeug taugt höchstens für den Kamin", fügte sie hinzu und hob die Brauen, als er ihr sein Etui gab.

„So sieht das also aus, wenn wir keine Zuschauer haben. Und du willst mir allen Ernstes einreden, dein kleines Frauchen wollte das gleiche Kleid wie ich tragen?"

„Sie wollte das Kleid anziehen, aber sie wusste nicht, dass du es auch trägst"

„Und du hättest ihr keinen Hinweis geben können? Nick, die Art, wie du mit Menschen umspringst, ist einfach unmöglich. Ich bin froh, das alles bald hinter mir zu lassen", setzte sie affektiert hinzu und ließ sich Feuer geben.

„Ari bleibt demnach nicht in Paris?"

153

„Nein, er gestattet mir, deine nächste Kollektion zu präsentieren und danach machen wir eine ausgedehnte Hochzeitsreise rund um die Welt. Du lässt mich doch wie versprochen aus dem Vertrag?", vergewisserte sie sich.

„Natürlich."

Madelon blickte versonnen der schmalen Rauchsäule nach, die von ihrer Zigarette aufstieg. „Ari gehört eine Insel in der Ägäis. Wahrscheinlich werden wir dort leben."

„Tatsächlich? Wie schön für dich", entgegnete Nick ungerührt und Madelon sah ihn an. „Du kannst mich gerne besuchen, so oft du willst."

„Das", antwortete Nick, „glaube ich kaum."

In diesem Moment begriff Madelon, dass sie die Verliererin in einem Spiel war, von dem sie nicht einmal gewusst hatte, dass sie es spielte. Ihre Augen verengten sich zu schmalen Schlitzen.

„Wo ist denn die reizende Constance? Ich habe von unserer Loge aus mitbekommen, wie sie vor Rührung über diesen Schmachtfetzen zerflossen ist."

Nick schnippte die Asche in einem dafür vorgesehenen Behälter. „Nicht alle sind so abgebrüht wie wir beide, Chérie."

„Baut sie immer so eindrucksvoll nah am Wasser oder ist die Kleine etwa schwanger? Sie sieht mir nicht gerade danach aus, als ob sie einen Gedanken an Verhütung verschwenden würde, und was man von dir in dieser Hinsicht erwarten kann, wissen wir ja beide", bemerkte sie zynisch und legte, da er nichts erwiderte, noch ein Schäufelchen nach: „Gott, ich stelle mir gerade vor, du mit einem Baby, das immer dann schreit, wenn du arbeiten oder deinen Rausch ausschlafen willst und wenn es einmal nicht brüllt, kotzt es deine Seidenhemden voll."

Sie kicherte und Nick betrachtete versunken seine glänzenden Stiefelspitzen. „Ich habe noch nie eine Frau geschlagen, aber ich beginne Männer zu verstehen, die es tun." Er hob den Kopf und der Ausdruck in seinen Augen ließ Madelon unwillkürlich zurückweichen. Unsicher stotterte sie: „Ari wird mich schon vermissen, ich gehe besser zu ihm."

Conny verließ die Waschräume, sah Nick mit Madelon, und all ihre Wut kehrte in einem einzigen gewaltigen Schlag zurück. Als er ihre Hand berührte, zog sie sie weg und funkelte ihn böse an.

„Du fühlst dich also besser", stellte Nick gelassen fest und schlenderte mit ihr die Treppe hinunter zu einem Nebenraum der Oper, wo ein gigantisches Buffet aufgebaut worden war. Außer den geladenen Gästen waren auch die Sänger in ihren farbenprächtigen Kostümen anwesend und Madame Aubiard ließ es sich nicht nehmen, Conny mit ihnen bekannt zu machen.

Nick marschierte zielstrebig zum Büffet, während Conny bei den Aubiards stand und allen möglichen erlesenen Gästen vorgestellt wurde. Nach einer Weile wurde ihr Interesse an den erlesenen Speisen größer und sie entschuldigte sich, um zu Nick zu gehen.

Er unterhielt sich mit einem Mann, in dessen dunkles Haar helle Strähnen gefärbt waren und der einen schmalen Oberlippenbart trug. Abwartend blieb Conny stehen und Nick sagte zwischen zwei Bissen. „Stan, du erinnerst dich vielleicht an Serge Vasseur, er dreht den Werbefilm für *Sunset*. Serge, meine Frau Constance."

Conny lief nach dem laschen Händedruck Vasseurs ein Schauer über den Rücken und Patchous Bemerkung, dass er lieber eine Klapperschlange streicheln würde, als mit diesem Mann zu tun zu haben, fiel ihr ein.

Kalte dunkle Augen leckten über sie hin und er murmelte ein nasales: „Sehr erfreut."

Conny zwang sich zu einem Lächeln und wandte sich an Nick. „Wo steckt eigentlich Patchou?"

„Ich schätze, er ist dabei, der lieben Isabelle seine Sammlung klassischer CDs vorzuspielen", entgegnete er und Vasseur begann meckernd zu lachen.

Conny nahm den beiden Männern ihre schmutzige Fantasie übel und drehte sich zum Büffet. Wahllos füllte sie einen Teller mit den angebotenen Leckereien und verfolgte

Nicks Gespräch dabei ohne großes Interesse. Es drehte sich um rein geschäftliche Belange und aus Langeweile betrachtete sie Vasseur genauer.

Er unterstrich seine Worte mit ausholenden Handbewegungen, wobei er Nick wie zufällig berührte. Als dieser ihm Feuer gab, hielt er Nicks Hand mit seiner fest.

Conny hörte auf zu kauen. Vasseur flirtete vor ihren Augen mit ihrem Mann, dass sich die Balken bogen. Gerade nahm er zwei Cocktailgläser von einem Tablett und reichte eines davon Nick mit einem schmelzenden Wimpernaufschlag, um den ihn jede Frau beneidet hätte.

Fairerweise musste sie zugeben, dass Nick die Einladung zwar bemerkte, aber keinerlei Anstalten machte, darauf einzugehen. Wäre Connys Stimmung besser gewesen, hätte sie sich darüber amüsiert, so aber erhöhte sich nur ihr Aggressionspegel.

Es reichte.

Unauffällig stellte sie ihren Teller nieder und marschierte entschlossen durch die langen Gänge zum Haupteingang. Die Nachtluft strich mild über ihr Gesicht und Conny atmete tief ein. Sie überquerte den Platz und hob die Hand, um ein Taxi anzuhalten.

Gerade als sie im Fond Platz genommen und ihr Fahrziel genannt hatte, wurde die Beifahrertür aufgerissen und Nick ließ sich auf den Sitz fallen.

„Bei allen Heiligen, Stan, was soll das?", fragte er atemlos.

Conny zuckte die Achseln. „Mein Bedarf an gesellschaftlichen Großereignissen ist eben gedeckt. Ich will nach Hause, bevor es mir geht wie Cinderella und sich mein hübsches Kleid in einen Haufen Scheiße verwandelt."

Nick holte Luft, entschied sich aber nach einem Blick auf den Taxifahrer, dessen Ohren plötzlich das Format von Suppentellern aufwiesen, vorerst zu schweigen.

Als sich die Wohnungstür hinter ihnen geschlossen hatte, sagte er ruhig: „Also, was ist los?"

Conny schleuderte ihre Schuhe von den Füßen und knallte die Ohrringe auf die Kommode. „Nichts, alles in bester Ordnung."

„Ich habe dich gewarnt, ausgerechnet dieses Kleid zu tragen."

„Das hast du, aber du hast nicht gesagt, warum."

Mit einem schrillen Geräusch riss sie den Reißverschluss des Kleides auf, damit es zu Boden fiel, stieg drüber und ging ins Bad.

Dort hatte ihr dramatischer Auftritt ein plötzliches Ende, weil ihr erst jetzt einfiel, dass ihr Frotteemantel noch unten im Atelier lag. Zähneknirschend nahm sie ein Badetuch und rollte sich darin ein. Vielleicht schaffte sie es ja, an Nick vorbei ins Atelier zu kommen.

Sie schaffte es nicht.

Er saß auf einem der Tische in seinem Arbeitszimmer und hielt eine brennende Zigarette in der Hand. „Du hast dir dieses Kleid nur ausgesucht, um mich zu ärgern", stellte er fest, sobald er ihrer ansichtig wurde.

„Schon möglich, aber es wäre deine verdammte Pflicht gewesen, zu verhindern, dass deine Geliebte und deine Frau im selben Kleid zu derselben Veranstaltung gehen."

„Und wie hätte ich das bewerkstelligen sollen, indem ich dich mit Salzsäure überschütte?", wollte er ironisch wissen und beugte sich vor. „Jede andere Frau, zu der ich sage, sie ist für ein bestimmtes Modell zu fett, lässt es fallen wie glühende Kohlen. Aber du nicht, oh nein."

Conny versuchte, sich unauffällig zur Treppe vorzuarbeiten und entgegnete: „Du hast das alles absichtlich gemacht. Ich hoffe, du bist mit den Schlagzeilen in den morgigen, nein, heutigen Zeitungen zufrieden: *Zwei Frauen teilen sich ein Kleid und einen Mann*. Was spielt es da für eine Rolle, dass du mich auf dem Altar deiner Eitelkeit geopfert hast!"

„Du wurdest nicht Opfer meiner Eitelkeit, sondern deines Dickkopfes." Er drückte wütend die Zigarette aus. „Wenn Patchou von mir verlangt, die nächste Kollektion in der Arktis zu fotografieren, dann wird das passieren, wenn Madelon einen Mantel mit einer *doppelten Dior* präsentieren will, dann hat sie meinen Segen und wenn du bei mir Syphilis diagnostizierst, dann glaube ich das. Und weißt du warum? Weil es sich dabei um die Meinung von Profis handelt."

Seine Stimme wurde zunehmend lauter und während er fortfuhr, redete er sich immer mehr in Rage: „Du wusstest ganz genau, dass du in jedem der anderen Kleider besser ausgesehen hast – und das ohne zu hungern. Aber es ging dir nicht darum, gut auszusehen, sondern mir zu zeigen, dass mein Urteil für dich kein Maßstab ist."

Conny suchte krampfhaft nach einem Argument, aber er stellte die Tatsachen so grausam nackt und erbarmungslos richtig dar, dass ihr beim besten Willen nichts mehr einfiel. Sie schluckte und wollte einlenken, aber das Wetterleuchten in Nicks Gesicht nahm an Intensität zu und erstickte jedes ihrer Worte, noch bevor es ausgesprochen war.

„Du eingebildetes kleines Dummchen, hast du auch nur die geringste Ahnung, was ich dafür bekomme, ein nichtssagendes Starlet mit riesigem Hintern, rachitischen Beinen und hängenden Schultern zum großen Star zu stylen?", fragte er kalt und war in diesem Augenblick wieder ganz der arrogante Herr über alle Sterbliche, die Kleider trugen. „Falls, ich betone, falls ich mich herablasse, so etwas zu tun, lasse ich mir meine Beratung in Gold aufwiegen. Nur für dich ist mein Urteil nicht gut genug. Du hältst dich für den Nabel der Welt, dabei kennst du nicht einmal den Unterschied zwischen Jute und Neopren", schloss er mit beißender Verachtung.

Conny starrte ihn finster an. „Darum geht es doch nicht. Es ist ..."

Sie war einfach wütend über seine mangelnde Loyalität und das wollte sie ihm auch klarmachen, aber er ließ sie nicht zu Wort kommen.

„Ich lehne jede Verantwortung dafür ab, dass du das gleiche Kleid wie Madelon getragen hast. Im Übrigen kannst du über ihre professionelle Reaktion froh sein, sonst wärst du weit dümmer dagestanden."

Diese Bemerkung brachte Connys letzte Sicherung zum Ausklicken. „Oh, ja, ich kann der fabelhaften Madelon dankbar sein, dass sie in den entscheidenden Situationen meines Lebens bei mir ist. Wie konnte ich es bloß zwanzig Jahre ohne sie aushalten", schrie sie aufgebracht.

Nick glitt mit einer geschmeidigen Bewegung vom Tisch. „Warum regst du dich eigentlich so auf? Es ist doch *nur* Mode. Es sind *nur* Kleider", meinte er spöttisch und äffte sie nach: *„Es kommt auf die Persönlichkeit an, nicht auf die Kleidung!* Warum ärgerst du dich dann so darüber, dass du das gleiche Kleid wie eine andere Frau anhattest? Sollte sich unter dem Guerilla-Nahkampf-Haarschnitt tatsächlich so etwas wie weibliche Eitelkeit verbergen?", wollte er wissen und zog sie an sich. „Habe ich mir bei der Suche vielleicht nicht genug Mühe gegeben?"

Conny merkte nicht, wie seine Wut verrauchte und er mehr belustigt als verärgert war, sondern stemmte die Hände gegen seine Brust, was das Badetuch beträchtlich ins Rutschen brachte. „Wahrscheinlich darf ich auch dankbar dafür sein, dass du mir deine Aufmerksamkeit schenkst und nicht diesem Schleimbeutel Vasseur."

Sie drehte den Kopf weg als er sie zu küssen versuchte. „Zum Teufel, Nick, ich will nicht. Du kannst nicht immer alle Probleme damit aus der Welt schaffen", zischte sie scharf, aber er lachte nur. „Kann ich nicht? Dann lass dich mal überraschen."

Conny hasste sich, sogar in dieser Situation auf ihn zu reagieren. Sie hasste ihren Körper, der Konsistenz von Vanilleeis in der Mittagshitze bekam, sobald Nick ihn berührte. Voller Verzweiflung begriff sie, es hatte sich nichts geändert und es würde sich in hundert Jahren nichts ändern. Sie war für Nick nichts als ein bequemes, allzeit bereites Spielzeug.

Mit letzter Kraft kratze Conny die kläglichen Reste ihrer Selbstachtung zusammen, schloss die Augen und grub ihre Zähne in seine Unterlippe. Er zuckte mit einem Schmerzlaut zurück und sie spürte den metallischen Geschmack seines Blutes in ihrem Mund.

Langsam öffnete sie die Augen. Bisher hatte sie nicht gewusst, was das Wort Angst bedeutete, aber jetzt dachte sie, ihr letztes Stündlein wäre gekommen. Seine Finger krallten sich in ihre Schultern und Conny überlegte mit seltsam distanzierter Logik, dass man die blauen Flecken noch bei ihrer Beerdigung sehen würde, sollte man sie in diesem verdammten weißen Fetzen zu Grabe tragen. Das Badetuch fiel zu Boden, aber Conny war unfähig sich zu bewegen.

Lichtjahre schienen zu verstreichen. Nick nahm seine Hände weg und eine Sekunde später hörte Conny die Wohnungstüre ins Schloss fallen.

FÜNFZEHN

Patchou erschien drei Tage nach der Premiere im Maison DOBAN und als er hörte, dass Nick verschwunden war, stellte er nur fest: „Ihr habt euch gestritten."

„Ja", antwortete Conny einsilbig.

„Wegen des Kleides, nicht wahr?"

Conny nickte und überwand sich zu sagen: „Er hat weder Geld noch Kreditkarten mitgenommen."

Patchou lächelte. „Nick braucht in Paris weder das eine noch das andere. Ich werde ihn schon finden."

Am selben Abend begann er seine Suche in den Bistros und Restaurants, die Nick zu frequentieren pflegte und setzte sie nach Mitternacht in den Szenelokalen und Nachtclubs fort, die Nicks zweites Wohnzimmer waren.

Doch als er am folgenden Morgen seine schlaflose Nacht mit einem Frühstück beendete, hatte er von seinem Freund nicht die allerkleinste Spur entdeckt. Müde schloss er die Augen, aber solange er Nick nicht gefunden hatte, war an Schlaf nicht zu denken. Gähnend bestellte er einen weiteren Espresso, legte den Kopf in den Nacken und rieb seine Stirn. Wo zum Teufel mochte Nick sein?

Der Mann am Nebentisch stand auf. In einem durchsichtigen Plastikbeutel trug er einen Stapel Kindermalbücher, eine kleine Schiefertafel und bunte Farbkreiden.

Patchous Augen saugten sich an dem Beutel fest, dann sprang er auf und warf ein paar Münzen auf den Tisch. Seine Müdigkeit war verflogen.

Am späten Nachmittag kam Patchou beim Centre Pompidou an. Wie auf all den anderen Plätzen, die er abgesucht hatte, gab es auch hier eine schillernde Schar von fliegenden Händlern, Gauklern, Akrobaten, Musikanten und ... Straßenmalern.

Patchou schlenderte zwischen den Touristen herum. Dann blieb er plötzlich stehen und fühlte die Anspannung des letzten Tages von sich abfallen. Vor ihm kniete ein Mann mit wirrem schwarzen Haar und einem schmutzigen zerrissenen Spitzenhemd in einem halbfertigen Kreidebild. Seine Füße waren nackt. Die Schuhe und eine rote Samtjacke lagen achtlos neben einer Untertasse voller Münzen. Patchou drängte sich durch die Umstehenden und hockte sich Nick gegenüber, der ohne den Kopf zu heben sagte: „Was hat dich so lange aufgehalten?"

„Meine Kombinationsfähigkeit muss eingerostet sein", antwortete Patchou und betrachtete die Kreidezeichnung. Eine riesige Spinne saß in einem riesigen Spinnennetz, in dem sich ein winziger Mann verfangen hatte. Ein winziger nackter Mann.

Patchou unterdrückte ein Grinsen. Subtilität war noch nie Nicks Stärke gewesen. „Conny macht sich Sorgen . . .", begann er.

„Sag ihr, sie soll verschwinden", unterbrach ihn Nicks ruhige Stimme.

Patchou setzte sich im Schneidersitz neben das Bild „Warum sagst du es ihr nicht selbst?"

Nick nahm eine andere Kreide. „Ich hab es ihr mehr als einmal gesagt, es war zwecklos, sie klebt an mir wie Hundescheiße. Auf dich wird sie hören."

„Das wage ich zu bezweifeln."

„Im Safe liegen Blankoschecks. Gib ihr einen davon, wenn nötig auch zwei."

„Ich glaube nicht, dass ..."

„Hör zu, so lange sie in meiner Wohnung ist, bleibe ich hier. Es liegt also bei dir", sagte Nick und hob den Kopf.

Patchou zuckte zusammen. In den blutunterlaufenen Augen dieses unrasierten, farbverschmierten Gesichts lag eine Art Wahnsinn, die in bizarrem Gegensatz zu der ruhigen Stimme stand. Patchous Magen verwandelte sich in einen Eisklumpen.

„Du kannst unmöglich hier bleiben", stammelte er.

„Ich habe alles, was ich brauche", Nick deutete auf die Schale mit den Münzen, neben der Zigaretten und eine Tetrapackung Rotwein lagen. „Ich bin seit vier Tagen hier und es geht mir besser als in den ganzen letzten Jahren. Sieh zu, dass sie verschwindet."

Patchou strich über seinen Bart. „Was hat sie getan?"

„Sie hat Macht über mich", sagte Nick dumpf. „Über meine Gedanken, meinen Körper, meine Entscheidungen."

„Nick, du machst dir etwas vor."

„Sie ist in meinem System und ich will sie dort nicht haben", zischte Nick, riss sich los und machte ein paar unsichere Schritte von seinem Bild weg.

„Lass uns drüber reden Nick, aber nicht hier", bat Patchou und hoffte inständig, dass sich nicht gerade jetzt ein Reporter in der Gegend herumtrieb.

„Ich betrete meine Wohnung nicht, so lange sie dort hockt", wiederholte Nick stur und torkelte weiter.

Patchou hielt ihn am Arm fest. „Gut, fahren wir zu mir."

„Du sorgst dafür, dass sie verschwindet?" Nicks Stimme bekam einen weinerlichen Unterton und über Patchous Rücken lief eine Gänsehaut.

„Ja, gleich wenn wir bei mir sind, rufe ich sie an", sagte er und zog Nick in Richtung Taxistandplatz.

„Sie muss endlich verschwinden", quengelte er weiter, „du hast gesehen, was sie mir antut."

„Ja, ich habe alles gesehen und ich verstehe dich vollkommen", beruhigte ihn Patchou und schob ihn in den Fond des Wagens. Dort verschränkte Nick die Arme vor der Brust und begann seinen Oberkörper hin- und herzuwiegen.

Der Fahrer sah Patchou im Rückspiegel an. „Sind Sie sicher, dass Sie nicht ins Krankenhaus wollen?"

„Kein Krankenhaus", sagte Nick ohne sein Schaukeln zu unterbrechen.

Das Taxi fuhr in Schrittgeschwindigkeit durch den dichten Verkehr auf den großen Ausfallstraßen in Richtung Bois de Vincennes. Irgendwann hörte Nick mit dem Schaukeln auf und lehnte blass in seinem Sitz.

„Patchou, es ist mir ernst", murmelte er leise. „Ich will, dass du sie rauswirfst. Mit Geld, ohne Geld, sie muss weg, bevor sie mich ganz zerstört."

„Nick, *sie* zerstört dich garantiert nicht, das schaffst du tadellos alleine", versuchte Patchou ihm klar zu machen. „Sie ..."

„Fahren Sie rechts ran", befahl Nick scharf und riss die Tür auf, noch bevor der Wagen hielt. Er stolperte ins Freie, umklammerte einen Laternenmast und übergab sich. Noch ehe Patchou an seiner Seite war, sackte Nick zusammen und lag verkrümmt auf dem Gehweg. Sein Atem ging abgehackt und er stöhnte.

„Großer Gott, Nick, was ist los mit dir?", verzweifelt packte ihn Patchou an der Schulter. „Du musst ins Krankenhaus, du brauchst einen Arzt."

„Kein Arzt, kein Krankenhaus. Meine Jacke", stöhnte er und übergab sich wieder. Patchou kniete neben ihm und hielt seinen Kopf. Vor lauter Angst konnte er nicht mehr klar denken.

„Wo ist meine Jacke?", keuchte Nick undeutlich.

„Keine Ahnung", stieß Patchou zwischen den Zähnen hervor und versuchte ihm aufzuhelfen.

„Ich will meine Jacke."

„Ich hab die verdammte Jacke nicht mitgenommen", schrie ihn Patchou an, paralysiert von dem Gedanken, dass Nick den Verstand verlor.

Der Taxifahrer war mittlerweile auch ausgestiegen, hatte sich eine Zigarette angezündet und betrachtete, ans Heck seines Wagens gelehnt, interessiert das Schauspiel.

„Schätze, in seiner Jacke hat er den Stoff, den er braucht", meinte er lapidar und sah zu dem Riesen hoch, der jetzt mit kalkweißem Gesicht vor ihm stand.

„Ich will von Ihnen nichts hören. Sie schieben Ihren Arsch sofort hinter das Lenkrad und fahren die restlichen drei Kilometer bis zu der Adresse, die ich Ihnen genannt habe. Schweigend", zischte Patchou ihn an.

„Wie viel?", fragte der Mann unbeeindruckt und zog an seiner Zigarette.

Patchou ballte die Hände zu Fäusten und machte einen Schritt auf den anderen zu.

„Und wie viel, damit ich Monsieur Bandiers Namen ganz schnell wieder vergesse?"

Nick lag auf Patchous Couch. Vor ihm stand eine große eckige Plastikschüssel, in die er sich gerade wieder erbrach.

Patchou starrte auf ihn hinunter. Er war mit den Nerven am Ende und halbtot vor Sorge. Nick wischte sich mit einem Kleenex den Mund ab und fiel zurück auf die Kissen.

„Valium. Sofort", seine Stimme klang matt, aber der Befehlston war unüberhörbar.

„Nick, du brauchst Hilfe, du bist ...", fing Patchou zum fünften Mal den gleichen Satz an.

Nick öffnete seine Augen einen Spalt. „Wenn du nicht willst, dass ich in *deinem* Wohnzimmer auf *deiner* Couch krepiere, dann sieh zu, dass du Valium auftreibst und zwar hurtig."

„Nein, das tu ich ganz sicher nicht, ich ..."

Nick beugte sich wieder über die Schüssel. Als er fertig war, zitterte er am ganzen Körper. Patchou starrte ihn an und riss den Telefonhörer von der Gabel.

„Madelon", Nicks Stimme war fast unhörbar, „ruf Madelon an."

Mit steifen Schritten ging Patchou zum Fenster und wählte die Privatnummer vom Maison DOBAN. Niemand meldete sich. Verzweifelt lehnte er die Stirn an die Scheibe.

Die Nummer vom Hôpital Forney herauszubekommen würde länger dauern als die Speichertaste mit Madelons Nummer zu drücken. Ein Blick auf die zusammengekrümmte, zitternde Gestalt auf seiner Couch beseitigte die letzten Zweifel.

Madelon war überraschenderweise gleich am Apparat. „Hör zu, es geht um Nick, er erbricht und hat Schüttelfrost und ...“

„Er braucht Valium“, sagte Madelon sofort, „schau in seinen Kleidern nach. Er verlässt das Haus nicht ohne seinen Wochenvorrat.“

„Den hat er verloren. Madelon ... was soll ich tun?“

„Ihm Stoff besorgen. Oder ihn in eine Klinik bringen. Aber das wird nicht möglich sein, so lange er noch ansprechbar ist“, stellte sie trocken fest. „Er ist doch ansprechbar?“

„Ja, obwohl ...“, er brach ab, schluckte und fragte resignierend: „Wo krieg ich Valium her?“

Madelon lachte spöttisch. „Von seiner Krankenschwester, damit sitzt er ja an der Quelle. So gesehen, war sein Schachzug direkt genial. Ist sie nicht bei ihm?“

„Nick ist bei mir und ich kann Conny nicht erreichen.“

Madelon seufzte. „Ich hab jetzt keine Nerven für seine Dummheiten ...“, sie brach ab. „Okay, es ist noch etwas von seinem letzten Zusammenbruch da. Ich bring's dir rüber. Mach ihm eine Wärmflasche und deck ihn zu.“

Zehn Minuten später – sie wohnte nur drei Blocks entfernt – klingelte es an Patchous Appartement und Madelon fegte an ihm vorbei. Sie trug tief auf den Hüften sitzende himmelblaue Jeans, helle Sneakers und ein bauchfreies gelbes Top mit Spaghettiträgern. Ihr Haar war lose im Nacken zusammengebunden und als sie die Sonnenbrille von ihrem ungeschminkten Gesicht nahm, erinnerte sie Patchou einmal mehr an eine schwindsüchtige Siamkatze.

Ohne Begrüßung lief sie zu Nick, stellte ihre Tasche neben der Couch ab und griff nach seinem Arm. Als er nicht reagierte, nahm sie sein von Bartstoppeln bedecktes und Farbkreide verschmiertes Gesicht in ihre feingliedrigen, perfekt manikürten Hände und strich mit den Daumen über die dunklen Ringe unter seinen Augen. „Hörst du mich, Nick, Chéri?"

Sie merkte, dass er sprechen wollte, es aber nicht schaffte. „Es ist alles in Ordnung, Chéri, ich hab, was du brauchst." Sie stand auf und drückte Patchou die volle Schüssel in die Hand. „Mach das sauber, ist ja ekelhaft", ordnete sie an und ging in die Küche.

Dort nahm sie zwei Löffel aus einer Lade und öffnete eine der kleinen Schachteln, die sie mitgebracht hatte. Patchou sah ihr zu, wie sie zwei Tabletten zwischen die Löffel legte und zerdrückte. Das so gewonnene Pulver vermischte sie mit etwas Wasser zu einem Brei und ging damit zu Nick zurück.

Sie befahl Patchou, ihn aufzurichten und flößte ihm das Ganze vorsichtig und mit viel gutem Zureden ein. Stirnrunzelnd betrachtete sie ihn und sagte dann: „Gut. Wenn du Glück hast, war es das."

„Und wenn nicht?"

„Dann nimmst du das." Sie öffnete die zweite Medikamentenschachtel. Darin lagen drei fertige Injektionsspritzen mit Nadeln.

„Das ... das ... kann ich nicht", flüsterte Patchou heiser.

„Oh doch, das kannst du. Ich konnte es auch", entgegnete Madelon trocken. „Wenn er die Tabletten innerhalb einer Stunde erbricht, musst du den Arm abbinden ..." Sie sah sich suchend um, griff nach dem Riemen eines Fotoapparates und zog die Decke weg. Einen Augenblick starrte sie auf das schmutzige, zerfetzte Hemd, dann fing sie sich und streifte den Ärmel zurück.

Patchou hörte mit wachsendem Entsetzen zu, wie sie von Venen, Desinfektionspads und Einstichtechniken sprach. Sein Gesicht war grau. „Woher weißt du das alles?"

„Vom Arzt, der mir das Valium verkauft hat. Er besorgt uns Mädchen auch Appetitzügler, Prozac, Captagon und was wir sonst wollen. Als es Nick das erste Mal so schlecht ging, hab ich ihn angerufen. Er hängt selber an der Nadel, der Arzt meine ich", fügte sie hinzu und steckte die Spritzen wieder in die Schachtel zurück.

„Das erste Mal", wiederholte Patchou dumpf. "Wie oft ..."

„Dreimal seit Weihnachten", entgegnete sie und fügte angesichts seiner ungläubigen Miene spitz hinzu: „*Ich* war nicht auf Reisen."

Sie löste den Riemen von Nicks Arm. „Er trägt noch immer die Kleider von der Premiere und stinkt wie ein Clochard. Was ist passiert?"

„Ich weiß es nicht."

Madelon deckte Nick wieder zu. „Das Letzte, was ich von ihm gesehen habe war, wie er seinem kleinen Frauchen durch die geheiligten Hallen der Pariser Oper nachhetzte. Kannst du dir das vorstellen? Nick, der sich normalerweise bewegt wie eine Weinbergschnecke vor der Pensionierung, im Laufschritt durchs Foyer?"

Sie strich ihm das Haar aus dem Gesicht. „Hast dir an deinen frischen Himbeeren ganz schön den Magen verdorben."

„Was?"

„Ach nichts." Madelon stand auf. „Warum ist Madame Bandier nicht da? Immerhin könnte sie sich jetzt wichtigmachen und ich müsste dir keinen Crashkurs zur Verhinderung von Lungenembolien bei intravenös verabreichten Injektionen geben."

„Ich hab sie nicht erreicht."

Mit in den Bund der Jeans gehakten Daumen fixierte sie ihn. „Und du bist nicht wirklich traurig darüber, mein Lieber, nicht wahr? Du willst nicht, dass sie ihn so sieht."

Patchou seufzte. „Schon möglich."

„Er hat sie gezeichnet – in *meinem* Brautkleid. Wusstest du das?"

„Ich hab die Entwürfe gesehen, aber mir war nicht klar, ob er es tat ..."

„... um mich zu ärgern, das war auch mein erster Gedanke. Aber Fakt ist, er hat es nicht gesehen, bis ich ihn praktisch mit der Nase darauf gestoßen habe. Es hat ihn also endlich selbst erwischt. Dass ich das noch erleben darf." Sie griff nach ihrer Tasche und hängte sie über ihre Schulter. „Gut. Er hat das Zeug eine halbe Stunde drinnen behalten, sieht aus, als ob du Glück hast. Und wenn nicht, ruf seine Krankenschwester an. Wie heißt es so schön? In guten und in schlechten Zeiten."

Patchou ging mit ihr zur Tür. Sie sah auf ihre Armbanduhr. „Aber das ist nicht mehr mein Problem. Ich hoffe, ich krieg das Bier, das Ari so mag, und den Rohschinken ...", murmelte sie vor sich hin, brach aber ab, als sie Patchous Gesichtsausdruck bemerkte.

„Du brauchst gar nicht so blöd zu gaffen. Ari ist tausendmal mehr wert als Nick."

„Sicher", entgegnete Patchou. „Vielleicht millionenmal mehr."

Madelon ließ die Tasche zu Boden plumpsen und sah ihn böse an. „Netter Scherz. Sehr originell. Hör gut zu, du superschlauer Knipserkönig. Ich werde dir noch ein paar Wahrheiten enthüllen."

Sie fuhr sich durchs Haar, und bückte sich, um Zigaretten aus der Tasche zu holen. „Vorige Woche hab ich mit Vasseur die Studioaufnahmen für *Sunset* gemacht. Dieser Idiot ließ mich ein und denselben Satz sechs Stunden lang wiederholen und war noch immer nicht zufrieden." Nervös zündete sie sich eine Zigarette an. „Der Bursche ist übrigens keiner von denen, die auf Männer stehen, weil's gerade schick ist. Der ist ein Hardliner und Nick wird sich noch gewaltig wundern", prophezeite sie düster. „Ich war also knapp an einem Nervenzusammenbruch, schloss mich in einem Zimmer ein und rief Nick an." Sie blies den Rauch weg und fixierte Patchou. „Nick sagte, ich soll mich nicht so anstcllen, wenn der Spot wegen mir nicht fertig wird, krieg ich ein Pönale, das sich gewaschen hat."

Sie griff nach dem Teller, den Patchou ihr hinhielt und schnippte die Asche drauf. „Dann rief ich Ari an. Er war gerade in einer Vorstandssitzung mit Air France, doch eine halbe Stunde später stand er in den Studios und erklärte Vasseur, dass für heute Schluss wäre, ließ sich auf keine Diskussionen ein, sondern sagte nur, dass er das Pönale zahlen werde. Anschließend fuhr er mich nach Hause und machte mir ein heißes Bad. Er hat mich abgetrocknet, ins Bett gebracht und zugedeckt wie ein Baby. Die ganze Nacht ist er bei mir geblieben. Ohne Sex." Madelon lehnte sich an die Wand. „Am nächsten Morgen begleitete er mich in die Studios und seine Anwesenheit allein genügte, um Vasseur in Schach zu halten. Ich bin fast neunundzwanzig Jahre alt und noch nie hat jemand so etwas für mich getan." Sie sah zu Boden. „Am Nachmittag hatte mich mein Gewissen soweit, dass ich Ari anbot, die Verlobung zu lösen, weil ich ihn ja doch nur enttäuschen würde."

Sie machte eine Pause. „Er hat nur gelacht. Er hat gewusst, dass ich ihn benutzt habe, um Nick zu bekommen. Aber er will mich trotzdem. Mich und nicht das Plakat an den Hauswänden. Seit dieser Nacht hat er mich nicht mehr alleingelassen. Ich will zu Hause sein, wenn er heute heimkommt. Ich will was draus machen, verstehst du?"

Patchou nickte. „Klar doch. Schön für dich."

„Noch was, Patchou, ich habe Nick wirklich geliebt. So lange, bis ich dahinter stieg, dass unsere Beziehung für ihn nur ein billiger Reklamegag war, der größere Schlagzeilen brachte. Trotzdem", schloss sie, „pass auf ihn auf, wenn ich nicht mehr da bin. Die Welt wäre ein Stück grauer ohne Nick Bandier."

Patchou ließ sich von ihr auf die Wangen küssen und lehnte sich betäubt von den Eröffnungen der letzten Stunden an die Tür. Aber die Realität hatte ihn wieder, als er hörte, wie sich Nick in seine Plastikschüssel erbrach.

SECHZEHN

Ein stechender Schmerz in der rechten Schulter weckte Patchou. Langsam öffnete er die Augen. Er lehnte am Fußende seiner Couch auf dem Fußboden. Die Couch war leer und er selbst plötzlich hellwach. Er brauchte zwei Versuche, um seine protestierenden Gelenke zur Arbeit zu zwingen. Gähnend streckte er sich und folgte dem Duft von frisch gebrühtem Kaffee in die Küche.

Nick saß neben der Filtermaschine auf einem Hocker und blätterte in einem Magazin. Er blickte auf. „Morgen, Patchou, wie geht's?"

,Nicht so gut wie dir', wollte Patchou antworten, nahm sich dann aber eine Tasse Kaffee und murmelte eine undeutliche Erwiderung. Aus müden Augen betrachtete er Nick. Er trug eines seiner karierten Flanellhemden, das ihm bis über die Knie reichte. Sein Haar war feucht, sein Gesicht sauber und unter seinen Augen lagen violette Schatten.

Patchou beugte sich zurück, nahm eine Flasche Evian aus dem Kühlschrank und stellte sie vor Nick auf die Anrichte.

„Madelon hat gesagt, du sollst viel trinken, sonst spielen deine Nieren verrückt", startete er seinen Angriff.

„Da holst du wohl besser deine Hausmarke", entgegnete Nick und schob die Flasche zur Seite.

„Ich bin nicht zu Scherzen aufgelegt", knurrte Patchou, griff nach Nicks Arm und schob den Ärmel hoch. Ein Handteller großer purpurner Fleck wurde sichtbar. „Nicht danach."

Nick befreite sich mürrisch, zog den Ärmel wieder nach unten und nahm die Kaffeekanne. „Mach nicht so ein Theater, es ..."

Patchou sprang auf und packte Nick am Kragen seines Hemdes. „Ich soll kein Theater machen? Du wärst letzte Nacht fast gestorben", brüllte er.

„Quatsch, ich hatte zu wenig Essen, zu wenig Schlaf und zu viel billigen Rotwein", erwiderte Nick unbeeindruckt und versuchte erfolglos Patchous Hände abzuschütteln.

„Madelon hat gesagt, es ist das vierte Mal in sechs Monaten. Nick, du bist ein gottverdammter Junkie."

„Und du der Erzengel Gabriel. Nimm deine Finger weg", fauchte Nick gereizt.

Schwer atmend trat Patchou einen Schritt zurück. „Schau mir in die Augen und sag mir, dass Madelon lügt."

Nick konzentrierte sich darauf, seinen Kaffee umzurühren. „Ich war überarbeitet. Unter Stress", erklärte er ruhiger. „Könnte ich so hier sitzen, wenn ich ein Junkie wäre?"

Patchou fuhr sich mit der Hand durchs Haar. „Was weiß ich. Seit ich zurück bin, kenne ich dich überhaupt nicht mehr."

Nick lehnte den Kopf an den Küchenkasten. „Was uns zum Thema zurückbringt. Nachdem Madelon hier war und nicht mein geliebtes Eheweib, nehme ich an, du hast ihr den Scheck in die Hand gedrückt und sie verabschiedet."

Patchou packte seine Tasse und flüchtete ins Wohnzimmer, wo er die Decke hinter und sich selbst auf die Couch warf. Nick folgte ihm und setzte sich ihm gegenüber.

„Das hast du doch?", wiederholte er.

„Ich hab sie nicht erreicht", sagte Patchou lahm.

Nick seufzte. „Gut, dann ruf sie jetzt an. Ich muss mich umziehen, aber nicht solange sie in meiner Wohnung ist."

„Wovor hast du solche Angst, Nick?", fragte Patchou schneidend. „Davor, dass dir jemand etwas bedeuten könnte?"

„Nein, davor habe ich keine Angst, aber davor, was dieser Jemand damit anstellt", entgegnete Nick trocken. „Ich habe zu oft miterlebt, was passiert, wenn eine Frau dahinterkommt, dass sie Macht über einen Mann hat. Und das werde ich mir nicht antun."

„Es geht nicht in meinen Kopf. Du liebst sie, sie liebt dich. Und weil du das nicht auf die Reihe kriegst, schickst du sie weg?"

„Du bist ein hoffnungsloser Romantiker, und du bist im Irrtum. Sie liebt nicht mich. Sie liebt das Gefühl, verliebt zu sein. Und sie will den verdammten weißen Ritter, den sie alle wollen, aber nicht mich. Alles, was sie von mir weiß, und das ist bei Gott nicht viel, verachtet sie."

Patchou runzelte die Stirn und dachte an Madelons Worte: „Er will mich – nicht das Bild an der Wand."

Wenn das der Schlüssel zu allem war, lag Nick womöglich nicht so falsch mit seiner Behauptung. „Du hast ihr nicht viele Chancen gegeben, etwas über dich zu erfahren. Etwas, das nicht in den Klatschspalten steht."

Nick legte den Kopf in den Nacken. „Wenn sie wüsste, wie ich bin, würde sie schreiend wegrennen. Jeder würde das."

„Ich bin noch hier", entgegnete Patchou. „Und Madelon wäre auch noch hier, hättest du ihr keinen Fußtritt gegeben."

Nick warf ihm einen ironischen Blick zu. „Du bist eben vertraglich an mich gebunden."

„Im Ernst, Nick, wenn du dich nicht drauf einlässt, wirst du es nie wissen", stellte Patchou nüchtern fest.

„Ich will nicht", beharrte Nick störrisch. „Ich will, dass alles wieder so ist wie früher. Ich muss niemanden etwas beweisen."

Patchou war mit seiner Geduld am Ende. „Wie du meinst." Er packte die Medikamentenschachteln, die auf dem Tisch lagen und hielt sie Nick unter die Nase. „Ich bin dabei dein Handlanger. Aber ich werde nicht dein Handlanger sein, wenn du einem netten Mädchen aus Feigheit und Bequemlichkeit das Herz brichst. Dafür übernimmst du ganz alleine die Verantwortung."

Wütend sprang er auf, lief ins Badezimmer und knallte die Tür zu. Er musste sich beruhigen, sonst würde er seine Fäuste benutzen, um Nick zur Vernunft zu bringen. Nachdem er einige Male tief durchgeatmet hatte, setzte er sich auf den Rand der Badewanne und dachte nach.

Nicks messerscharfe Beobachtungsgabe gepaart mit seinem analytischen Verstand ergab ein Instrument von tödlicher Präzision und dieses Instrument richtete sich jetzt gegen ihn selbst. Und statt Herzchen in den Augen und ein Liedchen auf den Lippen zu haben, verweigerte er sich und ging auf Distanz aus Angst, dem Ganzen nicht gewachsen zu sein.

Patchou drehte die Schachtel Valium zwischen den Fingern. Dieses verdammte Teufelszeug. Aber wenn Nick wirklich abhängig war, dann könnte er jetzt nicht draußen sitzen und Kaffee schlürfen als wäre nichts geschehen. Außerdem hatte die gute Madelon schon immer einen Hang zu Übertreibungen.

Ein Tablettenstreifen fiel aus der Packung auf die Fliesen des Badezimmers. Es war der Streifen aus dem Madelon gestern zwei Tabletten gedrückt hatte.

Jetzt fehlten vier.

Nick machte es sich auf Patchous Couch mit einer Flasche Cognac und einer Schachtel Keksen bequem und weigerte sich beharrlich, seine Wohnung zu betreten.

Patchou war der Diskussion müde und fing an seine Ausrüstung für das Fotoshooting im Rodinmuseum zusammenzustellen. Gerade als er eines der Objektive polierte, läutete es und Madame Aurore stand mit einem Koffer und einer in Alufolie verpackten Schüssel vor der Tür.

„Einen wunderschönen Vormittag, Monsieur Patchou", sagte sie freundlich und ging an ihm vorbei ins Wohnzimmer. „Monsieur Nick, ich habe alles, was sie am Telefon wollten und zusätzlich eine kleine Quiche."

„Madame Aurore, Sie sind die Beste", lobte Nick und ging mit dem Koffer ins Bad. „Jetzt kann ich mich endlich in einen Menschen verwandeln."

Als er nach einer kleinen Ewigkeit wieder auftauchte, trug er Hemd und Anzug. Nach kurzem Stöbern förderte er aus den Taschen des Sakkos einige Halsketten zu Tage, die er umlegte.

Patchou stellte zwei silberne Koffer samt Stativ neben die Tür. „Ich fahre zum Hôtel Biron. Kommst du mit?"

„Warum nicht. Ich muss mich langsam nach einem neuen DOBAN Mädchen umsehen", entschied Nick und nahm das Zigarettenetui und die Brieftasche, die ihm Madame Aurore reichte. „Können wir Sie irgendwo absetzen?"

„Nein, vielen Dank. Ich habe eine Verabredung mit einer Freundin, ganz in der Nähe."

Die Hitze lag an diesem Sommertag drückend über der Stadt. Patchou holte sein Lieblingsspielzeug, ein weißes Corvette-Cabrio mit roten Ledersitzen aus der Garage, fütterte die Musikanlage mit Jerry L. Lewis und ließ die Reifen quietschen.

Er alberte mit Nick herum, der sich zunehmend entspannte – so lange, bis er merkte, dass Patchou nicht zum Rodinmuseum fuhr. Als der Wagen vor dem Hôpital Forney hielt, brütete er schon eine gute Weile schweigend und sagte schließlich: „Du willst es einfach nicht verstehen."

Conny sah Patchou mit Nick über den Krankenhausflur auf sich zukommen und prompt beschleunigte sich ihr Herzschlag.

Patchou begrüßte sie mit einem Scherz, so als wäre überhaupt nichts geschehen. „Wir machen Aufnahmen für den neuen Katalog im Hôtel Biron. Ich dachte, du möchtest vielleicht gern mitkommen", meinte er fröhlich.

„Ich weiß nicht, ob ich so einfach wegkann. Da muss ich zuerst Dr. Lavanne fragen", entgegnete sie und ignorierte Nick bewusst.

„Das übernehme ich", sagte Patchou und marschierte zu der Tür, auf der „Dienstzimmer" stand.

Vorsichtig sah Conny zu Nick. Er trug einen schwarzen Anzug mit einem scharlachroten Hemd, riesige verspiegelte Sonnenbrillen und schätzungsweise fünf massive Goldketten um den Hals.

„Du siehst aus wie ein Zuhälter." Der Satz entschlüpfte ihr, bevor sie nachdachte.

„Dein Wortschatz erstaunt mich immer wieder", antwortete er und drehte sich zum Fenster.

Dr. Lavanne kehrte mit Patchou zurück und zwinkerte Conny zu. „Monsieur Malacru hat mich gebeten, für heute auf Ihre Dienste zu verzichten, Conny. Normalerweise ist das nicht üblich, das wissen Sie ja selbst, aber nachdem Sie in den letzten Tagen bis zum Umfallen gearbeitet haben, werde ich eine Ausnahme machen", teilte er ihr freundlich mit.

Ehe sich Conny bedanken konnte, hatte Nick sich wieder umgedreht. „Wie überaus gütig von Ihnen, Dr. Schiwago. Wer weiß, vielleicht trägt Ihr Engagement eines Tages doch noch Früchte."

Dr. Lavanne musterte ihn durch seine dünnen Brillengläser. Er war ein hochgewachsener Mann Ende dreißig mit kurzgeschnittenem dunklen Haar und wachen, hellblauen Augen. „Nach allem, was ich gehört habe, müssen Sie Bandier sein. Jetzt ist mir auch klar, warum Conny ihre Zeit lieber hier verbringt als mit Ihnen", stellte er fest und drückte Connys Hand. „Ich bin immer für Sie da, vergessen Sie das nicht."

Nachdem Conny sich umgezogen hatte, setzte sie sich auf den Beifahrersitz der Corvette und warf Nick nur einen temperierten Blick zu. Patchou versuchte einige Male eine Konversation in Gang zu bringen, kapitulierte aber bald und drehte wieder das Autoradio auf.

In der Rue de Varenne standen bereits jede Menge Lieferwagen mit DOBAN Zeichen. Conny folgte den beiden Männern in den Park des Rodinmuseums, wo Arbeiter in weißen Overalls Beleuchtungskörper, Vorhänge und andere Requisiten vorbeitrugen. Patchou verschwand mit den anderen Fotografen und Conny blieb neben Nick stehen, der die Hände in den Taschen seiner Hose vergraben hatte.

Neugierig betrachtete sie die Statuen und Plastiken, zwischen denen Models posierten und nach Anweisung der Fotografen mehr oder weniger gelungene Verrenkungen ausführten. Ihr Blick glitt zum Eingang des Gebäudes und das Lächeln auf ihren Lippen erstarrte.

„Das ... das gibt's doch nicht", stammelte sie tonlos.

Nick sah in ihre Richtung, hatte keine Ahnung, worum es ging und erklärte deshalb: „Das ist die Herbst-Winterkollektion, darum tragen sie im Juli Pelze."

„Es ist mir völlig gleichgültig, für welche Jahreszeit das sein soll. Kein Mensch kann mit gutem Gewissen Pelze tragen. Dafür wurden Tiere ermordet, eiskalt für Profitzwecke umgebracht", keuchte sie, atemlos vor Empörung.

„Isst du etwa kein Fleisch, werden dafür keine Tiere getötet?", fragte Nick ruhig.

„Oh, natürlich, das Argument zieht immer. Aber es ist wie mit einem Stapel Fünfhundert-Francs-Scheine. Die obersten braucht man zum Überleben, aber die untersten nur mehr fürs Vergnügen. Es ist mir nicht bekannt, dass die Menschheit heutzutage erfrieren müsste, wenn sie keine Pelze trägt."

„Vielleicht möchten sich aber nicht alle Menschen in Lambswool oder Alpaka kleiden. Jeder sollte die Freiheit haben, selbst darüber zu entscheiden."

„Das einzige Lebewesen mit dem Recht, Pelz zu tragen, ist jenes, das damit zur Welt kommt", stellte Conny kompromisslos fest. „Und wenn du deine Position dazu missbrauchst, dieses sinnlose Töten gutzuheißen, dann klebt an deinen Händen genau so viel Blut, wie an jenen, die die Tiere häuten, noch bevor die Körper kalt sind."

Inzwischen hatten sich die Anwesenden um sie herum versammelt und verfolgten interessiert die Debatte.

„Stan, die Tiere stammen aus eigenen Züchtungen ..."

„Ach, ist sterben einfacher, wenn man die Freiheit nicht kennt?", fragte sie ironisch.

Er bohrte die Hände in die Hosentaschen und holte tief Luft. „Unsere Epoche erhebt nun einmal gewisse Ansprüche an Kultur und Lebensart. Wir erfreuen uns eben an schönen Dingen. Pelze in ihrer enormen Vielfalt bieten nahezu unbeschränkte Möglichkeiten in der Verarbeitung und ...“

Sie konnte es nicht glauben. Er hatte so viel Gefühl wie ein Stück Holz, für ihn waren Pelze nichts anderes als totes Material für seine Arbeit. Vor Abscheu begann sie zu zittern.

„Was bist du nur für ein ekelhafter Opportunist. Wenn es deinem ästhetischen Empfinden gefällt, ließest du wehrlosen Babys Hände und Füße abhacken, um daraus Modeschmuck zu kreieren Und dich für deinen Einfallsreichtum in allen Zeitungen feiern.“ Sie schwieg erschöpft. Die Gefühle, die sie bewegten, leuchteten aus ihren Augen, die sie jetzt über die Umstehenden wandern ließ. Aber sie alle betrachteten Conny nur verständnislos.

„Fahrt doch zur Hölle, ihr gefühllosen, kranken Monster“, sagte sie leise und rannte aus dem Park in die Rue de Varenne und von dort auf den Boulevard des Invalides. Dem Taxi, das sie aufhielt, nannte sie die Rue Hugot als Fahrziel, wo sich ihr Appartement befand.

Zwei Stunden, nachdem sie die Türe hinter sich geschlossen hatte, griff sie zum Telefon und wählte eine Reihe von Nummern, unter denen Nick erreicht werden konnte. Schließlich hatte sie Patchou am Apparat. „Ja, Nick ist da. Einen Moment, ich hole ihn.“

Kurz darauf hörte sie Nicks Stimme. „Was gibt's, Stan?“

Mit klammen Fingern hielt sie den Hörer fest. „Ich bin wieder in meinem Appartement. Ich komme nicht mehr zu dir zurück. Meine Sachen hole ich mir irgendwann ab.“

„Gut. Ich habe verstanden. Viel Glück“, antwortete er und legte auf, bevor sie noch etwas sagen konnte.

Nick wandte sich an Patchou. „Sie ist weg, ganz ohne deine Hilfe, mein Bester. Ich hab mein Leben zurück, das muss gefeiert werden. Sag den anderen, der Boss schmeißt heute eine Lokalrunde.“

SIEBZEHN

Obwohl Conny es nicht für möglich gehalten hatte, drehte sich die Welt auch ohne Nick Bandier weiter. Yvette kümmerte sich aufopfernd um sie, verstrickte sie in allerlei Aktivitäten oder hörte einfach zu, wenn Conny sich all ihren Frust von der Seele reden wollte.

Mittlerweile war Yvette ganz zu Jean-Pierre gezogen, vermied es aber taktvoll, irgendwelche Berichte aus dem DOBAN-Lager zu geben. Das Einzige, was sie erwähnte, war die Party der Fotografen anlässlich des Nationalfeiertags und prompt rief Patchou am elften Juli bei Conny an, um sie einzuladen.

„Du kannst beruhigt sein, Madelon heiratet am Sechzehnten und sie findet es schick, ihren Abschied vom Singledasein am Vierzehnten zu feiern. Nick kommt also garantiert nicht zu unserer Party, er ist ihr schon die letzten Jahre ferngeblieben. Zuwenig Schnaps und Drogen."

„Wenn es so ist, komme ich gerne, vielen Dank für die Einladung", erwiderte Conny.

Am Vorabend erstand sie in einer kleinen Boutique ein rotes Kleid im Stil der fünfziger Jahre mit dünnen Trägern und einem riesigen Petticoat. Dazu leistet sie sich ein paar hochhackige Sandalen à la Marilyn Monroe und als sie sich im Spiegel betrachtete, war sie recht zufrieden mit sich.

Im Unterschied zu den Atelierpartys im Maison DOBAN gab es bei den Fotografen außer diversen Cocktails auch verschiedene Limonaden und Fruchtsäfte, und Conny sah nirgendwo Kokain herumstehen.

Irgendjemand grub einen Haufen alter Singles aus und kurz darauf tanzten sich alle bei Chuck Berry und Co die Seele aus dem Leib. Gerade als sich Conny bei einem Glas Seven-Up erholte, gesellte sich Patchou, der den ganzen Abend nur Augen für Isabelle gehabt hatte, zu ihr. „Du bist also ein Boogie-Fan. Die nächste Nummer gehört mir, aber sei gewarnt, ich habe diese Musik mit der Muttermilch aufgesogen."

Conny lachte und ihre Augen blitzten, als sie ihm zur Tanzfläche folgte, um bei *Chantilly Lace* die ausgefallensten Figuren zu absolvieren. Als die Musik endete, lehnte sie sich erschöpft an ihn, ohne zu merken, dass er quer über die Tanzfläche zum Eingang starrte und die Brauen zusammenzog.

Nick stand, behängt mit mehr Lametta als ein Weihnachtsbaum am fünfundzwanzigsten Dezember, neben der Tür. Ihre Blicke trafen sich und Patchous Augen verengten sich zu schmalen Schlitzen.

Das war eine klare Ansage.

Nick wollte spielen.

Nach seinen Regeln.

Konnte er haben.

Der verdammte Idiot.

Conny hob den Kopf und lächelte Patchou an, als er den Arm um ihre Schultern legte. Erst jetzt bemerkte sie Nick, der an der improvisierten Bar auf einem Hocker saß.

Hatte sie bisher Rot für seine Farbe gehalten, wurde sie jetzt eines Besseren belehrt. Er trug einen leuchtend kobaltblauen Overall, der mit goldenen Tressen, Schnallen und Epauletten verziert war. In der Hand hielt er eine fast dreißig Zentimeter lange Zigarettenspitze und über den ganzen Raum, der zwischen ihnen lag, hörte Conny die Luft knistern, als er zu ihr sah.

Gemeinsam mit Patchou, dessen Arm noch immer auf ihren Schultern lag, ging sie auf Nick zu, der theatralisch die Hand ausstreckte.

„Patchou, mein Bester, hast du nur dieses widerliche süße Zeug hier?", rief er. Seine Pupillen sahen aus wie große schwarze Murmeln.

„Ich glaube, du hast genug, in jeder Beziehung", entgegnete Patchou ruhig.

„Soll das heißen, du weist mir die Tür?", fragte Nick beleidigt.

„Nur, wenn du Ärger machst", antwortete Patchou und wollte sich mit Conny entfernen.

„Halt, halt, nicht so schnell, Kinder. Vielleicht möchte mein kleines Frauchen einmal mit ihrem Ehemann ein Tänzchen wagen, na, wie wär's Stan?", fragte er mit einer schiefen Verbeugung.

Ungerührt sah sie ihn an. „So voll wie du bist, kannst du nicht einmal mehr stehen", meinte sie kalt und Nick zuckte die Schultern.

„In der Horizontalen war ich ohnehin immer besser", kicherte er und schien das so lustig zu finden, dass er sich nicht mehr beruhigen konnte.

Conny nahm Patchou am Arm und zog ihn weg.

„Es tut mir leid, aber ich habe wirklich nicht damit gerechnet, dass er hier aufkreuzt."

„Schon gut, du kannst nichts dafür und es ist ja auch egal", beruhigte sie ihn, aber ihre gute Laune war dahin, vor allem, weil sie zum ersten Mal Zeuge wurde, was es hieß, Nick Bandier auf großer Pirsch zu erleben.

Zehn Minuten nachdem sie ihn an der Bar verlassen hatten, war er von einem Damenflor umringt, auf den sogar James Bond neidisch geworden wäre. Weitere zehn Minuten später saß eines der Mädchen auf seinem Schoß und fütterte ihn mit Knabbergebäck, während seine Hand unter den nicht vorhandenen Minirock rutschte.

„Hoffentlich zerreißt er der Schlampe mit seinen Ringen die Strümpfe", dachte Conny böse.

Ein anderes Mädchen reichte ihm mit einem verführerischen Blick ein Cocktailglas und wurde dafür mit einem langen, innigen Kuss belohnt.

Vor Connys Augen begannen rote Sternchen zu kreisen und sie ballte die Hände zu Fäusten, um die Schoßsitzerin nicht an den Haaren von Nick wegzuzerren. Patchou, der wieder zu ihr getreten war, sagte etwas, das sie nicht gleich verstand, also griff er nach ihrer Hand und zog sie mit sich zur Tanzfläche, wo sich bereits einige andere Pärchen zu einer langsamen Melodie bewegten. Er legte die Arme um sie und hüllte sie in eine Wolke Patchouli. Conny hob den Kopf und sah direkt in seine tiefblauen Augen. Langsam beugte er sich zu ihr und berührte mit seinen Lippen ihren Mund.

Sein Kuss war sanft und zärtlich und hatte auf sie die gleiche verheerende Wirkung wie lauwarmer Kamillentee. Voller Verzweiflung krallte sie die Finger in sein dichtes Haar und erwiderte seinen Kuss mit all ihr zu Gebote stehender Leidenschaft, aber es funktionierte nicht.

Resignierend vergrub sie ihr Gesicht zwischen seinem Hemd und seinem Bart und schluchzte hemmungslos, halb aus Scham, halb aus Frustration, während Louis Amstrong ungerührt von seiner *Wonderful World* sang. Patchou streichelte ihren Rücken, drehte sie dabei so, dass Nick nur eine leidenschaftliche Umarmung zu sehen bekam und flüsterte halblaut: „Alles wird gut."

Aber als sie sich beruhigt hatte und an Patchou vorbei zu Nick spähte, musste sie feststellen, dass das Mädchen auf seinem Schoß sich nicht mehr damit begnügte ihn mit Chips vollzustopfen, sondern dass sie ihre Hand unter sein Hemd geschoben hatte und an seinem Ohr knabberte, während er einer anderen Frau seine Zigarettenspitze reichte, aus der sie einen tiefen Zug machte, um sie ihm mit einladend geöffneten Lippen zurück zu geben.

„Komm, wir sehen uns das Feuerwerk an", schlug Patchou vor, nahm sie an der Hand und seine Jacke vom Haken, und bevor Conny einen Einwand bringen konnte, lief sie mit ihm den Boulevard St. Jacques hinunter zu den Quais, wo sie sich in der Menschenmenge verloren.

In weiterer Folge bekam Conny weder vom Feuerwerk noch vom Tanz bei der Feuerwache sehr viel mit. Schließlich saß sie mit Patchou in einem kleinen Café im Marais und jeder hing seinen Gedanken nach.

Conny wurde sich mit schmerzhafter Klarheit bewusst, dass sich an ihren Gefühlen für Nick trotz all ihrer Bemühungen nichts geändert hatte, nicht wenn er sie so leicht verletzen konnte. Und die Konsequenz, die sich daraus ergab, war, dass sie nicht über ihn hinwegkam, solange sie hier in Paris blieb. Paris war seine Stadt, und auf Schritt und Tritt stolperte sie über seine Spuren.

Patchous Gedanken kreisten ebenfalls um Nick und dessen heutigen Auftritt. Er wusste, dass Nick am Beginn seiner Karriere seinen Ruf als unwiderstehlicher Verführer hegte und pflegte und mit wahrer Leidenschaft an der Fama seiner sexuellen Unersättlichkeit wob. Irgendwann erreichte er damit den Punkt, an dem die Geister, die er rief, sich auf ihn selbst stürzten und Dinge, die ihn zuerst amüsiert hatten, langweilig bis lästig wurden.

Er selbst hatte oft genug miterlebt, wie Nick – lange bevor Conny auftauchte – zwar bei Partys den anwesenden Frauen die unverschämtesten Avancen machte, aber in den frühen Morgenstunden genauso verschwand, wie er abends erschienen war: ohne Begleitung.

Patchou gestand Conny zu, ihre Sache gut begonnen zu haben, aber mittlerweile schoss sie damit weit übers Ziel hinaus. Er hatte von der Szene im Hôtel Biron nur gehört, aber niemals würde Nick darüber hinwegsehen, wenn sie seine Arbeit schlechtmachte. Design lag ihm im Blut. Ob er Kleider, Zahnprothesen oder Klobrillen entwarf, war dabei Nebensache.

Patchou seufzte und beschloss, sich nicht weiter einzumischen. Schließlich war er kein Eheberater. Die beiden mussten zusehen, wie sie ihre Beziehung selbst auf die Reihe brachten. Oder damit scheiterten.

Wie auch immer, er würde sich um seine eigenen Angelegenheiten kümmern und seine Angelegenheit war eine entzückende Blondine mit bernsteinfarbenen Augen, die erfreulicherweise alles andere als gleichgültig dreingeschaut hatten, als er mit Conny das Fest verließ. Er streckte sich gähnend, ganz versunken in rosige Zukunftsperspektiven.

Conny sah ihn an. „Ich werde versuchen, ein paar Stunden Schlaf zu kriegen. Was ist mit dir?"

„Gut. Ich bring dich nach Hause." Mit einem Blick auf seine Armbanduhr stellte Patchou fest, dass es kurz vor zwei Uhr morgens war. Er hatte Nicks kreativem Verstand genug Beschäftigung verschafft. Während sie auf ein Taxi warteten, legte Patchou Conny seine Jacke um, da es merklich kühler geworden war.

„Lass mich beim Maison DOBAN raus. Nick ist um diese Zeit überall anders als dort und ich kann meine restlichen Sachen zusammenpacken."

„Soll ich dir helfen?", bot er halbherzig an, mit seinen Gedanken schon in den Studios bei Isabelle.

„Nicht nötig, danke."

Bevor sie ausstieg, küsste er sie auf die Wange. „Ich bin immer für dich da. Ruf einfach an, versprochen?"

Die Wohnung war dunkel und unheimlich still, aber Conny knipste trotzdem erst im Schlafzimmer die Beleuchtung an.

Die Reisetasche, in der sie ihre Sachen hergebracht hatte, lag in einem der Schränke und Conny stellte sie aufs Bett. Achtlos stopfte sie Kleider und Unterwäsche hinein, rollte ihre Toilettenartikel in ein Handtuch, das sie in die Tasche legte. Zum Abschluss kamen noch ihre Schuhe, dann sah sie sich um. Alles, was ihre Anwesenheit hier ausgemacht hatte, war so spurlos verschwunden, wie sie aus Nicks Leben verschwinden würde.

Sein roter Seidenmantel lag neben dem Bett und sie konnte der Versuchung nicht widerstehen. Langsam hob sie ihn auf, vergrub ihr Gesicht darin und blieb eine kleine Ewigkeit so stehen.

Schließlich riss sie sich los, warf den Mantel aufs Bett und griff nach der Tasche. Sie war schon fast bei der Tür, als sie den Lichtreflex einer glühenden Zigarette wahrnahm.

Überrascht ging sie darauf zu und fand Nick, völlig in Schwarz gekleidet, mit einer Flasche Cognac an der Wand neben der Panoramascheibe sitzen. Er hatte die Beine angezogen und stützte die Hand, die die Zigarette hielt, auf seine Knie. Sein Blick war auf die Silhouette der Dächer von Paris gerichtet, die sich irgendwo im Blaugrau der Nacht befinden musste.

Ohne den Kopf zu wenden, stellte er emotionslos fest: „An manchen Tagen hasse ich diese Stadt als wäre sie mein größter Feind, aber dann bin ich wieder überzeugt, nirgends anders leben zu können."

Conny wusste nicht, was sie darauf erwidern sollte und blieb abwartend stehen.

„Du hast deine Sachen zusammengepackt, dein Entschluss ist also endgültig."

Unschlüssig kam sie näher und sah durch die Glasscheiben auf die Lichter der Stadt. Sie zog Patchous Jacke enger um sich und hielt ihre Oberarme fest. Ihre Stimme klang leise und erschöpft als sie schließlich zu sprechen begann: „Als ich dich geheiratet habe, war ich sicher, dich genug zu lieben, um über alles andere hinwegsehen zu können. Über deine Arroganz, deine Kälte, deine grausame Menschenverachtung. Aber ich habe mich geirrt."

Sie atmete tief durch. „Ich kann nicht mit einem Menschen deiner Moral leben. Du hast nicht die geringste Vorstellung, wie sehr du mich verletzt, wenn du mich betrügst. Und ich bin vollkommen wehrlos, weil es mir nicht hilft, aus Rache das gleiche zu tun. Ich fühle mich dann nicht besser, sondern nur schmutzig und leer. Du spielst mit Gefühlen, mit Lebewesen, mit Schicksalen", zählte sie auf und fuhr, da er nichts erwiderte, fort: „Irgendwann, Nick, kriegst du für all das die Rechnung. Frauen werden dir nicht mehr nachlaufen, weil du ein attraktiver Mann bist, sondern weil sie den berühmten Nick Bandier auf ihrer Liste abhaken wollen, auch wenn er ein morsches Wrack ist. Sie werden dich so benutzen, wie du sie jetzt benutzt – um ihr Selbstbewusstsein zu heben."

„Glaubst du wirklich, dass Frauen völlig uneigennützig mit mir ins Bett gehen, nur weil ich ein attraktiver Mann bin?", fragte er zynisch. „In jedem dieser hübschen hohlen Köpfchen spukt doch der Gedanke, einen Job bei DOBAN zu bekommen, ein Foto in einer Gesellschaftskolumne oder zumindest ein Modellkleid."

„Mir war immer gleichgültig, wer du bist oder was ich von dir bekommen könnte", unterbrach sie ihn aggressiv.

„Das glaube ich dir aufs Wort."

Sie legte den Kopf schief. „Wie kannst du vor dir selbst Achtung haben, wenn du weißt, dass eine Frau nur mit dir schläft, weil sie sich etwas davon erwartet?"

„Ich bin ein Mann und wie den meisten Männern ist es mir verdammt egal, warum Frauen in mein Bett kommen – solange sie nur kommen", meinte er spöttisch und nahm einen Schluck Cognac.

„Fein, dann wirst du ja auch in Zukunft keine nennenswerten Probleme haben", sagte sie sarkastisch.

Er lehnte den Kopf an die Wand und betrachtete ihr Profil. „Du hast lange genug mit mir gelebt, um zu wissen, was du von mir erwarten kannst und was nicht. Ich kann dir kein kleines, spießiges Glück geben, mit einem Häuschen im Grünen, zwei netten Kindern und einem zotteligen Hund. Ich kann nicht jeden Morgen mein Aktenköfferchen nehmen, für zehn Stunden verschwinden und mich beim Abendessen erkundigen, wie denn dein Tag so war. Und ich will kein Leben führen, dessen Höhepunkt darin besteht, dienstags und freitags in geblümter Baumwollbettwäsche im Dunkeln zehn Minuten Sex zu haben."

Seine Stimme klang so unbeteiligt, als lese er den Branchenteil des Telefonbuchs vor und Conny lief eine Gänsehaut über den Rücken. Würde er toben, schreien oder sie beschimpfen, damit konnte sie umgehen, aber diese ruhige, monotone Stimme brachte sie zur Weißglut.

„Wie kannst du bloß so verdammt gleichgültig sein", zischte sie und kniete sich vor ihm nieder, damit ihr keine Regung seines Gesichtes entging. Nur, da war keine.

„Was ist los mit dir? Bist du tot, ein Zombie? Hast du wirklich deine Seele verkauft und befindet sich an Stelle deines Herzens eine Flasche Cognac und ein Röhrchen Valium?", schrie sie und starrte in seine Augen, die noch immer wie riesige dunkle Teiche wirkten. Wütend und frustriert hob sie die Hand und schlug ihm ins Gesicht. „Sag mir doch, fühlst du etwas, *irgendetwas*", schluchzte sie und begann vor Verzweiflung mit beiden Fäusten auf seine Brust zu hämmern.

Er griff nach ihren Handgelenken, zog ihren Kopf an seine Schulter und hielt sie fest, bis ihre Tränen alle geweint waren. Nachdem sie sich beruhigt hatte, sagte er leise: „Ich bin was ich bin, und ich kann mich nicht aufgeben. Wenn du aus demselben Grund gehen musst, dann verstehe ich es."

Es war sinnlos. Conny machte sich von ihm los und stand auf. Sie schloss die Jacke, strich das Kleid glatt und wandte sich zur Tür. Seine Stimme ließ sie noch einmal innehalten. „Das Parfum, das du trägst, steht dir nicht."

Sie sah ihn an, als hätte er endgültig den Verstand verloren. Ihre Welt lag in Trümmern und das Einzige, was ihm einfiel war, dass er ihr Parfum nicht mochte. Noch dazu hatte sie heute gar keines verwendet.

„Leb wohl, Nick."

Und er wiederholte jene beiden Worte, die sie inzwischen zu hassen gelernt hatte: „Viel Glück."

Die nächsten Tage machten es Conny unmöglich, am Namen Nick Bandier vorbeizukommen. In allen Medien wurde in großer Aufmachung über Madelon Fenchettes Hochzeit mit Ari Pantopolous berichtet.

Und überall war ein strahlender, überschäumender Nick zu bewundern, während sich Conny die Augen aus dem Kopf heulte. Gerade als sie die *Marie-Claire* verstimmt zuschlug, läutete das Telefon.

„Hallo, Conny, wie geht's?", fragte Patchou.

„Danke, schlecht", antwortete sie einsilbig und hörte zu, wie er diverse Nebensächlichkeiten ausbreitete, bevor er zum Kernpunkt kam. „Nick säuft sich zu Tode."

„Das ist nicht gerade die Neuigkeit des Jahres", erwiderte sie ungerührt. „Nach all den hübschen Bildern in den Zeitungen zu urteilen, hält er schon noch ein paar Jahre durch."

„Héléna hat ihn zwei Stunden bearbeitet, länger als sie für Madelon brauchte."

„Es interessiert mich nicht. Für mich ist die Sache erledigt. Ich weiß, du meinst es gut, aber wenn Nick etwas von mir will, muss er sich schon selber drum kümmern", antwortete sie scharf.

„Er hat noch nie in seinem Leben irgendjemand um irgendetwas gebeten und in der Verfassung, in der er ist, wird er jetzt nicht damit anfangen."

„Sein Problem."

„Verdammt, Conny, wenn dir auch nur die allerkleinste Kleinigkeit an ihm liegt, dann versuch's noch einmal mit ihm."

Conny begann die vor ihr liegenden Weintrauben zu zerdrücken.

„Nick zerstört sich selbst und nichts und niemand vermag ihn daran zu hindern. Ich bin vielleicht im Stande, seine Cognacflaschen aus dem Fenster und sein Kokain und das Valium ins Klo zu werfen. Aber innerhalb einer Stunde besorgt er sich neuen Stoff." Sie holte tief Luft. „Und ich habe nicht die Absicht mich und mein Leben von einem gefühlskalten, promiskuitiven, drogenabhängigen Alkoholiker kaputt machen zu lassen."

„Wenn er nur das wäre, würdest du ihn nicht lieben", sagte Patchou leise.

„Man kann die Sahara auch nicht mit einer Augentropfenpipette bewässern."

„Du bist viel stärker als er. Und er braucht jemanden, der stark ist. Gerade jetzt."

„Ich bin nicht stark, nicht wenn es um Nick geht. Da bin ich hilflos. Ich lasse mich verletzen, demütigen, manipulieren, es ...“

„Du bist die letzte Chance, die er hat.“

Zu ihrem Entsetzen merkte Conny, dass sie schon wieder weinte. „Hat er gesagt, du sollst mich anrufen?“, fragte sie mit einem winzigen Hoffnungsschimmer, den Patchou gleich wieder zerstörte.

„Nein, unser Verhältnis ist zurzeit nicht das beste. Er spricht momentan nicht mit mir“, sagte er seufzend. „Conny, es ist nicht einfach für dich, aber ich flehe dich an, komm zu ihm zurück.“

Conny starrte durch den Tränenschleier auf das Titelbild der *Vogue*, das Madelon in ihrem Hochzeitskleid zeigte und erinnerte sich, dass sie im Interview von einer ausgedehnten Weltreise, die sie mindestens ein Jahr von Paris fernhalten würde, gesprochen hatte. Sie schloss die Augen und flüsterte ins Telefon: „Was soll ich tun?“

Sie hörte, wie Patchou aufatmete. „Die neue Kollektion wird am Abend des achtundzwanzigsten Julis im Hotel *Rive Gauche Plaza* präsentiert. Wie jedes Jahr gibt es anschließend eine große Feier, weil Nick am neunundzwanzigsten Geburtstag hat. Du brauchst kein Geschenk, komm einfach vorbei.“

„Was soll ich anziehen?“, fragte Conny und wischte mit dem Handrücken die Tränen weg.

Patchou lachte. „Was immer du willst.“

Den ganzen achtundzwanzigsten Juli war Conny aufgeregt, als ginge sie zu ihrem ersten Rendezvous. Voller Enthusiasmus beschloss sie, diesmal vom Start weg alles anders zu machen.

Sie entschied sich, den schilfgrünen Overall, den Nick ihr nach ihrer ersten Nacht gegeben hatte, zu tragen. Ein Versöhnungsangebot, das er verstehen sollte, gleichgültig wie viel Cognac er bei ihrem Erscheinen intus hatte.

Während sie am Nachmittag ihrer Arbeit nachging, zählte sie die Minuten bis zu ihrem Dienstschluss um 18

Uhr. Die Ungeduld ließ ihr Herz schneller schlagen, und sie malte sich alle möglichen Szenarien aus, die allesamt mit Liebesschwüren, Tränen und leidenschaftlichen Küssen endeten.

Um 17 Uhr 30 setzte man die Klinik von einem Zugsunglück in Kenntnis, das sich im Gare de l'Est ereignet hatte. Ein Schnellzug war ungebremst auf einen im Bahnhof befindlichen Lokalzug aufgefahren. Drei Waggons sprangen aus den Schienen und kippten auf den Bahnsteig.

Das Hôpital Forney lag am nächsten, daher wurden die Schwerstverletzten hierhergebracht. Alle Ärzte und Schwestern, die keinen Dienst hatten, wurden telefonisch aufgefordert, sich sofort in der Klinik einzufinden.

Conny lehnte sich betäubt an die Wand. Vor Mitternacht würde sie von hier nicht wegkommen. Man hörte bereits die Sirenen der Rettungswagen und Conny rannte ins Schwesternzimmer, um in den Telefonbüchern nach dem „Rive Gauche Plaza" zu suchen. Rasch wählte sie die Nummer und musste sich einige Male verbinden lassen, bevor sich eine Stimme mit „Bandier" meldete.

Connys Herz schlug bis zum Hals, ihre Finger waren feucht. „Nick, ich bin's ...", sie brach ab, die Gedanken wirbelten in ihrem Kopf und sie bemühte sich, die Situation kurz und logisch zu erklären, als die Tür aufgerissen wurde und Dr. Lavanne brüllte: „Beeilen Sie sich gefälligst, Conny, alle warten auf Sie."

„Ich komme sofort, Dr. Lavanne, einen Moment noch", rief sie ihm nach, da er bereits wieder über den Flur eilte. Eigentlich war gestern sein letzter Arbeitstag gewesen. Am ersten August sollte er ein Entwicklungshilfeprojekt in Somalia übernehmen.

Vorbei an der geöffneten Tür wurden die ersten Bahren zu den Operationssälen geschoben und als Conny den Hörer wieder ans Ohr drückte, musste sie feststellen, dass Nick aufgelegt hatte.

Um sechs Uhr morgens verließ Conny das Krankenhaus. Sie war seit dreiundzwanzig Stunden auf den Beinen, und die Dinge, die in dieser Nacht geschehen waren, standen vor ihren Augen, sobald sie die Lider schloss.

Noch nie hatte sie Wunden und Verstümmelungen in diesem Ausmaß erlebt. Noch nie so viele Menschen vor Angst und Schmerzen schreien gehört. Noch nie zuvor hatte sie Menschen sterben sehen.

Während dieser Stunden war sie an einen Punkt gekommen, an dem sie völlig abschaltete, sonst wäre sie wahnsinnig geworden. Die frische, kühle Morgenluft begann ihre Erstarrung zu lösen und ihre Gedanken kehrten zu Nick zurück. Ins „Rive Gauche Plaza" zu fahren erübrigte sich, da die Feier sicher zu Ende war und Conny fühlte sich auch gar nicht in der Lage, jetzt unter Menschen zu sein. Sie war über die bloße Erschöpfung längst hinaus und statt Müdigkeit fühlte sie nur mehr eine nervöse Anspannung, die so stark war, dass ihre Hände zitterten. Sie entschloss sich, in Nicks Wohnung auf ihn zu warten. Ihr Plan war zwar ins Wasser gefallen, aber sie wollte mit ihm reden, ohne Spielchen, ohne Ausflüchte.

Das Taxi brachte sie in die Rue d'Arrasse. Im Maison DOBAN war alles still und dunkel. Conny streifte ihre Schuhe ab und ging in Nicks Arbeitszimmer.

Auf den Tischen standen volle Aschenbecher, benutze Gläser, halbleere Flaschen und das schwarze Chinalackkästchen, in dem Nick seinen Kokainvorrat aufzubewahren pflegte. Der Deckel war offen und etwas von dem weißen Pulver war auf der glatten Oberfläche des Tisches verstreut.

Erst jetzt bemerkte sie die herumliegenden Kleidungsstücke und langsam, fast widerwillig durchquerte sie den Raum und blieb beim Eingang zum Schlafzimmer stehen. Sie brauchte eine Weile um zu begreifen, was sie dort sah.

Dann wandte sie sich ab und ging zurück zum Tisch. Hier löste sie den Verschluss des Fußkettchens, das sie getragen hatte, seit Nick es ihr schenkte, ließ es mitten in das Kokain fallen und klappte den Deckel zu.

Bei der Tür schlüpfte sie in ihre Schuhe, nahm die Handtasche und verließ die Wohnung. Als sie auf der Straße stand, musste sie sich an der Wand abstützen, weil sich der Boulevard vor ihren Augen zu drehen begann.

Sie schloss die Augen und die Gräuel der vergangenen Nacht waren einem anderen Bild gewichen, dem Bild, das sich für Jahre in ihr Gedächtnis brennen sollte: Rote Seide, die wie Blut über die nackten, schlafenden Körper von Jacqueline Monteraux, Nick Bandier und Serge Vasseur floss.

ACHTZEHN

Wien, zehn Jahre später

Conny tastete nach dem unerbittlich klingelnden Telefon auf ihrem Nachttisch. Als sie es endlich geschafft hatte, den Hörer ans Ohr zu halten, brach ein Schwall französischer Worte über sie herein. Sie schielte auf den Wecker. Vier Uhr morgens.

Gähnend versuchte sie den Ausführungen zu folgen, was nicht einfach war, da sie seit Ewigkeiten kein Französisch mehr gesprochen hatte. Schließlich kapitulierte sie und befahl: „Doucement, je n'ai pas bien compris, veuillez le repeter encore une fois."

Der Mann begann von vorne: „Mein Name ist Jean Favras, ich bin Anwalt im Büro von Darius & Cie, Paris."

„Und was will Darius & Cie von mir, um diese Zeit?"

„Ich entschuldige mich nochmals für die frühe Störung, aber es handelt sich um einen Notfall. Ich habe eine Nachricht von unserem Klienten, Monsieur Dominic Bandier, die ich Ihnen sobald als möglich überbringen muss. Persönlich."

Conny schwieg und nahm den Hörer in die andere Hand. Jetzt war sie hellwach.

„Hallo, Madame Bandier, sind Sie noch am Apparat?"

Sie räusperte sich, aber ihre Stimme klang trotzdem heiser. „Ja, ich bin noch da."

193

„Ich bitte Sie darum, mich zu empfangen, Madame Bandier, damit ich Ihnen das Schreiben übergeben kann."

Der Mann hielt beharrlich sowohl an seinem Vorhaben, als auch an der unglücklichen Anrede fest. Aber er konnte natürlich nicht wissen, dass sie diesen Namen nach ihrer Zeit in Paris nicht mehr benutzt hatte. De facto war alles, was mit Nick zusammenhing in den hintersten, dunkelsten Winkel ihres Bewusstseins verbannt worden. Was nicht weiter schwer gewesen war, da nur ihre Heiratsurkunde, die in irgendeiner Mappe vergilbte, diesen Namen trug. An einen neuen Pass hatte sie in der Zeit mit Nick nicht gedacht, genauso wenig wie später an die Scheidung. Sie hatte die Monate mit ihm so gut aus ihrem Gedächtnis radiert, dass sie sie irgendwann tatsächlich vergessen hatte.

„Wo sind Sie denn?", fragte Conny vorsichtig, in der Hoffnung er wäre noch in Paris und sie hätte Zeit zum Überlegen.

„Ich bin hier am Flughafen, Schwechat, wie immer man das aussprechen mag. Ich kann innerhalb einer Stunde bei Ihnen sein."

„Sie werden mir am Telefon nichts Näheres sagen?"

„Nein, unmöglich, ich bedauere. Aber glauben Sie mir, Madame Bandier, die Sache ist wirklich sehr wichtig und sehr dringend."

Conny seufzte. „Meine Adresse ist Ihnen bekannt?"

Er bejahte und Conny legte stirnrunzelnd auf. Woher zum Teufel hatte er die Adresse und die Telefonnummer?

Gähnend streckte sie sich und überlegte, wie lange die Sache mit Nick zurücklag. Es erschien ihr Lichtjahre entfernt von ihrem heutigen Leben, so als wäre das alles gar nicht ihr selbst passiert.

„Nachdem du mir deinen Anwalt schickst, cher Nick, hast du vermutlich ein anderes bedauernswertes Wesen soweit, dich zu heiraten. An mir soll's nicht liegen, obwohl man das arme Ding vorher warnen sollte. Andererseits, mich hat auch keiner gewarnt."

Während sie die Filtermaschine mit Wasser und Kaffee füllte, kehrten ihre Gedanken wieder in die Vergangenheit zurück.

Fünf Stunden, nachdem sie Nick verlassen hatte, saß sie mit Henri Lavanne, der in einer Blitzaktion alles für sie regelte, im Flugzeug nach Mogadischu. Yvette löste später mittels Vollmacht ihr Appartement auf und übernahm ihre persönlichen Habseligkeiten. Nie wieder hatte sie Frankreich betreten, nie wieder etwas von Nick gehört.

In Mogadischu angekommen brachte man sie mit einem Hubschrauber zu einer medizinischen Station abseits jeglicher Zivilisation, deren Leitung Lavanne übernahm. Der Schnitt war hart und brutal, aber sie konnte damit leben. Zumindest so lange, bis sie dahinter kam, dass sie ein Kind erwartete. Lavanne wollte es erst glauben, nachdem er Conny untersucht hatte. Sie war im vierten Monat und er nahm ihr die Ahnungslosigkeit, mit der sie ihn nach Afrika begleitet hatte, nicht ab.

Nach zwei endlosen Tagen und zwei noch längeren schlaflosen Nächten, in denen sie ihre Lage von allen Seiten betrachtete, war es vorbei. Mit Schmerzen, Blut und Tränen verlor sie das Baby, das Letzte, was sie mit Nick verbunden hatte.

Lavanne versorgte sie so gut er es unter diesen Bedingungen konnte, bestand aber auf ihrer sofortigen Rückkehr nach Europa. Conny flehte ihn auf Knien an, bleiben zu dürfen und nach wortreichen Diskussionen brachte sie den Arzt dazu, einzuwilligen.

Dass seine Zustimmung nicht ganz selbstlos war, begriff sie in den folgenden Wochen und Monaten, und sie kam sich sehr schäbig vor, seine Gefühle nicht erwidern zu können. Den Ausweg aus dieser Situation bot ein Rot-Kreuz-Einsatz in Äthiopien.

Ihre Hände begannen zu zittern und um ein Haar wäre die Tasse zu Boden gefallen. Sie lehnte sich an den Schrank und schloss die Augen. Äthiopien. Dort hatte sie Tom zum ersten Mal gesehen.

Tom Arnsteiner, von allen deutschsprachigen Presse-agenturen heiß begehrter Auslandskorrespondent. Tom, der in Äthiopien war, um über Karl-Heinz Böhms Hilfsaktion zu berichten. Tom, der mit seiner Unbekümmertheit wieder das Lachen in ihr Leben zurückbrachte. Tom, mit dem sie eine gemeinsame Zukunft geplant hatte und der seit zwei Jahren tot war.

Sie war sich immer bewusst gewesen, dass jeder Kuss und jede Umarmung die Letzte sein konnte, aber als es dann wirklich so war, weigerte sich ihr Verstand die Wahrheit zu begreifen.

Conny ballte ihre zitternden Hände zu Fäusten. Sie hatte es geschafft, Nick zu vergessen, sie würde es auch schaffen, Tom zu vergessen.

Die Türklingel riss sie aus ihren Gedanken und sie musterte den Mann, der ihr gegenüberstand. Er mochte in ihrem Alter sein, trug sein mausbraunes Haar streng gescheitelt, einen dreiteiligen Anzug und einen Aktenkoffer in der linken Hand.

Die Rechte streckte er ihr entgegen und weder sein Lächeln noch seine fröhlichen Augen passten zu seinem Aufzug. „Guten Morgen, mein Name ist Jean Favras, wir haben miteinander telefoniert."

„Bitte, kommen Sie weiter."

Er folgte ihr in die Wohnung und schloss die Türe.

„Möchten Sie eine Tasse Kaffee?", bot ihm Conny im Wohnzimmer an und er nickte erfreut.

Sie reichte ihm eine gefüllte Schale. „Werden Sie mir jetzt mitteilen, worum es geht?",

„Natürlich." Er öffnete seinen Koffer. „Zuerst die Vollmacht, Monsieur Bandier und die Firma DOBAN in allen rechtlichen Belangen zu vertreten."

Conny studierte das Dokument. „Gut, ich nehme an, Monsieur Bandier will wieder heiraten und sich deshalb von mir scheiden lassen. Geben Sie mir nur die Papiere und zeigen Sie mir, wo ich unterschreiben soll. Während Sie den Kaffee trinken, bin ich damit fertig."

Favras blickte sie irritiert an und räusperte sich verlegen. „Nun, die Sache liegt geringfügig anders", meinte er. „Monsieur Bandier hat uns vor einigen Jahren genaue Anweisungen für den Fall seines Ablebens erteilt."

„Er ist tot?", platzte Conny heraus.

„Noch nicht ganz", bemerkte Favras trocken. „Er liegt seit drei Wochen im Koma und unsere Kanzlei hat beschlossen, Vorkehrungen für den schlimmsten Fall zu treffen."

Er reichte Conny, die seine Worte verarbeitete, einen Umschlag. „Monsieur Bandier hat angeordnet, dass Sie diesen Brief bekommen sollen."

Conny drehte ihn zwischen den Fingern. Links war „N. Bandier, 1, Rue d'Arrasse, 75006 Paris" aufgedruckt, in der Mitte hatte Nick in seiner flüssigen Handschrift „Constance Bandier" geschrieben. Mit dem Stil des Kaffeelöffels riss sie den Umschlag auf und überflog die kurze Mitteilung. „Wenn du das liest, bin ich dort, wo du mich immer haben wolltest. Der paar guten Momente willen, die wir hatten, bitte ich dich, den Anweisungen des Anwalts Folge zu leisten. Nick."

Conny blickte auf. „Welche Anweisungen haben Sie für mich?"

„Zunächst ersuche ich Sie, mich nach Frankreich zu begleiten, denn alles Weitere können wir nur dort in Angriff nehmen."

„Und wann soll das sein?"

„Ich bin mit dem DOBAN Firmenjet gekommen. Er wartet auf dem Flughafen."

Conny stand auf. „Gut. Ich muss in der Klinik anrufen, um mir frei zu nehmen und ein paar Sachen zusammenpacken. Es wird nicht lange dauern."

Favras sah ihr nach. Er war mehr als überrascht, dass die Sache so einfach sein sollte und griff nach dem Blatt Papier. Aber da der Brief auf Deutsch geschrieben war, legte er ihn mit einem bedauernden Seufzer wieder zurück und schickte ein stilles Gebet zu allen Heiligen, dass er Madame Bandier in den Jet brachte und sie die vorgeschriebene Flughöhe erreichten, bevor er die Bombe zünden musste.

„Wie haben Sie mich eigentlich gefunden?", wollte Conny wissen, als sie im Taxi nebeneinandersaßen.

„Monsieur Bandier wies uns seinerzeit an, mit Ihren Eltern in Salzburg Kontakt aufzunehmen. Von ihnen erfuhren wir gestern Abend, wo Sie sich aufhalten."

Im Stillen verfluchte Conny die Schlaftabletten, die sie genommen hatte. Mutsch rief sicher noch an, aber sie hatte es nicht gehört.

„Arbeiteten Sie schon für die Kanzlei Darius als Monsieur Bandier sie mit seiner Vertretung betraut hat?", fragte Conny weiter, weil das Datum auf dem Brief über fünf Jahre alt war. „Ich meine, was hat ihn bewogen, gerade zu dieser Zeit sein Testament zu machen?"

Mit einem Achselzucken antwortet Favras: „Ich kenne Monsieur Bandiers Beweggründe nicht. Tatsache ist jedenfalls, dass er diese Vorkehrungen traf, als er Paris endgültig verließ."

„Er lebt nicht mehr in Paris?", entfuhr es ihr überrascht. Nick und Paris, das war immer eine untrennbare Einheit gewesen.

Favras sah sie an. „Ich dachte, Sie wissen darüber Bescheid?"

„Ich habe die meiste Zeit im Ausland verbracht und darüber hinaus habe ich Monsieur Bandiers Lebenslauf nicht die geringste Aufmerksamkeit geschenkt", entgegnete Conny hochmütig und versuchte so unbeteiligt wie möglich zu klingen, als sie weitersprach. „Wohin ist er denn gegangen?"

„Monsieur Bandier lebte in den letzten Jahren auf einem Anwesen in der Bretagne, nahe der Ortschaft Trégoat", erklärte der Anwalt und Conny wusste nicht, warum es sie störte, dass Favras in der Vergangenheit sprach.

„Ein Anwesen?", wiederholte sie misstrauisch. „Sie meinen einen Landsitz?"

„Äh, nun, nicht direkt ..."

„Ein Bauernhof?", schlug Conny spöttisch vor.

„So kann man es auch nicht nennen. Es handelt sich um eine Art ... Ruine aus dem achtzehnten Jahrhundert", schloss Favras, erleichtert doch noch das richtige Wort gefunden zu haben.

„Als nächstes werden Sie mir erzählen, dass er beim Polieren des Wetterhahns vom Dach gefallen ist."

Favras gönnte ihr einen missbilligenden Blick. „Nein. Er hatte einen Verkehrsunfall. Monsieur Bandier verlor auf einer regennassen Landstraße die Herrschaft über sein Fahrzeug und kollidierte um Haaresbreite mit einem LKW."

Ungläubig riss Conny die Augen auf: „Nick soll eigenhändig ein Auto gelenkt haben?"

„Kein Auto. Eine Kawasaki 750", entgegnete Favras trocken.

Conny sah ihn ruhig an. „Sie wollen mich verscheißern."

Favras erwiderte ihren Blick ohne mit der Wimper zu zucken und Conny lehnte sich zurück und blickte auf die Raffinerieanlagen neben der Straße.

Ihr Vorstellungsvermögen reichte nicht aus, sich Nick auf einem Motorrad in einem Provinzkaff der schlimmsten Sorte auszumalen, also beschäftigte sie sich mit dem Naheliegendsten. „Wie schwer war der Unfall? Wird er überleben?"

„Die Prognose der Ärzte ist nicht gerade vielversprechend. Monsieur Bandier erlitt ein Schädel-Hirn-Trauma, Prellungen der Rippen und schwere Verbrennungen, da das Motorrad Feuer fing. Er ist seit dem Unfall ohne Bewusstsein."

Conny nickte langsam. Sie arbeitete seit einem Jahr auf der Intensivstation. Die Frage war nicht *ob*, sondern *wie* er es überlebte. Natürlich gab es Fälle, in denen jemand nach Jahren aufwachte und fragte, wer denn nun Wimbledon-Sieger war, aber Conny hatte keinen erlebt und der Glaube an Wunder war ihr vor langer Zeit verloren gegangen. Die Jahre hatten den Hass und die Verbitterung, die sie seinerzeit empfunden hatte, aufgesaugt und sie fühlte auch jetzt keine Genugtuung, sondern nur Bedauern für die sinnlose Verschwendung eines Lebens.

Conny seufzte. Während ihrer gemeinsamen Zeit in Paris hatte er wenigstens noch so viel Verstand besessen, nicht selbst zu fahren, wenn er sich schon Alkohol- und Drogenexzessen hingab. Scheinbar war ihm der Sinn für Realität mittlerweile völlig abhandengekommen.

Das Taxi hielt vor der Abflughalle. Jean Favras trug Connys Reisetasche und erledigte alle Formalitäten. Kurz darauf fuhren sie in einem Elektroauto übers Flugfeld zu einer zweistrahligen Caravelle. Am Heck befand sich das schwarz-rote DOBAN Logo, darunter die Signatur *N. Bandier* und Conny fühlte, wie sich ihre Nackenhaare sträubten, weil ihr zum ersten Mal klar wurde, worauf sie sich einließ und das nur, weil ein eitler Egomane beliebte zu bitten, statt zu befehlen. Und das in einer Sprache, die er gelobt hatte, nie wieder zu gebrauchen.

Die Inneneinrichtung des Jets glich einem geräumigen Wohnzimmer, nur die Gurte an den Polstersesseln zeugten davon, dass man sich in einem Flugzeug befand. Sie setzte sich Favras gegenüber an den Ebenholztisch und er gab über eine Sprechanlage den Befehl zum Start.

Als sie die Gurte wieder lösen durften, begann der Anwalt seinen Koffer auszuräumen und die Papiere zu sortieren. Conny stand auf, um einen Servierwagen, der an der gegenüberliegenden Wand festgeschnallt war, zum Tisch zu schieben. Sie nahm sich eine Dose Pepsi und eine Schachtel schokoladengetunkter Madeleines. „Nicks Zustand ist also denkbar schlecht. Was erwartet man denn von mir? Soll ich DOBAN aus den roten Zahlen holen?"

Favras spielte mit seinem Füllfederhalter. „Die Firma DOBAN, sie gehört übrigens zu den wenigen Modekonzernen, die gegenwärtig mit Gewinn bilanzieren, wurde bereits vor Jahren in eine Aktiengesellschaft umgewandelt. Monsieur Bandier sitzt natürlich im Vorstand und hält auch die Aktienmehrheit."

„Und die soll ich jetzt bekommen", platzte Conny wieder dazwischen

Der Anwalt runzelte wegen der neuerlichen Unterbrechung die Stirn. „Nach dem Wunsch unseres Klienten sollen Sie die Aktien verwalten, und zwar so lange, bis sein Sohn einundzwanzig Jahre alt ist."

Conny wurde blass bis in die Lippen. Der Gedanke, dass er ein Kind haben sollte, während sie das ihre verloren hatte, ließ ihren Körper zu Eis erstarren.

„Wer ist die Mutter?", fragte sie, weil es das Einzige war, was ihr in den Sinn kam.

„Eine Frau namens Christine Verneuil."

„Nie gehört. Warum kümmert sie sich nicht um ihren Sohn?", erkundigte sie sich bissig.

„Sie starb einen Tag nach der Entbindung." Er reichte ihr zwei Dokumente, eine Geburts- und eine Sterbeurkunde. Beide waren knapp sieben Jahre alt.

Conny überflog sie oberflächlich und warf sie dann auf den Tisch, bevor sie gereizt auf und abzugehen begann. „Wie kommt er bloß auf den Gedanken, ich, von allen Menschen auf diesem Planeten, ausgerechnet ich, soll mich um seinen Bastard kümmern", zischte sie jetzt und Favras hob abwehrend die Hände.

„Ich weiß es nicht. Persönlich halte ich diese Entscheidung ebenfalls für problematisch, wo Ihre Ehe doch so … unglücklich verlaufen ist."

„Sie war nicht unglücklich, sie war eine Katastrophe. Aber was wissen *Sie* eigentlich darüber?"

Er schlug die Augen nieder.

„Deshalb schlichen Sie also wie die Katze um den heißen Brei herum. Hätten Sie mir das alles in meiner Wohnung eröffnet, wären Sie in hohem Bogen rausgeflogen. Er hat Ihnen verdammt genaue Anweisungen hinterlassen, wie man mich einzuwickeln hat, nicht wahr?"

„Um ehrlich zu sein, die Ideen stammen von seiner Haushälterin."

„Seiner Haushälterin? Madame Aurore, den alten Drachen, gibt's also auch noch. Sie konnte mich nie leiden, kein Wunder, dass sie mir den Balg aufhalsen will."

Zornig warf sie sich in den Sessel und stopfte eine Madeleine in den Mund. „Warum nimmt sie ihn nicht selbst?"

„Sie ist zweiundsechzig und will die Verantwortung für ein kleines Kind nicht tragen", erklärte Favras matt.

„Ach, aber ich will? Ich bin dreißig und ich habe mit meinem Leben andere Pläne als zu versuchen, dem Sohn eines selbstherrlichen Übermenschen Manieren beizubringen", ließ sie ihn, noch immer aufgebracht, wissen.

Vorsichtig meinte Favras: „Sie sind ja nicht gezwungen, sich um das Kind zu kümmern. Aber sehen Sie sich den Jungen doch einmal an. Vielleicht mögen Sie ihn."

Ein funkensprühender Blick traf ihn. „Und wenn nicht?"

„Wenn nicht, bringt Sie der Jet morgen wieder zurück. Ich sage meinem Chef, trotz aller Bemühungen kann Monsieur Bandiers letztem Wunsch leider nicht entsprochen werden", er wand einen Trauerflor in seine Stimme, was Conny jedoch nicht im Geringsten beeindruckte.

Sie sah ihn finster an. „Was geschieht dann mit dem Kind?"

„Aller Voraussicht wird ein Vormund vom Gericht bestimmt. Monsieur Bandier hat strikt verboten, dass der Junge zu seinen einzigen noch lebenden Verwandten kommt, Madame und Monsieur Becker, Monsieur Bandiers Mutter und sein Stiefvater", erklärte Favras. „Es ist ja kein finanzielles Problem, der Kleine kann die exklusivsten Internate besuchen und wird, wenn er erwachsen ist, Herr seines eigenen Konzerns sein", fügte er in der besten Absicht hinzu, den Druck, der auf Conny lastete, zu mildern. Aber er erreichte damit nur das Gegenteil, weil er sie an ihre eigene glückliche Kindheit erinnerte.

„Das sieht ja nicht danach aus, als hätte ich eine Wahl", entgegnete Conny resignierend. „Wie heißt denn das kleine Goldstück?" Sie griff nach der Geburtsurkunde, aber Favras war schneller.

„Laurent."

Conny schüttelte den Kopf. „Allmählich komme ich mir vor wie Alice im Wunderland. Laurent, so wie Yves Saint? Himmel, er hat eine seltsame Art von Humor."

Sie ließ die Augen über die Geburtsurkunde wandern, verharrte in der Zeile, wo in der Rubrik *Vater* kurz und nüchtern Dominic Bandier stand. „Laurent ist also fast sieben Jahre alt, das heißt er geht schon zur Schule. Werde ich ihn überhaupt antreffen oder urlaubt er gerade in einem fashionablen Ferienlager", fragte sie ironisch und Favras lockerte seinen Krawattenknoten.

„Er weicht keinen Schritt vom Bett seines Vaters. Man hat ihn zu Beginn zwangsweise nach Hause gebracht, aber er lief mitten in der Nacht über die Landstraße zum Krankenhaus. Die Ärzte gaben schließlich nach und ließen ihm ein Bett ins Zimmer stellen. Sie hoffen, dass ihm die ganze Sache langweilig wird. Aber er ist bereits achtzehn Tage dort und sagt noch immer, er geht erst nach Hause, wenn sein Papa aufwacht", schloss er und Conny lief eine Gänsehaut über den Rücken. Der Blick, den sie mit Favras tauschte, verriet, dass sie beide das Gleiche dachten.

Conny sah aus dem Fenster in das klare Azurblau. Gerade fing sie an, über Toms Tod hinwegzukommen und sich wieder ein eigenes Leben aufzubauen, da halste ihr das Schicksal die Verantwortung für ein Kind auf, das sie nicht einmal kannte.

„Möchten Sie noch etwas wissen?", erkundigte sich Favras mitfühlend.

Ihr Blick kehrte aus weiter Ferne zurück. „*Sollte* ich noch etwas wissen?"

„Sie werden mir wahrscheinlich nicht glauben, aber ich verstehe Sie durchaus."

NEUNZEHN

Gegen Mittag setzte die Maschine am Flughafen von Lannion auf. Nachdem sie die Gangway hinuntergeklettert waren, sagte Jean Favras zu Conny: „Ich bringe Sie mit meinem Wagen ins Krankenhaus, damit Sie Laurent kennenlernen können."

Lannion gehörte zu jenen typisch aufstrebenden Provinzhauptstädten, an dessen Stadtrand sich unzählige neuerbaute Einfamilienhäuser ausbreiteten. Conny registrierte erstaunt, wie groß und modern das Krankenhaus war, vor dem Favras den Wagen anhielt.

Sie gingen durch die Eingangshalle zum Informationsschalter. „Wir möchten zu Monsieur Bandier, können wir gleich hinaufgehen?", fragte Favras das Mädchen im weißen Mantel.

„Ja, sie können hinaufgehen. Monsieur Bandier wurde verlegt. Er befindet sich jetzt in Zimmer 512."

„Hat sich sein Zustand etwa verschlechtert?", erkundigte sich Favras mit einem Seitenblick auf Conny.

Das Mädchen setzte sein *machen-Sie-sich—keine-Sorgen* Gesicht auf. „Im Gegenteil. Er ist gegen Mitternacht aufgewacht."

Als sie aus dem Lift traten und über den langen Flur gingen, merkte Conny, dass sich ihre Hände kalt und feucht anfühlten. Vor einer Tür, neben der ein Elektroschockgerät stand, machten sie halt. Conny starrte auf das Schild mit den Ziffern fünf, eins, zwei, schlang die Finger ineinander und rüstete sich gegen den Anblick eines lallenden Etwas in den Dimensionen des späten Elvis Presley.

Favras musterte sie prüfend und als sie nickte, öffnete er die Tür.

Das Zimmer glich einem Blumengroßmarkt, jedes freie Plätzchen war mit Sträußen und Gestecken zugepflastert. Rund um das Bett stand eine Gruppe Frauen, die direkt einem Asterixheft entstiegen sein konnten. Deshalb hörte sie Nicks Stimme auch, ehe sie ihn sah.

„Es ist wirklich sehr nett, meine Damen, dass Sie sich auf den Weg gemacht haben, um mich zu besuchen und vielen Dank, für all die köstlichen Dinge, die Sie mitbrachten."

Favras drängte zwei der Frauen sanft, aber bestimmt zur Seite und Conny folgte ihm. Gerechnet hatte sie mit allem. Damit nicht.

Es war Nick, der halb aufgerichtet in den Kissen lehnte, aber er war es auch wieder nicht. Alles, was dieses Gesicht jemals hatte weich aussehen lassen, war verschwunden. Die Konturen wirkten nicht länger aufgedunsen, sondern klar und scharf gezeichnet.

Seine Augen glitten über sie und blieben an Favras hängen. Fassungslos begriff sie, dass er sie nicht erkannte und war unfähig etwas zu sagen.

„Meine Verehrung, Herr Rechtsverdreher", meinte er und sein Blick kehrte zurück zu Conny.

Sie war die Liebe seines Lebens, aber er hatte die Sache dermaßen gründlich versaut, dass er nicht damit rechnete, sie jemals wiederzusehen. Zumindest nicht in dieser Welt.

Das lächerlich schlechtsitzende dunkelblaue Kostüm stand ihr genauso wenig wie der kinnlange Pagenkopf. Ihre Schultern hingen leicht nach vorne und vor Anspannung hielt sie sich an ihren eignen Armen fest. Die Aura aus phosphoreszierendem Licht, die sie immer umgeben hatte, war verschwunden. Die Linien um ihren Mund und zwischen ihren Brauen hatten sich so tief in ihr Gesicht gegraben, wie es nur großer Schmerz fertigbrachte.

Nicht ein einziges Mal in all den Jahren war er auf den Gedanken gekommen, dass es ihr schlecht gehen könnte. Er kämpfte um eine nichtssagende Floskel, die ihn nicht verraten würde. „Waren die Quacksalber also mit ihrem Latein am Ende. Hallo, Stan."

Conny starrte ihn an. Er sprach Deutsch. Nach einem Räuspern brachte sie es fertig, „Guten Tag, Nick" zu murmeln.

Die Frauen, die zuvor wie ein Hühnerstall gegackert hatten, waren verstummt und sahen abwartend von einem zum anderen. Schließlich hielt es eine nicht länger aus. „Wer ist das, Monsieur Bandier?"

Connys Blick teilte ihm unmissverständlich mit, dass er den Mund halten sollte, aber seine Augen funkelten nur belustigt.

„Das, meine Damen, ist Constance Bandier, meine Frau", entgegnet er ungerührt.

Die Frauen glotzen sie an und eine sprach die in der Luft hängende Vermutung laut aus: „Dann sind Sie die Mutter von Laurent."

„Nein", erwiderte Conny schneidend, „ich bin nicht die entmenschte Kreatur, die diesen armen Mann mit einem Kind hat sitzen lassen."

„Sie beide tragen aber keine Ringe", stellte eine andere fest und Conny lächelte breit. „Ringe waren nicht das einzige, was unserer Ehe fehlte."

Sie merkte, dass eine Krankenschwester ins Zimmer kam und ergriff die Gelegenheit, sich wieder auf sicheres Terrain zu begeben. „Ich bin Madame Bandier und selbst Krankenschwester, ich möchte die Krankengeschichte einsehen."

„Sie können auch gern mit dem Primar sprechen. Und Sie, meine Damen, beenden jetzt Ihren Besuch, Monsieur Bandier darf nicht überanstrengt werden", ordnete sie an und nahm eine dicke schwarze Mappe, die in einer Halterung an der Wand hing. Langsam blätterte Conny die Befunde durch, bis ihre Augen an einem Satz hängen blieben: klinisch tot von 18.51 bis 18.55.

Nick war während vier Minuten tot gewesen, zweiundzwanzig Tage im Koma gelegen, die Hirnströme waren zu manchen Zeiten nicht messbar und jetzt unterhielt er sich mit Favras, als hätte man ihm bloß den Blinddarm genommen. Sie suchte auf dem Einlieferungsstatus nach den Harn- und Blutwerten, die jedoch keinen Hinweis auf Alkohol oder Drogen gaben. Conny schloss die Mappe und wartete, bis auch die letzte Besucherin verschwunden war.

Dann trat sie zum Fußende des Bettes. „Schön, nachdem es dir bessergeht, kann ich mich ja gleich wieder verabschieden. Meine Hilfe wird doch jetzt nicht mehr gebraucht", meinte sie und blickte zuerst Favras an, dann Nick.

„Es war sehr freundlich von dir, zu kommen", entgegnete er höflich. Seine Stimme klang eine Nuance tiefer, wenn er Deutsch sprach. Sie sah die Infusionsnadel, die noch immer in seinem Handrücken steckte. Über der rechten Schläfe war eine handtellergroße Stelle ausrasiert und gab den Blick auf eine mit acht Stichen genähte Wunde frei. An der Kehle hatte er die Narbe eines Luftröhrenschnitts. Seine Brust war bis unter die Achseln bandagiert.

Langsam hob sie den Kopf. Seine Pupillen waren normal, also bekam er keine schweren Medikamente. Er betrachtete sie genauso aufmerksam, aber sie konnte in seinem Gesicht nicht lesen.

„Ich möchte, dass du hier bleibst bis Laurent kommt. Falls mir wieder etwas zustößt, wüsstest du worum es geht", sagte er ruhig.

„Ich will nicht wissen, worum es geht. Am besten suchst du dir jemand anderen, der sich im Notfall um deinen ... Sohn kümmert", erklärte sie abweisend.

„Du wirst verstehen, warum ich will, dass du es bist, wenn du ihn gesehen hast", meinte er gänzlich unbeeindruckt.

Conny verschränkte die Arme vor der Brust. „Ach, ist er dir dermaßen aus dem Gesicht gerissen, dass es mein Karma sein soll, einen zweiten Nick Bandier großzuziehen und dabei alle Fehler gutzumachen, die deine Mutter an dir begangen hat?", fragte sie zynisch. „Ich habe genug damit zu tun, meine eigenen Probleme zu lösen und ich bin der letzte Mensch, der für ein Kind die Verantwortung übernehmen will. Oder kann."

„Es ist also nicht die Angst, an meinem Sarg die trauernde Witwe spielen zu müssen, die dich so jämmerlich aussehen lässt", stellte er fest und änderte seine Lage geringfügig, ohne den Blick von ihrem Gesicht zu nehmen.

Conny beantwortete seine Frage nicht, sondern machte vorsichtig, als befände sie sich auf einem Drahtseil in zehn Metern Höhe, ein paar Schritte auf ihn zu. „Nick", bat sie mit leisem Flehen in der Stimme, „was immer es ist, lass mich da raus."

„Du bist schon mittendrin."

Gleichzeitig mit seiner Antwort hörte sie, wie hinter ihr die Tür geöffnet wurde. Langsam drehte sie sich um. An der Hand der unverändert aussehenden Madame Aurore stand ein Junge.

Conny hatte nicht gedacht, dass es irgendetwas auf dieser Welt gab, dass ihr nahegehen konnte, nicht seitdem Tom fünfzig Meter von ihr entfernt von einer Landmine zerrissen wurde. Aber das Letzte, was sie sah, bevor es schwarz um sie herum wurde, waren die ernsten Augen des Jungen, die ernsten blauen Augen von Patchou.

Als sie wieder zu Bewusstsein kam, lag sie auf der Bettdecke neben Nick und ein Arzt fühlte ihren Puls. An seiner Seite stand Laurent.

Fassungslos starrte Conny ihn an und er starrte zurück, dann lächelte er plötzlich.

„Ich kenne Sie", sagte er. „Sie sind auf einem Foto, das in Papas Arbeitszimmer hängt. Sie haben ein weißes Kleid an, viel kürzere Haare und stehen zwischen Papa und seinem Freund. Die beiden tragen so ein ähnliches Kostüm wie Captain Hook. Papa hat mir erzählt, dass er mit der Frau auf dem Bild verheiratet ist. Stimmt das? Habe ich Sie erschreckt?", sprudelte er zusammenhanglos heraus.

Mittlerweile bevölkerten zwei weitere Ärzte und eine andere Schwester das Zimmer, und verfolgten die Szene interessiert.

„Das muss ja ein toller Tag für Sie alle sein", murmelte Conny, und schloss die Augen.

Der Arzt ließ ihre Hand los. „Haben Sie das öfter?"

Conny gelang ein mattes Lächeln. „Die Anreise war ein wenig anstrengend, aber es geht schon wieder. Kann ich etwas zu trinken bekommen?"

Sie bemerkte nicht, dass Laurent sie stirnrunzelnd betrachtete. „Sie sind aber viel älter als auf dem Foto", ließ er sie wissen.

Conny setzte sich auf und schwang die Beine aus dem Bett. Prompt wurde ihr schwindelig.

„Es ist sehr unhöflich, so etwas zu sagen, Laurent. Das Foto ist sehr alt, älter als du, das weißt du ganz genau", erklärte Nick dem Jungen, der jedoch mit unbarmherziger Logik fortfuhr: „Du bist aber auch drauf, und du siehst nicht so alt aus."

„Wahrscheinlich färbt er sich die Haare, dein guter Papa", murmelte Conny auf Deutsch und Laurent sah sie entsetzt an.

„Das tut er nicht. Papa, das tust du doch nicht?"

„Nein, noch nicht." Er blickte Conny an, die jetzt einen Becher Kaffee in der Hand hielt. „Mein Sohn spricht so gut Deutsch wie du und ich."

Der Satz enthielt mehrere unüberhörbare Warnungen.

Conny klammerte sich an den Plastikbecher. „Werden wir uns darüber unterhalten?", fragte sie vorsichtig, und kam sich vor wie ein Geheimagent, der verschlüsselte Botschaften überbringen musste.

„Ich möchte mich ebenfalls gerne über die Vergangenheit unterhalten, wenn wir allein sind", gab er im gleichen Ton zurück.

„Sie können jetzt mit dem Primar sprechen, er erwartet Sie drüben in seinem Büro", teilte ihr die Krankenschwester mit, griff nach der Mappe und ging voraus.

Der Arzt empfing Conny hinter seinem Schreibtisch sitzend und deutete auf den Sessel gegenüber. „Mein Name ist Claude Fertoc, ich bin Leiter der Intensivabteilung. Man sagte mir, Sie sind Krankenschwester, Madame Bandier?"

„Ja, Sie können völlig offen mit mir reden."

Fertoc spielte mit einem Bleistift. „Sie haben die Befunde gesehen. Was halten Sie davon?"

„Wenn ich mir zuerst die Krankengeschichte und dann den Patienten ansehe, ist Ihre Klinik die Außenstelle von Lourdes", erwiderte Conny trocken und der Primar lachte.

„Ich hatte ähnliche Gedanken", gestand er. „In all den Jahren, in denen ich mich mit komatösen Patienten beschäftige, habe ich nicht eine Handvoll solcher Fälle gehabt."

Conny beugte sich gespannt vor. „Er hat wirklich keine bleibenden Schäden davongetragen, keine Lähmungen, keine Gedächtnislücken, keine motorischen Störungen?"

„Soweit wir es im Augenblick beurteilen können, nicht. Ich finde keinerlei medizinische Grundlage, mit der ich seinen Zustand erklären kann. Wir haben ein Bewegungsprogramm mit ihm durchgeführt, schieben wir der Einfachheit halber die Lorbeeren zu den Physiotherapeuten. Sie wissen auch, dass der Junge ..."

„Laurent."

„... die ganze Zeit über bei ihm war. Eine enorme Belastung für den Klinikalltag, wie Sie sich denken können. Aber er wirkte so entschlossen, dass einige Kollegen Angst hatten, er könnte aus dem Fenster springen, um zu seinem Vater zu gelangen."

„Glauben Sie, dass ihn Laurent zurückgebracht hat?"

„Die Wege des Herrn sind unerforschlich", antwortete der Primar salbungsvoll und blätterte in der Mappe. „Ein paar Tage muss er zur Beobachtung hierbleiben. Die Nähte der Kopfwunde sind selbstauflösend, die Verbrennungen heilen gut, und die Verbände können Sie ja selbst wechseln."

Er merkte nicht, dass Conny blass wurde.

„Natürlich muss er sich in den ersten Wochen schonen, er wird schnell müde und trotz der Therapie ist die Muskulatur geschwächt. Aber er ist seit sechzehn Stunden wach, und nach den neuesten Befunden habe ich nicht den Ein-

druck, wir müssten mit großartigen Änderungen rechnen."
Mit einer endgültigen Geste schloss er die Mappe.

Conny stand auf. „Ich danke Ihnen für alles, was Sie
und Ihre Ärzte getan haben."

Er griff nach ihrer ausgestreckten Hand. „Danken Sie
nicht mir, danken Sie dem, der ihn von drüben zurückge-
schickt hat. Leben Sie wohl, Madame Bandier und alles
Gute."

Als Conny wieder das Zimmer 512 betrat, saß Laurent
auf dem Bett und Madame Aurore sah ihr entgegen. Entschlossen erwiderte sie diesen Blick, dann sagte die ältere
Frau: „Ich hätte nicht gedacht, Sie noch einmal wiederzusehen. Guten Tag, Madame Constance."

Überrascht, einer Begrüßung wert befunden zu werden,
noch dazu als *Madame Constance* antwortete Conny: „Die
Freude ist ganz auf meiner Seite, Madame Aurore."

„Constance ist ein schöner Name", ließ sich Laurent
vom Bett vernehmen und strahlte Conny an. In diesem
Moment glich er Patchou so sehr, dass ihr Herz sich
schmerzhaft zusammenzog. Wenn er hier saß und Nick für
seinen Vater hielt, brauchte sie keine hellseherischen Fähigkeiten, um die einzige logische Erklärung dafür zu finden.

Die Erkenntnis ließ Tränen in ihre Augen steigen und
sie wandte sich schnell ab, trat zum Fenster und zerpflückte
eine der dort stehenden Blumen. Schließlich drehte sie sich
halbwegs gefasst um und ging zu den Dreien hinüber.

„Wo wirst du wohnen?", fragte Nick.

„Keine Ahnung. Eigentlich wollte ich gleich wieder zurück, aber jetzt, *wo ich mitten drin bin*", betonte sie ironisch,
„muss ich wohl etwas länger hierbleiben."

„Wenn du mit Papa verheiratet bist, musst du auch bei
uns wohnen", stellte Laurent fest und begeisterte sich zu-
sehends für den Gedanken. „Das wäre fast so, als hätte ich
eine Mutter."

Conny wollte widersprechen, aber der Augenaufschlag
des Jungen ließ sie schweigen. Trotzdem kam ihr vor, als

wisse Laurent genau um die Wirkung dieses und ähnlicher Sätze.

„Du kannst ohne weiteres bei uns wohnen, wir haben fünf Gästezimmer. Außerdem werde ich die nächste Zeit hier verbringen müssen", fügte Nick hinzu als könne er ihre Gedanken lesen.

Conny überlegte. Einerseits ging ihr das alles zu schnell, andererseits ... zu sehen wie Nick in einem halbverfallenen Gemäuer mit Laurent, Madame Aurore und wer weiß was noch hauste, machte sie neugierig.

Die schwache Stimme in ihrem Hinterkopf, dass Neugier sie in die schlimmsten Situationen ihres Lebens gebracht hatte, wurde gnadenlos ignoriert. Obendrein wollte sie wissen, wie Nick zu Patchous Kind gekommen war, und dafür musste sie hierbleiben und mit ihm alleine sprechen.

Seufzend gab sie nach. „Gut, wenn es Madame Aurore nicht zu viele Umstände macht, werde ich ein paar Tage bei euch wohnen."

Madame Aurore machte eine wegwerfende Geste. „Ich bin durchaus in der Lage, auch Sie zu verköstigen."

„Gut, nachdem jetzt alles geregelt ist, könnt ihr euch für heute von mir verabschieden. Ich bin müde. Morgen ist auch ein Tag."

Laurent schmiegte sein Gesicht an das von Nick. „Ich komme ganz bestimmt. Papa, ich hab dich lieb, bis morgen."

Nick küsste ihn und wiederholte sanft: „Ich hab dich auch lieb. Quäl' Constance nicht zu sehr, mein Sohn."

Der Kleine nickte und Madame Aurore drückte Nick die Hand. Als er sie in Connys Richtung hielt, reichte sie ihm gerade die Fingerspitzen. Mit einem für seinen Zustand unerwartet kräftigen Ruck zog er sie näher, küsste sie auf die Wange und zischte ihr dabei ins Ohr: „Der Junge hat keine Ahnung und ich will, dass es so bleibt. Verstanden?"

Verwirrt sah sie ihn an, aber er lächelte nur unverbindlich und meinte: „Dann also bis morgen, meine Lieben."

Laurent redete ohne Punkt und Komma, und hörte damit auch nicht auf, als Madame Aurore den roten Citroen XM über die Landstraße lenkte.

Schließlich sagte Conny erschöpft: „Du bist ein lieber Junge, Laurent, aber ich bin hundemüde und ich habe fürchterliche Kopfschmerzen. Davon abgesehen habe ich lange Zeit nicht mehr Französisch gesprochen und es fällt mir schwer, mich zu konzentrieren. Wenn du dich mit mir unterhalten willst, dann bitte auf Deutsch. Am liebsten wär's mir allerdings, du hältst für eine Weile den Mund."

Laurent sah sie perplex an, meinte: „D'accord", und suchte in seiner Hosentasche nach einem Kaugummi.

Die Straße zog sich durch endlose goldgelbe Felder und durch Wälder, die so dicht waren, dass sie das Sonnenlicht auffraßen, bevor es den Boden erreichte. Verstreute Häuser lagen an schmalen ungeteerten Wegen inmitten saftiger dunkelgrüner Wiesen, auf den schwarzscheckige Kühe zufrieden grasten. Schafe trotteten gemächlich auf der Fahrbahn dahin und ließen sich durch das wenige Zentimeter neben ihnen fahrende Auto nicht aus der Ruhe bringen.

Schimmernd in Blau und Petrol, gekrönt von weißen Schaumkronen, brach sich das Meer an den Felsen. Der rosafarbene Granit leuchtete im Sonnenlicht, wurde an manchen Stellen von ockergelben Sandstränden und anthrazitgrauen Kieselbuchten ersetzt. Es war eine raue, ungezähmte Landschaft, die nichts von der klebrigen Süße der Mittelmeerküsten hatte.

Als sie das Schild *Willkommen im Finistière* passierten, sagte Laurent pathetisch: „Jetzt bist du am Ende der Welt." Conny sah aus dem Fenster. Das Ende der Welt. Finis Terra. Finistière. Sie befand sich an einem Ort, wo die Menschen so rau und verschlossen wie die Landschaft waren. Sich Nick, der nur inmitten von Scharen – meist weiblicher – Claqueure glücklich war, hier vorzustellen, war für Conny ein Ding der Unmöglichkeit.

Genauso unmöglich, wie ein Nick Bandier, der die Verantwortung für das Kind seines Freundes zu tragen im

Stande war, obwohl er früher nicht einmal sein eigenes Leben im Griff gehabt hatte.

Je länger sie fuhren, desto unverständlicher wurden die Ortsnamen und desto schmäler die Straßen. Nach einer guten Stunde erklomm der Wagen einen mit Schotter bestreuten steilen Waldweg, der sich mit engen Kurven den Hügel hinaufschraubte und auf einem Plateau endete.

Laurent stieg aus, um das schmiedeeiserne Tor zu öffnen und Conny folgte ihm gähnend. Sie rieb ihren schmerzenden Nacken, hielt aber mitten in der Bewegung inne. Die Sonne stand tief und ihr orangefarbenes Licht beleuchtete eine Szene wie aus einem kitschigen Abenteuerfilm. Das Gebäude wirkte riesig und abweisend. Die beiden Türme waren halb zerfallen, an den meisten Fenstern fehlten die Glasscheiben und der Zahn der Zeit hatte auch an der Fassade genagt.

Madame Aurore fuhr den Wagen in den Hof und parkte ihn unter einem Wellblechdach neben einem Suzuki Jeep. Laurent schloss das Tor und strahlte Conny erwartungsvoll an.

„Na, ist das toll?"

„Mir fehlen die Worte. Habt ihr hier auch Strom?", fragte sie und nahm ihre Reisetasche aus dem Kofferraum.

„Ja, wir haben einen eigenen General."

Conny lächelte. „Du meinst Generator."

„Schon möglich."

Sie überquerten den kiesbestreuten Hof und kletterten ein paar Stufen zu einer Eisentür hinauf, die jüngeren Datums als der Rest des Gebäudes zu sein schien. Madame Aurore schloss auf und knipste einen Lichtschalter an. Von einem Vorraum führte eine Holztreppe in die obere Etage.

„Ich zeige Ihnen Ihr Zimmer, Madame Constance, kommen Sie mit", befahl Madame Aurore.

Conny folgte ihr über die Treppe und ertappte sich dabei, wie sie oben angekommen automatisch die Schuhe auszog, bevor sie den dicken Teppich betrat.

Im Gegensatz zu dem Teil des Gemäuers, den sie von draußen gesehen hatte, war dieser Trakt renoviert und modernisiert worden. Schließlich öffnete Madame Aurore eine Tür. „Hier bitte, Madame Constance."

Conny trat langsam ein. Antike Möbel wohin das Auge fiel: Kommode, Spiegel, Kästchen, Sessel und mitten drin ein Himmelbett mit einem blauseidenen Baldachin und Vorhängen.

„Ich hoffe, es findet Ihre Billigung."

Conny warf ihr einen belustigten Blick zu, was ihr zu gefallen schien, denn plötzlich lächelte Madame Aurore.

„Monsieur Nick hat die Gästezimmer mit Antiquitäten aus der Umgebung eingerichtet. Das Badezimmer ist nebenan", fuhr sie fort, „keine Angst, es ist nicht antik. Möchten Sie auf Ihrem Zimmer essen?"

„Nein. Ich werde mich frisch machen, etwas anderes anziehen und mit Ihnen und Laurent zu Abend essen."

„Gut. Ich schicke Ihnen Laurent in einer dreiviertel Stunde. Er zeigt Ihnen den Weg."

Conny legte die Reisetasche auf einen Sessel und öffnete das Fenster. Der Blick ging auf ein Stück Sandstrand, das von bemoosten Felsen eingerahmt wurde. Sie duschte, zog einen hellgrünen Jogginganzug an und band ihr Haar zu einem Pferdeschwanz. Laurent stürmte ins Zimmer. „Hast du auch solchen Hunger? Sousou hat Cassoulet gemacht und zum Nachtisch gibt es Zitronentorte."

Conny brauchte einen Moment, um Sousou als Madame Aurore zu identifizieren. Gemeinsam ging sie mit Laurent den Gang zurück, der in einem riesigen Saal mit einem gigantischen Kamin endete. Großzügig waren bequeme Möbel verteilt, in einer Ecke befand sich ein langer Tisch aus rustikalem Kiefernholz.

Madame Aurore brachte eine dampfende Porzellanschüssel und Laurent ließ sich auf einen Sessel plumpsen. Conny füllte die Gläser mit dem in einem irdenen Krug bereitstehenden Apfelsaft und sah zu, wie der Junge das Cassoulet auf seinen Teller schaufelte. Erst jetzt merkte sie, dass sie den ganzen Tag nichts Richtiges gegessen hatte.

Später half sie Madame Aurore den Tisch abzuräumen und brachte die Kaffeetassen ins Kaminzimmer. Laurent verzog sich mit einem Stück Zitronenkuchen vor den Fernseher und verfolgte gespannt eine Episode aus der Serie *Alf*.

„Ich hätte nicht gedacht, dass Sie wirklich kommen", sagte Madame Aurore und stellte die Kaffeekanne auf den Tisch.

„Sie haben Monsieur Favras sehr gut instruiert. Warum wollten Sie mich unbedingt herbringen?"

„Ich kenne Monsieur Nicks Testament, und es war sein größter Wunsch, dass Sie sich um Laurent kümmern, wenn ihm etwas zustößt. Und es sah danach aus, als wäre der fragliche Moment gekommen."

„War der Junge wirklich die ganze Zeit über bei ihm?"

„Ja. Laurent sagte immer, er müsse bei seinem Vater bleiben, denn wenn er aufwacht und es ist niemand bei ihm, den er kennt, dann fürchtet er sich." Nach einer kleinen Pause fuhr sie fort. „Können Sie sich vorstellen, welche Ängste ich ausstand? Was sollte ich ihm sagen, wenn Monsieur Nick wirklich gestorben wäre?"

„Glücklicherweise brauchen wir uns darüber keine Gedanken zu machen", entgegnete Conny. Madame Aurore musste die Wahrheit über Laurent kennen. Aber bevor sie nicht mit Nick darüber gesprochen hatte, wollte sie das Thema nicht berühren.

„Ist denn sonst niemand da, der für Laurent sorgen könnte?", fragte sie stattdessen. „Nick hatte doch immer haufenweise Bekannte."

Madame Aurore sah Conny an. „Monsieur Nick wollte nicht, dass sich *irgendwer* um Laurent kümmert, abgesehen davon, sind wir hier nicht in Paris und die Art von Freundschaften, die eine Distanz von fünfhundert Kilometern überstehen, sind in seinen Kreisen rar."

„Gute Nacht, Constance, gute Nacht, Sousou", rief Laurent von der Tür und winkte ihnen zu.

Conny schob ihre Tasse in die Mitte des Tisches. „Ich gehe auch schlafen, es war ein langer Tag für mich."

„Kann ich noch etwas für Sie tun?"

„Heute nicht, danke. Aber vielleicht könnten Sie morgen Vormittag mit Laurent ins Krankenhaus fahren, damit ich am Nachmittag alleine mit Nick reden kann."

„Natürlich. Der Kleine hat nachmittags ohnehin Tennisunterricht. Sie können den Jeep nehmen, ich benütze ihn nicht gerne, weil ich auf meine alten Tage immer Rheuma davon bekomme. Aber für Sie ist das ja kein Thema."

ZWANZIG

Am nächsten Morgen fand Conny in der Küche ein Frühstückstablett, das keine Wünsche offenließ. Daneben lag ein Schlüsselbund und eine Straßenkarte der Umgebung.

Um sich die Zeit zu vertreiben beschloss sie, sich das Haus anzusehen. Vom Kaminzimmer führte eine Treppe zur Galerie und genau dort war der Junge gestern Abend verschwunden. Behutsam stieß sie die erste Tür auf und stand in Laurents Zimmer, besser gesagt, in dem Chaos, das dort herrschte.

Inmitten Dutzender Matchboxautos lagen Stofftiere aller Größen und Gattungen, vom Teddybären bis zum Dinosaurier. Auf einem Schreibtisch stapelten sich Zettel, Buntstifte, Comics und Bücher, in einer anderen Ecke befand sich ein Tischfußballspiel. An der Wand hingen Poster von Stefan Edberg und Andre Agassi.

Sie öffnete die nächste Tür und erstarrte. Nicks Schlafzimmer. Und es sah genauso aus wie jenes in Paris. Nein, dachte sie dann, nicht genauso. Der Raum war wesentlich kleiner, es gab nur einen Spiegel und über dem Bett waren keine Fenster. Einen Moment lang schob sich das Bild, das sie dort zuletzt gesehen hatte, schablonenhaft über die Realität und sie verließ den Raum hastig, ohne einen weiteren Blick zu riskieren.

Der Gang mündete in einem großen Saal. Durch die beiden gegenüberliegenden Fronten aus Glas sah man sowohl aufs Meer als auch auf die Wälder.

Zwischen Regalen, die bis zur Decke mit Büchern gefüllt waren, hingen an einer Stelle unzählige Fotos, ohne

Rahmen, nur hinter einer großen Glasplatte. Als sie näherkam, erkannte sie auch das Bild, von dem Laurent gesprochen hatte und musste zugeben, dass sie darauf wie ihre eigene Tochter aussah. Die meisten Personen auf den Fotos waren ihr fremd. Auf einigen erkannte sie Patchou mit Isabelle und Madelon mit Ari.

Sie sah Modeschauen, Partys, Laurents Geburtstagsfeier, seinen ersten Schultag. Die Verknüpfung von Vergangenheit und Gegenwart berührte Conny seltsam und sie wandte sich ab.

Nach einem Blick auf ihre Armbanduhr beschloss sie, sich umzuziehen und auf den Weg zu machen. Kurz nach zwei Uhr öffnete sie die Zimmertür 512.

Das Bett war leer.

Erst auf den zweiten Blick bemerkte sie Nicks Sachen auf dem Nachtkästchen und das Zittern ihrer Hände hörte auf. Eine der Schwestern sagte ihr, dass Monsieur Bandier im Park sei.

Dort fand sie ihn auch. Er lag in einem roten Seidenmantel auf einer fahrbaren Liege, deren Kopfteil fast senkrecht gestellt war. Auf seine angezogenen Beine stützte er einen Zeichenblock. Neben ihm auf dem Tisch befand sich eine Flasche Mineralwasser – Mineralwasser!, dachte Conny ungläubig – und eine Schachtel mit Buntstiften.

„Hallo, Nick", sagte sie und zog einen Sessel heran.

„Hallo, Stan, wie geht's?"

Hatte er gestern noch mitgenommen gewirkt, so sah seine Hautfarbe heute so normal wie nie zuvor aus.

Conny suchte krampfhaft nach einem Gesprächsbeginn, als er mit einem Fluch den Stift auf den Tisch warf und seinen Handrücken betrachtete. „Seit heute früh versprechen sie mir, dieses Ding weg zu tun, aber keiner kümmert sich drum", jammerte er.

„Warst du wieder am Tropf oder am EEG?"

„Am EEG, aber sie haben gesagt, dass alles in Ordnung ist und haben die ganzen Apparate aus meinem Zimmer geschafft", entgegnete er und legte den Block auf den Tisch.

Conny nahm ihre Sonnenbrille ab. „Ich bin gleich wieder da."

Sie ging zurück in die Klinik, fragte eine der Schwestern, ob sie die Nadel entfernen dürfe und kam mit einer Schale Alkoholtupfer zurück.

„Gib her", befahl sie und als er sie zweifelnd anblickte, lächelte sie spöttisch. „Ich will kein Omelette machen, sondern die Nadel entfernen, glaub mir ich kann das." Nachdem sie fertig war, fragte sie: „Hast du noch irgendwelche Wünsche?"

Er lachte. „Hab ich und ich glaube, sie werden gerade erfüllt."

Eine sehr junge Schwester kam auf ihn zu und reichte ihm mit Verschwörermiene zwei Zigaretten und eine Streichholzschachtel. Nick strahlte sie an.

„Ich liebe Sie, Schwester Annette, und ich werde Sie in Modellkleidern aufwiegen, sobald ich hier entlassen werde."

Die Kleine errötete und verschwand mit einem scheuen Lächeln.

„Vielleicht hättest du sie statt um Zigaretten darum bitten sollen, dir die Nadel zu nehmen, dann wärst du sie schon seit Stunden los", bemerkte Conny spitz.

„Gefragt habe ich sie, aber sie darf das nicht, weil sie ihre Ausbildung erst angefangen hat. Also versuchte sie eben, mir mit etwas anderem Freude zu machen. Nicht alle Schwestern sind Kerkermeister."

„Das ändert sich, wenn man lange genug bei der Truppe ist und auf schöne Augen nicht mehr hereinfällt."

„Du findest, dass ich schöne Augen habe?", erkundigte er sich interessiert und zündete sich die erste Zigarette an.

„Schweif nicht ab, Nick. Du weißt genau, warum ich gekommen bin. Wieso kümmerst du dich um Patchous Kind? Was ist passiert?"

Er verschränkte die Arme vor der Brust und sein Gesicht veränderte sich, so als falle ein Vorhang. „Einen Teil der Geschichte hast du gestern schon begriffen. Patchou ist tot." Nicks Blick verlor sich in weiter Ferne. „Isabelle

Aubiard hast du ja noch kennengelernt. Tja, Patchou war bis zum Wahnsinn in sie verliebt. Das kleine Miststück ließ sich mit der Erkenntnis, dass sie doch nicht zusammenpassen fast zwei Jahre Zeit. In diesen zwei Jahren zerrte sie ihn durch Himmel und Hölle und er taumelte halb bewusstlos vor Glück durch die Landschaft", erzählte Nick mit eisiger Stimme. „Zu dieser Zeit kaufte er übrigens das Château d'Emeraude, in dem Laurent und ich jetzt wohnen."

„Das Château d'Emeraude?"

„Ja. Hast du es noch nicht vom Strand aus gesehen?"

Conny schüttelte den Kopf.

„Die Meerseite ist von Moos und Flechten bedeckt, deshalb nennt man es das Smaragdschloss. Patchou machte Aufnahmen in der Gegend und erfuhr, dass man aus der Ruine ein Hotel machen wollte. Er fand den Flecken zu idyllisch, um von Touristen tot getrampelt zu werden, also kaufte er es als Morgengabe für seine schöne Freundin. Aber die liebe Isabelle wollte weder das Jetsetleben in Paris aufgeben noch Patchou heiraten."

Er machte eine Pause und sah Conny direkt in die Augen. Jetzt fiel ihr wieder ein, warum sie es für notwendig befunden hatte, ein Meer und zwei Kontinente zwischen sich und Nick zu bringen. Mit Mühe hielt sie seinem Blick stand. Sie hatte Tom von ganzem Herzen geliebt, aber ihre Gefühle für Nick blieben davon völlig unberührt, wie sie voller Panik erkannte. Die Anziehungskraft, die von ihm ausging brachte sie dazu, die Hände um die Lehnen ihres Sessels zu krampfen.

„Oh nein", dachte sie. „nein, nein, nein. Er wird dich genauso verletzen wie beim ersten Mal. Sieh zu, Mädchen, dass du von hier wegkommst, je eher desto besser."

„Patchou ließ sich Maßanzüge machen, schnitt sein Haar ab und besuchte jede Woche mit Isabelle und Eltern ein klassisches Konzert. In seiner grenzenlosen Selbstverleugnung ging er sogar so weit, zu sagen, dass es ihm Spaß machte, wie ein dressierter Tanzbär herumgeführt zu werden."

Conny schüttelte nur stumm den Kopf.

„Männer machen sich für Frauen eben immer wieder zum Narren", stellte Nick fest.

„Bloß schade, dass mir nie ein solcher begegnet ist."

Er gönnte ihr einen rätselhaften Blick, ehe er fortfuhr: „Jedenfalls nützte das alles nichts, die Beziehung war am Ende und Patchous Herz gebrochen. Er verließ Paris und flog um die Welt. Alle paar Monate tauchte er bei mir auf, entwickelte seine Fotos, zog mit mir einige Nächte herum und verschwand wieder."

Nick seufzte und Conny spürte, dass ihn die Sache noch immer bedrückte. „Er hatte nicht mein Talent sich zu betäuben und zur Tagesordnung überzugehen."

„Patchou liebte die Menschen ..."

„... während sie mir bestenfalls egal sind", pflichtete er ihr bei. „Eines Tages rief eine Fluggesellschaft an und teilte mir mit, eine ihrer Maschinen wäre abgestürzt. Keine Überlebenden. Patchou war auf der Passagierliste."

Er schwieg gedankenverloren. „Ich kann über diese Zeit nicht viel sagen. Für mich ist sie ein einziger purpurfarbener Nebel. Es ist ohnehin ein Wunder, dass ich an dem ganzen Zeug, das ich damals geschluckt habe, nicht krepiert bin.

In den Wochen nach Patchous Tod tauchte eine junge Frau bei mir auf. Sie arbeitete in den Fotostudios und hatte einen befristeten Vertrag, den man ihr nicht verlängern wollte, da sie schwanger war. Sie erzählte mir etwas in der Richtung, dass Patchou immer große Stücke auf mich gehalten hätte und deshalb wollte sie mich bitten, ihr zu helfen, damit sie weiterarbeiten könne. Ich habe überhaupt nicht begriffen, worum es ging. Also gab ich ihr einen Brief an den Leiter der Studios mit und verschwendete keinen weiteren Gedanken mehr an die Sache.

Wochen später erhielt ich den Anruf einer Klinik, in der eine gewisse Christine Verneuil eine Frühgeburt gehabt hatte. Es waren keine Angehörigen ausfindig zu machen, nur der Brief mit meiner Anschrift lag bei ihren Sachen."

Nick rieb sich die Stirn. „Dann stand ich am Bett dieser Frau und bei Gott ich habe niemals zuvor und niemals danach ein Wesen gesehen, das sich so für seine Existenz zu entschuldigen schien. Alles an ihr war blass und durchsichtig, sogar ihre Stimme, aber sie erkannte mich. *Es tut mir so leid, ich wollte Ihnen keine Umstände machen. Aber ich werde mich nicht um Laurent kümmern können und Sie waren doch Patchous Freund. Es ist alles, was von ihm noch da ist.*" Er drückte die Zigarette aus und rieb seine Oberarme. „Ich hatte noch nie zuvor einen Menschen sterben sehen. Ich saß an diesem Bett, hielt die Hand einer Frau, die ich nicht kannte und war Zeuge, wie sie sich buchstäblich auflöste. Als es vorbei war, führte man mich in ein Arztzimmer. Dort standen Primar, Oberarzt, Hebamme und Stationsschwester um den Schreibtisch herum, auf dem ein Formular lag. Sie sahen mich an wie die vier Reiter der Apokalypse und dann sagte die Hebamme: Mademoiselle Verneuil hat den Namen des Kindesvaters nicht angegeben."

Er grinste schief. „Sie hätten es mir ohnehin nicht geglaubt, hätte ich einen anderen Namen als meinen genannt, also tat ich ihnen den Gefallen und von diesem Augenblick an war Laurent mein Sohn."

Conny fand noch immer keine Worte und Nick erzählte weiter. „Nach den ersten Wochen mit Laurent wurde mir klar, dass es ein Ding der Unmöglichkeit war, im Maison DOBAN ein Kind aufziehen zu wollen. Bei meinen Überlegungen landete ich schließlich beim Château d'Emeraude, das mir Patchou vermacht hatte wie all seine anderen Besitztümer. Unberührte Natur, Platz für Laurent, um groß zu werden, Platz für mich, um zu arbeiten. Anfangs fuhr oder flog ich zwischen hier und Paris hin und her, bis ich merkte, dass ich mehr Zeit in Verkehrsmitteln zubrachte als mit Laurent. Abgesehen davon war ich es auch leid, mir zweimal jährlich eine Kollektion aus den Fingern zu saugen. DOBAN wurde eine Aktiengesellschaft, ein Haufen junger Designer arbeitet für sie. Seit vier Jahren machen sie den ganzen Krempel alleine. Ich war nicht einmal mehr bei den Präsentationen. Im Prinzip tue ich heute nur mehr das, was mir Spaß macht", schloss er und griff nach seinem Zeichenblock.

„Wirst du es ihm irgendwann sagen?"

„Sicher. Aber die Sache ist komplizierter als eine normale Adoption. Er muss älter sein, um das alles verstehen zu können. Deshalb wollte ich ja, dass du ihn bekommst, du hättest ihm von Patchou erzählen können."

Ihm zu sagen, dass sie sich weder physisch noch psychisch in der Lage fühlte, ein Kind großzuziehen, stand für Conny nicht zur Diskussion. Deshalb wechselte sie unauffällig das Thema. „Er war die ganze Zeit über bei dir. Glaubst du, das hat dir geholfen, wieder aufzuwachen?"

„Nein. Aber drüben wollten sie mich auch nicht", entgegnete er trocken und nahm einen anderen Stift.

„Wie bitte?", entfuhr es Conny und Nick seufzte.

„Glaubst du wirklich, ich hätte keine Ahnung, wo ich war?" Er sah sie kurz an und arbeitete dann weiter. „Ich weiß es, weil ich dort Patchou getroffen habe. Er sagte, nur weil ich ein lausiger Schönwetter-Sonntagsfahrer sei, wäre das kein Grund, seinen Sohn alleine zu lassen."

Conny starrte ihn fassungslos an. Bevor sie etwas erwidern konnte, redete er weiter: „Patchou trug mir auf, dir Grüße von einem Freund zu bestellen. Tim oder Tom, sie spielen gemeinsam Mahjong."

Obwohl das Gespräch die reale Ebene längst verlassen hatte, erwiderte Conny sehr ruhig: „Verkauf jemand anders für blöd. Tom wurde von einer Mine zerrissen, er kann nirgendwo sitzen und Mahjong spielen."

„Patchous Flugzeug explodierte über dem Pazifik, er ist wahrscheinlich in derselben Abteilung", bemerkte Nick lapidar und legte den Kopf schief, um die Zeichnung zu betrachten.

Abrupt stand Conny auf und begann, auf- und abzugehen. Tom schleppte überall seinen Beutel Mahjongsteine mit. Mochte die Welt in Stücke brechen, er spielte wie ein Besessener und jeder, den er länger als zehn Minuten kannte, wurde in die Geheimnisse dieses Spiels eingeweiht. Manchmal hatte Conny das Klicken der Steine mehr gehasst als die Detonationen der Geschosse.

Konnte Nick davon erfahren haben? Hatte er Nachforschungen angestellt und benutzte die Ergebnisse, um sich über sie lustig zu machen? Aber warum sollte er das tun? Sein einziges Interesse galt dem Umstand, dass sie sich um Laurent kümmern sollte, da würde er kaum das Risiko eingehen, sie zu verärgern.

Seine Stimme riss sie aus ihren Überlegungen. „Dr. Fertoc meinte heute, sie werden mich morgen oder übermorgen entlassen, da meine häusliche Pflege sichergestellt ist. Ich nehme nicht an, dass sie dich vorher gefragt haben."

Conny setzte sich wieder. „Er deutete so etwas an, aber er hat von mir keine Antwort erwartet. Für ihn war es klar."

„Laurent zog vor ihm und den Schwestern seine Lieblingsnummer vom armen mutterlosen Baby ab, und sie sind natürlich alle drauf reingefallen. Aber du sollst dich dadurch nicht unter Druck gesetzt fühlen."

Conny schlug ihre Beine übereinander und betrachtete ihre Leinenschuhe. „Ich habe mir nur ein paar Tage Urlaub genommen und wollte Ende der Woche wieder zurück sein", sagte sie langsam. „Ich könnte natürlich anrufen ..."

„Tu es oder lass es", unterbrach er sie scharf, „aber hör mit diesem Märtyrerton auf."

Conny runzelte die Stirn. „Ich glaube nicht, ..."

„So, wie du aussiehst, würden dir ein paar Tage Erholung am Meer nicht schaden. Und deine Arbeit läuft dir nicht davon, Kranke gibt es immer", setzte er spöttisch hinzu und zündete sich die zweite Zigarette an.

Conny sah ihn an und verdrängte den Gedanken, dass von Erholungswert kaum die Rede sein konnte, wenn sie mit ihm unter einem Dach leben musste.

Ablenkend fragte sie: „Weiß Madame Aurore eigentlich, dass du nicht Laurents Vater bist?"

„Wir haben nie darüber gesprochen. Natürlich ist sie nicht blind, aber alles was Laurent erfahren hat, seit er auf der Welt ist, hat er durch mich erfahren. Deshalb betrachte ich mich sehr wohl als seinen Vater, auch wenn ich ihn nicht gezeugt habe", meinte Nick trocken. „Aber wo wir gerade davon reden, was wurde aus dem Kind, das ich gezeugt habe?"

Conny sah ihn an wie einen Geist und war nicht fähig, auch nur ein Wort zu sagen.

„Du warst doch schwanger als du mich verlassen hast." Keine Frage, eine Feststellung.

Was, zum Teufel, wusste er denn noch alles. „Wie viele Detektive hast du mir auf den Hals gehetzt?", fragte sie zornig.

„Keinen einzigen. Aber es stimmt, nicht wahr?"

„Wer sagt denn, dass du der Vater warst?", entgegnete sie spöttisch und merkte, wie sich sein Gesicht verfinsterte.

Doch dann entspannte er sich wieder und schüttelte den Kopf. „Zehn Jahre und man sollte meinen, du bist klüger geworden. Stattdessen redest du dich noch immer um Kopf und Kragen. Ein Wunder, dass dich noch keiner erwürgt hat."

„Du hast also keine Nachforschungen angestellt?"

„Wozu sollte ich Nachforschungen anstellen? Du wolltest nicht mit mir schlafen, wenn du deine Tage hattest und dass es seit längerem keine Unterbrechungen in unserem Sexualleben gab, fiel sogar mir auf."

Als sie noch immer schwieg, sagte er gereizt: „Warum glaubst du, habe ich dir das Kleid weitermachen lassen?"

„Du hast mir das Kleid weitermachen lassen? Das ist nicht wahr, ich habe nichts gegessen, darum hat es mir gepasst. Außerdem konnte man es nicht sehen, ich trug alle meine Jeans", verteidigte sich Conny schwach. Sie wusste nicht, was sie sagen sollte. Aber plötzlich schnitt ein Gedanke ihr Bewusstsein mit einer rotglühenden Klinge in zwei Hälften: wenn er es tatsächlich gewusst hatte, wie unsagbar gleichgültig musste sie ihm gewesen sein, dass er sie trotzdem gehen ließ. Und jetzt, nach zehn Jahren, verlangte er plötzlich Rechenschaft. Die Wut, die in ihr aufstieg, war kalt wie Eis.

Sie lehnte sich auf dem Stuhl zurück und sah ihm unbarmherzig in die Augen. „Was soll schon passiert sein? Ich war zwanzig, ich hatte mein ganzes Leben vor mir. Sollte ich mir das durch ein Kind verderben lassen, ein Kind von einem drogensüchtigen Alkoholiker?", fragte sie hart. „Vielleicht darf ich dich erinnern, dass du vor zehn Jahren nicht den Paradevater herausgekehrt hast. Du hättest das Problem so gelöst wie alle anderen Probleme: Mit einem Haufen Fünfhundert-Francs-Scheine."

„Hat's dir Lavanne etwa umsonst rausgeschnitten?"

Connys Augen waren nur mehr schmale Schlitze und sie fühlte einen derartigen Hass in sich, dass sie weiße Lichtblitze sah. „Warum müssen Menschen wie Patchou und Tom sterben, aber jemand wie du darf leben?", sagte sie mit heiserer Stimme. „Du verdammter Bastard, glaub doch, was du willst."

Sie sprang auf und wollte weg, aber Nick war schneller und hielt sie am Handgelenk fest. Er war bei ihren Worten sehr blass geworden.

Conny stand stocksteif neben ihm, seine Finger lagen wie eine Stahlklammer um ihren Unterarm. Sie hörte ihn tief durchatmen, dann lockerte sich sein Griff und er sagte fast tonlos: „Verzeih, ich hatte kein Recht, dir Vorwürfe zu machen." Er ließ sie los. „Bleib hier und lass uns reden."

Conny stand noch immer bewegungslos, aber die Welle des Hasses verebbte und sie begriff, was sie da gesagt hatte. Nichts, absolut nichts, rechtfertigte es, jemandem den Tod zu wünschen, noch dazu jemandem, der gerade aus dem Grab kam.

„Himmel, wie schafft er es bloß, dass ich immer solche Sachen sage", dachte sie entsetzt.

„Es ist besser, wenn ich gehe", murmelte sie und merkte, wie ihre Hände zitterten.

„Bleib hier", seine Stimme klang fester, „ich habe Laurents Bild noch nicht fertig."

„Ich kann nicht", flüsterte sie.

„Aber natürlich kannst du. Ich muss mich nur erst wieder an deine rasiermesserscharfe Zunge gewöhnen, das ist alles. Gib mir ein paar Minuten."

Sie sah ihn von der Seite an. Er war noch immer leichenblass, aber auf seinen Lippen lag der Schatten eines Lächelns.

Langsam setzte sie sich wieder. „Ich weiß, dass es für meine Worte keine Entschuldigung gibt. Keine, die sie ungesagt machen."

Nervös verschränkte sie ihre Finger. Sie schaffte es nicht, ihn anzusehen und merkte nur am Rande, dass er die Zigarette ausdrückte und wieder den Zeichenblock nahm.

Nach einer Weile meinte er mit der ausdruckslosen Stimme, die sie von früher kannte: „Der Tod ist nicht etwas, das ich fürchte. Im Gegenteil. Es ist wie nach Hause kommen. Du gehst auf das Licht zu und plötzlich ist alles gut. Kein Kummer, keine Schmerzen. Alles, wonach du dein ganzes Leben lang suchst, ist auf einmal da", sagte er und griff nach einem anderen Stift.

Conny hob den Kopf. Sie musste zweimal beginnen, ehe sie den Satz herausbrachte. „War ... war der Unfall ... hast du es absichtlich getan?"

Er hörte nicht auf zu zeichnen. „Nein."

Ihre Erleichterung wurde von seinen nächsten Worten zunichtegemacht. „Dafür gibt es angenehmere Methoden. Gas, Valium ... Valium ist eine großartige Sache. Es gibt dir Gelassenheit und Ruhe. Es lässt dich schlafen, tief und traumlos schlafen. Stunden ohne Angst, ohne Probleme. Irgendwann fragst du, warum aus den Stunden nicht Tage, aus den Tagen nicht Monate, aus den Monaten nicht die Ewigkeit wird. Und dann nimmst du ein paar Tabletten mehr als sonst. Aber mitten im Licht reißt dich jemand aus der Geborgenheit zurück ins Leben und anstatt der klaren Wärme steckt ein Schlauch in deinem Magen und du kotzt dir die Seele aus dem Leib. Gibst du mir das Mineralwasser", bat er zusammenhanglos und Conny öffnete die Flasche und füllte das Glas, froh darüber, etwas zu tun zu haben.

„Das Schicksal war gegen mich. Sie haben mich jedes Mal gefunden."

Jedes Mal, echote es in Connys Kopf. „Du redest darüber als wäre es ein Spiel", flüsterte sie erstickt.

„Es ist auch ein Spiel. Lange Zeit war es mein Lieblingsspiel", bemerkte er und nahm einen Schluck.

„Du hättest verlieren können", wandte sie ein und ihre Stimme klang noch immer rau.

„Ich habe verloren."

Und als sie ihn verständnislos anblickte, sagte er: „Das Spiel ging nicht darum, am Leben zu bleiben."

Er hob den Kopf und sah Conny in die Augen. „Du steigst nicht für ein paar elende Nager auf die Barrikaden, um dein Baby abtreiben zu lassen. Was ist passiert?"

Conny begriff, dass er das alles nur erzählt hatte, damit sie hierblieb und ihm diese Frage beantwortete.

„Ich hatte eine Fehlgeburt. Zwei Tage nachdem ich erfahren habe, dass ich schwanger bin", erwiderte sie leise.

„Du hast es also wirklich nicht gewusst als du mich verlassen hast?"

Sie schüttelte den Kopf. „Nein. Es klingt idiotisch, aber ich hatte keine Ahnung."

Er suchte einen anderen Stift aus. „Was hättest du getan, wenn du es nicht verloren hättest?"

„Ich wäre zu meiner Familie gegangen. Sie waren immer für mich da", antwortete Conny. „Hast du etwa geglaubt, ich wäre zu dir zurückgekommen?"

„Der Gedanke schoss mir flüchtig durch den Kopf."

„Ach ja. Und ich hätte zu allen, die sich in deinem Bett räkeln gesagt, rutsch mal rüber, ich brauch Platz für zwei?", entgegnete sie ironisch.

Jetzt legte er den Stift weg und verschränkte die Arme. „Was bringt dich eigentlich auf den Gedanken, dass du anders bist, als alle, die sich in meinem Bett geräkelt haben?"

„Wie bitte?"

„Du hast mich schon verstanden. Du bist keinen Deut besser als sie alle. Du wolltest das, was auch sie wollten: einen schillernden, exotischen Vogel, der im Bett verrückte

Sachen mit dir anstellt", antwortete er kalt und Conny beugte sich vor.

„Nick, ich habe dich geliebt und du hast meine Liebe mit Füßen getreten", entgegnete sie, betroffen über seine Aggressivität.

„Es ist sehr angenehm für dich, die Dinge so zu drehen. Aber die Tatsachen sehen anders aus. Sex war nicht unser kleinster gemeinsamer Nenner, wie du einmal so schön gesagt hast, es war unser einziger. Und für mich stand Sex in einer Reihe mit Cognac, Kokain und Valium. Mit dem einzigen Unterschied, Sex konnte ich davon am leichtesten bekommen", fügte er hinzu.

„Du bist ungerecht. Ich hätte für dich gestohlen und gemordet ..."

„Es ist vollkommen egal, was du getan *hättest*", unterbrach er sie hart, „was du getan *hast*, das zählt. Und da sieht es nicht überwältigend aus. Du hast dich nicht so viel", er schnippte mit den Fingern, „für mich, meine Arbeit oder mein Leben interessiert. Genauer gesagt hast du das alles sogar verachtet."

Conny rutschte unruhig auf dem Sessel herum. Sie wollte ihn nicht noch mehr aufregen. „Nick, das alles ist so lange her und heute ist es doch nicht mehr wichtig, was ..."

„Vielleicht ist es für dich nicht wichtig, aber für mich. Wenn du die bodenlose Frechheit besitzt, mir ins Gesicht zu sagen, dass ich in deinen Augen für mein Kind nicht gut genug war, wirst du dir jetzt anhören, wie ich die Dinge sehe: du bist einer der egoistischsten, selbstherrlichsten und intolerantesten Menschen, die mir jemals untergekommen sind", schloss er atemlos.

Connys Wut kehrte zurück und sie versuchte, ihre Gefühle diesmal unter Kontrolle zu halten. „Wäre ich egoistisch, säße ich jetzt nicht hier als Notnagel für deinen Sohn, noch dazu, wo ich geschlagene zehn Jahre nicht ein kleines Wörtchen von dir gehört habe. Wäre ich selbstherrlich, hätte ich mir jeden Tag unserer Ehe über einen Anwalt vergolden lassen, und was meine Intoleranz betrifft ..." Sie holte tief Luft. „Weißt du, was ich an unserem ersten

Hochzeitstag getan habe? Ich machte mitten in der äthiopischen Einöde einen der gerade in Mode gekommen AIDS-Tests. Du weißt doch, was das ist, A I D S", buchstabierte sie böse.

„Ja, Serge ist vor ein paar Jahren dran gestorben", entgegnete Nick und Conny wurde weiß wie der Tisch, vor dem sie saßen.

Ironisch meinte er: „Warum regst du dich auf? Erstens kann's dir nach deinen Worten von vorhin egal sein und zweitens hast du alle meine Befunde gesehen."

Conny stand auf. „Irgendwie glaubte ich daran, dass wir nach all den Jahren mit einem gewissen Anstand miteinander umgehen könnten. Ein Irrtum. Leb wohl Nick, ich werde mich in Wien mit einem Anwalt in Verbindung setzen, der die Scheidung einreicht, dann können wir das alles endgültig vergessen."

Er nickte. „Davonlaufen war schon immer deine starke Seite."

Dieser Satz brachte Conny dazu, sich umzudrehen und zu ihm zu sagen: „Gut, reden wir drüber. Ich bin weggelaufen, aber ich war bis zum Schluss verrückt genug, es noch einmal zu versuchen. Nur, ich bin einmal zu oft zurückgekommen."

„Ja, ich weiß", entgegnete Nick langsam, „aber ich ..."

„Auf die Gefahr hin mich zu wiederholen", unterbrach sie ihn und ihre Hände krampften sich um die Sessellehne, „was hätte ich denn tun sollen, als ich dich mit den beiden im Bett erwischt habe? In der Küche Frühstück machen und fragen wer Kaffee und wer Tee möchte? Ist das deine Vorstellung von Toleranz?", fragte sie zynisch und wartete auf eine Rechtfertigung, die nicht kam.

Stattdessen nahm er den Block, signierte das Blatt gewohnheitsmäßig rechts unten und rollte es zusammen. „Sei so gut und bring das Laurent. Er wollte unbedingt seinen Liebling Alf als großen Seeräuber."

Dann löste er das Band, das sein Haar im Nacken zusammenhielt und wickelte es um die Rolle. „Die Toleranz bezog sich nicht speziell auf mein Sexualleben", er grinste, „damit wäre wohl auch der Erzengel Gabriel überfordert gewesen."

Conny nahm die Rolle, die er ihr hinhielt.

„Sondern auf den Rest", fügte er hinzu und sie hatte keinen Schimmer, was er meinte. „Welchen Rest?"

Er sah sie mit einem seltsamen Blick an. „Du hast wirklich keine Ahnung, nicht wahr?", stellte er leise und zornig fest. „Wenn du wirklich mich geliebt hättest, und nicht ein deiner Phantasie entsprungenes Wesen, wärst du nicht so fassungslos über den Menschen, den du nach zehn Jahren vorfindest."

„Willst du etwa abstreiten, dass du dich um 180 Grad geändert hast – wegen Laurent? Willst du mir allen Ernstes einreden, du wärst heute genauso ...", sie suchte nach dem passenden Ausdruck, dabei fielen ihr seine Abschiedsworte in Paris ein, „... häuslich, bieder und spießig ohne ihn? *Ich kann dir kein kleines bourgeoises Glück geben, Stan, ich bin was ich bin, ich kann mich nicht aufgeben, Stan.* Du konntest es nicht, weil ich dir gleichgültig war, aber für Laurent hast du alles aufgegeben was dir wichtig ist, weil du ihn liebst."

Sie schwieg erschöpft und verachtete sich dafür, auf einen sechsjährigen Jungen eifersüchtig zu sein, aber Nick schüttelte langsam den Kopf.

„Du verstehst gar nichts. Nur weil ich vor Mitternacht schlafen gehe, bin ich weder spießig noch bieder. Ich lebe wesentlich kompromissloser als früher. Vielleicht auch etwas gesünder."

Conny zuckte die Achseln. „Du sagst, ich verstehe dich nicht. Ich sage, du hast nie das Geringste getan, um mich zu verstehen. Lassen wir es dabei."

Sie streckte ihm die Hand hin und er griff danach. „Was wirst du tun, wenn sie mich entlassen?"

„Ich glaube nicht, dass ich deine Pflege übernehmen möchte", antwortete sie und sah ihm direkt in die Augen. „Aber du kannst dir ja über eine Agentur eine Krankenschwester mieten", stellte sie fest und fügte noch ironisch hinzu: „Leb wohl Nick, und *viel Glück.*"

Doch er entgegnete nur ungerührt: „Au'voir, Stan."

EINUNDZWANZIG

Als sie den Jeep neben dem XM parkte, lief ihr Laurent aufgeregt entgegen. „Hast du mit Papa gesprochen? Kommt er bald nach Hause?"

„Die Ärzte haben noch nichts gesagt", wich Conny aus und er ließ enttäuscht den Kopf hängen.

„Aber er hat mir etwas für dich mitgegeben", fügte sie hinzu und reichte ihm die Zeichnung.

Er rollte sie auf und rief: „Oh, super, ich werde sie gleich in meinem Zimmer aufhängen."

Conny ging in die Küche, wo Madame Aurore mit Vorbereitungen fürs Abendessen beschäftigt war. Sie nahm eine Flasche Orangina aus dem Kühlschrank. „Nick geht es gut. Er wird in den nächsten Tagen entlassen."

Madame Aurore nickte. „Das sind wirklich gute Nachrichten. Laurent wird sehr glücklich darüber sein."

Der Junge kam gerade bei der Tür herein. „Papa hat gesagt, ich soll dir alles zeigen", meinte er fröhlich. „Also, was willst du zuerst sehen? Den Wehrgang oder das Verließ?"

Conny lächelte. „Habt ihr nichts Harmloseres?"

Laurent nickte geringschätzig. „Wir können gemeinsam zum Strand hinunter gehen", schlug er vor und betrachtete sie prüfend. „Kannst du reiten?"

„Ein bisschen. Warum?"

„Wir haben zwei Pferde, Roxanne und Jasmina, wenn du möchtest, reiten wir vor dem Abendessen aus", bot er ihr an.

Conny, mittlerweile an Überraschungen gewöhnt, folgte Laurent über den Hof in einen anderen Teil des Gebäudes, wo die Stallungen untergebracht waren. Er öffnete eine Schiebetür und betrat eine weitläufige, eingezäunte Koppel, auf der zwei Fuchsstuten grasten. Sie hoben die Köpfe und kamen langsam auf den Jungen zu. Er hielt jeder ein Stück Zucker hin und rieb sanft über ihre Stirn.

„Hübsch, nicht?", sagte er zu Conny, die die weichen Nüstern des größeren Tieres streichelte.

„Welche ist das?"

„Jasmina. Papa reitet sie, meine heißt Roxanne. Sie ist zwar kleiner, aber viel wilder", ließ er Conny wissen. „Ich hab sie zum fünften Geburtstag bekommen."

„Da musst du ja schon ein toller Reiter sein", meinte Conny und er nickte.

„Ja, bin ich auch. Mademoiselle Gensac sagt immer, ich reite wie ein Cowboy."

„Und wer ist Mademoiselle Gensac?", erkundigte sich Conny, während sie Jasmina über den Rücken strich.

„Meine Lehrerin. Sie wohnt drüben in Plemiel und manchmal kommt sie abends zu uns und reitet mit mir und Papa aus. Lass uns die Pferde satteln, du hast doch keine Angst vor Jasmina?" fragte er so von oben herab, dass Conny lächeln musste.

„Nein, hab ich nicht", antwortete sie kurz, hielt sich an der dichten Mähne fest und schwang sich auf den Rücken des Pferdes.

Laurent beobachtete aus weitaufgerissenen Augen, wie sie mit Jasmina, die auf den kleinsten Schenkeldruck reagierte, eine Runde drehte und zum Abschluss einen Satz über das Gatter und zurück machte.

„Glaubst du mir jetzt, dass ich keine Angst habe?"

Er musterte sie stirnrunzelnd und sagte wie sein Freund Alf: „O-o, es wird Papa nicht gefallen, wenn du ohne Sattel reitest."

„Wir müssen es ihm ja nicht erzählen", meinte Conny und blinzelte ihm zu.

Die Pferde gingen langsam nebeneinander am Strand entlang und Conny betrachtete das Schloss über ihnen, dessen Mauern tatsächlich grün schimmerten.

„Glaubst du, dass Papa noch lange im Krankenhaus bleiben muss?", fragte Laurent unvermittelt.

„Nein", antwortete Conny, „du vermisst ihn wohl sehr?"

Er nickte und sah angestrengt aufs Meer hinaus, damit sie nicht merken sollte, wie ihm die Tränen in die Augen stiegen. „Wenn er nicht da ist, ist es so langweilig. Sousou ist zwar sehr lieb zu mir und sie erlaubt mir viel mehr, ich darf jeden Tag länger aufbleiben und sie macht Pommes frites, aber trotzdem ..."

Er schwieg und sah Conny mit einem Blick an, der nicht zu einem Sechsjährigen gehörte. „Manchmal geht er mir fürchterlich auf die Nerven. Ich muss immer Deutsch mit ihm reden und er kauft mir erst einen Gameboy, wenn ich acht bin", zählte er auf, „aber er hat mich noch nie allein gelassen, auch nicht als er nach Amerika gefahren ist und alle zu ihm gesagt haben, dass ich für so eine weite Reise zu klein bin, und da konnte ich ihn doch auch nicht allein lassen."

„Du warst schon in Amerika?", fragte Conny, um ihn auf ein anderes Thema zu bringen.

„Ja, Papa hat Kostüme für einen Film gemacht, und sie haben ihm dafür ein kleines goldenes Männchen geschenkt, das hat er abholen müssen", erzählte Laurent, „und nachher sind wir zusammen nach Disneyworld gefahren. Jeden Tag waren wir bei McDonalds oder bei dem alten Mann mit den Hühnern. Und eine riesig lange Brücke haben wir auch gesehen."

„Das muss ja wirklich aufregend gewesen sein", pflichtete ihm Conny bei. „Was macht dein Papa denn sonst noch alles?"

Laurent warf ihr einen arroganten Blick zu, der sie für einen Moment vergessen ließ, dass Nick nicht sein leiblicher Vater war. „Il est couturier, le meilleur du monde, tu le sais très bien", entgegnete er. „Du trägst auf dem Foto ja ein Kleid von ihm."

„Gut, dein Vater ist also der beste Schneider der Welt", wiederholte Conny, verärgert über seine Unverschämtheit, „aber er macht keine Kollektionen mehr wie früher."

Laurent zuckte die Achseln. „Manchmal kommen seltsame Leute, denen er etwas beibringt. Sie bleiben zwei, drei Wochen und Papa stellt unten im Rittersaal Tafeln und Puppen und so Zeugs auf."

Conny überlegte, was mit *seltsame Leute* gemeint war.

„Er macht Schmuck. Und er macht die Kleider für *Wet Paint*", fügte Laurent gewichtig hinzu und sah Conny erwartungsvoll an.

„Was ist das?", fragte Conny ahnungslos und Laurents Antwort ließ keinen Zweifel daran, dass er sie für ein Überbleibsel aus dem vorigen Jahrhundert hielt.

„Eine Musikgruppe. Sie sind gerade in Japan." Er legte den Kopf schief. „Warst du auch schon in Japan? Papa hat mir erzählt, dass du in Afrika warst."

„Nein, in Japan war ich noch nicht. Was hat dir dein Vater denn sonst über mich erzählt?"

„Dass du Krankenschwester bist, dass ihr euch gestritten habt und dass du in Afrika arbeitest. Wirst du jetzt bei uns bleiben?"

Conny zögerte einen Moment. „Deinem Vater geht es bald wieder gut und ihr beide braucht mich nicht."

„Nein, wir brauchen dich nicht, das stimmt. Ich sag zwar oft, ich hätte gerne eine Mutter, aber nur, weil dann alle so lieb zu mir sind und mir etwas schenken", erklärte er unbekümmert und trieb Roxanne zu einer schnelleren Gangart an.

Zurück im Schloss versorgten sie die Pferde und dann sagte Laurent: „Und jetzt zeige ich dir die Platten von *Wet Paint*. Komm mit."

Er lief voraus in Nicks Arbeitszimmer und zog einen Stapel CDs aus einem Regal, den er auf den Tisch legte. Die Gruppe bestand aus zwei Frauen und drei Männern. Ihre Kleider sahen wie bunte Metallfolie aus, sogar in den auftoupierten Frisuren schimmerten Teilchen davon.

„Möchtest du etwas von ihnen hören?"

Da sie seine Begeisterung nicht dämpfen wollte, stimmte sie zu und Laurent ging zu der Hi-Fi-Anlage. Sekunden später erzitterte der Raum unter einem Schlagzeugsolo, dem eine schrille Stimme folgte, die Connys Fingernägel splittern ließ.

Laurent drehte am Lautstärkeregler. „Toller Klang, was?", schrie er und blickte Conny beifallheischend an.

„Unbeschreiblich. Geht's ein bisschen leiser?", brüllte sie und Laurent schraubte die Phonzahl geringfügig zurück. Dann lief er zu den Bücherregalen und zog ein paar ledergebundene Mappen heraus, die er auf einen von Nicks Arbeitstischen legte. „Schau, das hat er alles gemacht", sagte er stolz zu Conny.

Sie kam näher und sah ein dünnes Hochglanzheftchen mit Goldbuchstaben: *Aus der Serie berühmte Designer arbeiten für Cartier: Nick Bandier und seine Titankollektion.* Conny blätterte den Katalog durch und wunderte sich, dass man aus Titan noch etwas anderes machen konnte als Fahrräder.

Laurent zeigte ihr die Fotos und Entwürfe von den Kostümen zu dem Film *The Colour of Insanity,* für die Nick den Oscar bekommen hatte.

„Papa hat auch alle bunten Glasfenster für unser Schloss gemacht und die Fenster für die Kirche in Trégoat. Und vielleicht wird er demnächst ein Auto bauen, zumindest waren Leute aus Italien da, die ihn gefragt haben", fügte er mit stolzgeschwellter Brust hinzu.

Conny runzelte die Stirn. „Macht er gar keine Kleider mehr?"

„Selten", antwortete Laurent und klappte die Mappen wieder zu. „Für Madame Molinard hat er ein Kleid gemacht, als sie wieder geheiratet hat. Madame Molinard ist die Mutter von Pierre Lescoff, meinem besten Freund", erklärte er.

Madame Aurore rief zum Essen und der Junge stellte die Mappen zurück ins Regal. Nachdem die Teller abgeräumt waren, lümmelte sich Laurent auf die Couch vor dem Fernseher und Madame Aurore brachte den Espresso. „Hat Ihnen die Lammkeule nicht geschmeckt?"

„Oh, sie war delikat. Ich dachte nur an ... an die Unterhaltung mit Nick", antwortete Conny mit einem kleinen Lächeln.

Madame Aurore nickte und schwieg. Sie rührte lange in der kleinen Tasse, bis sie schließlich leise, so dass es Laurent nicht hören konnte, sagte: „Vielleicht war es nicht richtig, was Monsieur Nick getan hat, aber er hätte den Jungen nie zugesprochen bekommen. Die Fürsorge hätte ihn lieber in ein Heim gesteckt, als ihn einem Mann mit Monsieur Nicks Ruf und Vorstrafen zu überlassen."

„Vorstrafen?", wiederholte Conny erstaunt, dann fiel ihr ein, dass ihn wahrscheinlich jemand mit dem Kokain erwischt hatte.

Madame Aurore räusperte sich. „Ja, er hat eine Vorstrafe wegen Drogenbesitzes ..."

„Das war ja zu erwarten."

„... und wegen Körperverletzung", fuhr Madame Aurore fort.

Fassungslos sah Conny sie an. „Körperverletzung? Was hat er denn getan, vor allem *wem* hat er etwas getan?"

„Er hat die Reporterin Jacqueline Monteraux zusammengeschlagen, ein halbes Jahr bevor wir Laurent bekommen haben", setzte sie hinzu. „Haben Sie denn mit Monsieur Nick nicht darüber gesprochen?"

„Nein ... warum hat er sie zusammengeschlagen?"

Madame Aurore zuckte die Achseln. „Keine Ahnung, ich dachte, Sie können mir das sagen, aber da Sie nicht mit ihm darüber gesprochen haben ..."

Nick sollte eine Frau verprügelt haben. Sie konnte es sich einfach nicht vorstellen. Das war genauso, als verlange jemand von ihr, zu akzeptieren, dass die Erde ein Würfel sei. Benommen schüttelte sie den Kopf. „Ich kann's nicht glauben."

Madame Aurore zog die Brauen zusammen. „Wollen Sie mir unterstellen, ich lüge?", fragte sie kalt und Conny hob abwehrend die Hände.

„Himmel, nein, natürlich nicht. Es ... es passt nur nicht zu dem Nick, den ich kenne", entgegnete sie schwach.

Madame Aurore wirkte noch immer nicht besänftigt. „Ich kann es beweisen, kommen Sie mit", befahl sie barsch.

Sie gingen in einen Trakt, in dem Conny bisher nicht gewesen war, durchquerten den Rittersaal, von dem Laurent gesprochen hatte und kamen schließlich in einem Raum an, der vollgeräumt mit den unterschiedlichsten Dingen war. „Hier sammelt sich allerhand Zeug an. Unnötiges und Wichtiges. Monsieur Nick lagert hier auch die Sachen, die Monsieur Malacru gehörten", erklärte sie knapp und griff nach einer Holztruhe. „Sie wissen, dass ich bereits über fünfzehn Jahre für Monsieur Nick arbeite?", bellte sie.

Conny nickte hastig.

„Ich habe vor einer Ewigkeit begonnen, alle Pressemeldungen über Monsieur Nick zu sammeln, ein Hobby sozusagen", meinte sie schon etwas ruhiger. „Vielleicht hat die Nachwelt einmal dafür Verwendung: *Das Genie im Spiegel seiner Zeit, gesammelt von Suzette Aurore*", deklamierte sie schwärmerisch und Conny kämpfte das aufsteigende Lächeln nieder: Ob Nick wusste, dass sein größter Fan mit ihm unter einem Dach lebte?

Während Madame Aurore herumstöberte, trat Conny zu den Kartons mit den Fotos. Im ersten befanden sich hunderte Bilder von Isabelle Aubiard. In den nächsten vier Kisten lagen ausschließlich Fotos von Modeschauen, Kosmetikprodukten und ähnlichen Dingen. In der Letzten gab es Aufnahmen aus der Anfangszeit von DOBAN. Nick auf der Copacabana mit einem Haufen Bikinischönheiten, vor der Skyline von New York, vor dem Tadsch Mahal, den Pyramiden, auf Partys, Galadinners, Theater- und Opernpremieren.

Es waren diese Fotos, bei denen Conny zuerst nachdenklich die Stirn runzelte. Patchous Stärke war es, Relationen zu erfassen, Beziehungen der Menschen auf seinen Bildern zu entschlüsseln.

Die Fotos, die sie in einer langen Reihe vor sich auf den Tisch legte, offenbarten etwas, das ihr bei den Betrachtungen, die sie in schlaflosen Nächten über Nick angestellt hatte, nie in den Sinn gekommen war. Auf allen befand sich

Nick irgendwo im Hintergrund, während das eigentliche Geschehen fast grotesk betont wurde.

Die ältesten Bilder zeigten ihn mit Skizzenblock und Bleistift, je mehr Zeit verstrich, desto häufiger vertauschte er diese Utensilien mit einem Glas Cognac. Er lehnte an Säulen, Wänden, Balustraden, Bäumen, Felsen und ... beobachtete.

Nick wollte nicht als Akteur im Mittelpunkt stehen, wie sie die Zeitungsmeldungen immer hatten glauben lassen, sondern als unbeteiligter Zuschauer an der Peripherie. Seine Genialität basierte auf der Tatsache, dass er ein distanzierter Beobachter war, der die Komplexität der Dinge zu durchschauen und auf seine ureigenste Weise umzusetzen verstand.

Und in diesem Moment begriff Conny Nicks Dilemma in seinem ganzen Ausmaß: er kam zu jenem Punkt, an dem er erkennen musste, dass er nicht einfach alles mit dem Zeichenstift ändern konnte. Er konnte die ungeliebte Realität nicht neu entwerfen wie eines seiner Kleider, wenn es ihm nicht gefiel. Er war der Gefangene einer Welt, deren Spielregeln er kannte und verabscheute und er fühlte sich unfähig das Spinnennetz, das ihn umgab zu zerreißen. Deshalb machte er sich den Aufenthalt darin so angenehm wie möglich. So schmerzlos wie möglich.

Der Schock über diese unvermutete Erkenntnis saß ihr noch in den Knochen, als Madame Aurore einen der dicken Plastikordner auf den Tisch legte.

„Hier bitte. Schwarz auf weiß. *Klatschkolumnistin von berühmten Modezaren spitalsreif geprügelt.* Man hat erzählt, dass er sie eigenhändig umgebracht hätte, wären nicht ein paar andere Gäste dazwischen gegangen. Das Maison DOBAN wurde in den Tagen danach richtig umlagert. Es war fast so schlimm, wie nach der Modeschau als er begann den Pelzhandel zu boykottieren und ...“

„Er hat *was*?“, stammelte Conny heiser.

„Er hat bei einer Modeschau bekannt gegeben, dass DOBAN keine echten Pelze, sondern nur mehr Imitate verwenden wird. Ist Ihnen schlecht, Sie sind auf einmal ganz weiß im Gesicht?"

Conny sank auf die Holztruhe und klammerte sich an dem Ordner fest. „Wann ... wann hat er das getan?"

Stirnrunzelnd betrachtete Madame Aurore sie. „Das wissen Sie auch nicht? Aber da waren Sie doch noch bei ihm, oder?" Sie nahm eine andere Mappe und schlug sie auf.

Conny sah nur auf das Datum, obwohl sie die Bestätigung nicht wirklich brauchte. Es war die Präsentation, zu der sie wegen des Zugsunglücks nicht hatte kommen können.

Wie betäubt las Conny die Schlagzeilen. „Keine Pelze bei DOBAN", „DOBAN sagt dem sinnlosen Tiermord den Kampf an: anlässlich der Präsentation seiner zwanzigsten Kollektion am Vorabend seines dreißigsten Geburtstages erklärte Nick Bandier, dass es an der Zeit sei, ein Zeichen zu setzen. In Zukunft werde DOBAN nur mehr Webpelze verarbeiten."

Die Buchstaben verschwammen vor ihren Augen.

„Es tut mir leid, ich dachte, Sie wissen das alles", sagte Madame Aurore betroffen.

Conny schüttelte den Kopf. „Ich ... ich hatte keine Ahnung."

Madame Aurore setzte sich neben Conny auf die Truhe. „Monsieur Nick ging es nicht sehr gut, nachdem Sie fort waren."

„Warum hat er nichts gesagt? Warum hat er nicht versucht, mich zu finden?", ihre Stimme bebte.

„Warum sind Sie weggegangen?"

„Ich dachte, er will mich nicht", antwortete Conny leise.

„Vielleicht hat er dasselbe von Ihnen geglaubt."

Conny presste die Finger an die Schläfen und versuchte sich zu beruhigen. „Was ist noch alles passiert, nachdem ich fort war?"

„Nach der Modeschau erhielt Monsieur Nick von Pelztierzüchtern und Kürschnern massive Drohungen. Schließlich wurde das Maison DOBAN unter Polizischutz gestellt, da man mit Attentaten rechnen musste – dabei flog die Sache mit dem Kokain auf. Viele seiner Kunden und Geschäftspartner sprangen ab, weil sie sich nicht als Schlächter und Mörder beschimpfen lassen wollten. Der Skandal erschütterte ganz Europa. Ich konnte mir nicht vorstellen, dass Sie nichts davon wussten."

Ganz Europa, wiederholte Conny. Nick hatte einen Skandal inszeniert, der die zivilisierte Welt erzittern ließ und von dem sie gehört hätte, wäre sie nicht in die hinterste Einöde geflüchtet, wo nur mehr Nachrichten in der Größenordnung von Staatstreichen per Funk übermittelt wurden.

„Himmel, was haben wir uns angetan", dachte sie dumpf. „Ich war ihm nicht gleichgültig, ich war bloß zu dumm, es zu merken."

Sie hatte nichts gewusst von seiner Arbeit, von seinem Leben, von seinen Gefühlen, nichts was nicht täglich in irgendeiner Zeitung breitgetreten wurde. Und damit hatte sie sich zufriedengegeben, ohne wirklich zu versuchen, das Bild des Nick Bandier aus all den Puzzlesteinen, die ihr zu Verfügung standen, zusammenzusetzen. Worte waren nicht seine Sache. Er hatte immer gehandelt, nicht einmal als er sie das erste Mal verführte, hatte er schöne Worte gebraucht.

Conny dachte an Tom, der mit Worten umgehen konnte wie mit einem Rubik's Cube. War das der Grund gewesen, warum sie ihn so liebte? Weil er keine Hemmungen hatte, über seine Gefühle zu sprechen, weil er ihr zwanzigmal am Tag „ich liebe dich, ich bete dich an" sagen konnte?

Conny atmete tief durch. Nick hatte ihr seine Welt zu Füßen gelegt und als Dank dafür wünschte sie ihm den Tod. Und jetzt war es zu spät, zehn verdammte Jahre zu spät. Sollte er noch etwas für sie empfunden haben, hatte sie ihn heute gründlich davon kuriert.

Madame Aurore riss sie aus ihren Gedanken. „Dann sind Sie also nur wegen Laurent zurückgekommen? Sie hätten sich um das Kind eines Mannes gekümmert, von dem Sie glaubten, dass er nichts für Sie übrig hat?"

Als Conny schwieg, seufzte Madame Aurore. „Es ist an der Zeit, mich zu entschuldigen. Ich war in Paris nicht sehr entgegenkommend, weil ich sie für eines seiner üblichen Flitt ... Abenteuer hielt."

Conny fuhr sich mit dem Arm über die Augen. „Keine Angst, Madame Aurore, ich werde meine Siebensachen packen und morgen früh verschwinden."

„Monsieur Nicks Zeichnungen sind im Safe. Ich hole sie und eine Kanne Kaffee", sagte sie, ohne auf Connys Worte einzugehen.

Conny überflog die Meldung von der bewussten Modeschau. Prominente jeden Couleurs gaben Meinungen zu DOBANs Vorgehen ab, irgendwann tauchte auch ein Pressesprecher auf, der Nicks monotone Stellungnahme eleganter zu formulieren verstand. Mitten unter diesen Artikeln fand sich die kurze Notiz, dass DOBAN in dieser Saison keine neue Parfumlinie auf den Markt bringen würde und Connys Finger begannen wieder zu zittern.

Zweifellos handelte es sich dabei um *Sunset*. Langsam blätterte sie weiter und blieb an einer anderen Schlagzeile aus demselben Jahr hängen: „*Topdesigner knapp dem Tod entronnen. Nur dem Zufall verdankt Nick Bandier, Eigentümer des DOBAN Konzerns, sein Leben. Am zweiten Weihnachtstag wurde er vom Werbefilmer Serge Vasseur in seiner Wohnung bewusstlos aufgefunden. Die im Krankenhaus durchgeführten Untersuchungen machen eine Überdosis Valium für Monsieur Bandiers Zustand verantwortlich. Ein Selbstmordversuch wird ausgeschlossen, da kein Abschiedsbrief gefunden wurde.*"

Madame Aurore kam mit der Kaffeekanne und einem Stapel Mappen unter dem Arm zurück.

Conny deutete auf den Artikel. „Was ist damit?"

„Ich war über die Weihnachtsfeiertage bei meiner Schwester in Bordeaux und Monsieur Malacru jettete mit seiner Freundin ans andere Ende der Welt", erzählte sie. „Monsieur Serge wollte Monsieur Nick besuchen, glücklicherweise kam er noch rechtzeitig." Sie machte eine Pause und sagte nach einem Räuspern: „Monsieur Serge hat, nachdem Monsieur Nick aus dem Krankenhaus entlassen wurde, mit ihm zusammengelebt, bis wir hierhergezogen sind. Später hat ihm Monsieur Nick das Sanatorium in Morlaix bezahlt, da er wegen der Krankheit keine Jobs mehr bekam und pleite war. Er war auch bei ihm, als Monsieur Serge starb. Es war das letzte Mal, dass sich Monsieur Nick betrunken hat."

Als sie Connys Gesicht sah, setzte sie sich neben sie und griff nach ihrer Hand.

„War ...", Connys Stimme gehorchte ihr nicht. „... war er irgendwann auf Entzug?"

„In einer Anstalt, meinen Sie? Nein, solange er halbwegs klar denken kann, geht er in keine Klinik."

„Wie ist er denn sonst von dem ganzen Zeug losgekommen?"

Madame Aurore stand auf, um den Kaffee in die beiden Tassen zu füllen. „Die Sache mit dem Cognac war bei ihm immer eine Berg- und Talbahn. Meistens war er relativ nüchtern, wenn die Präsentation der neuen Kollektion näher rückte und nach der Modeschau begann er wieder zu trinken. Aufgehört jede Nacht durchzutrinken hat er, als Laurent in der Säuglingsstation war. Ich nehme an, dass er den Jungen völlig betrunken besuchen wollte und man ihn rausgeworfen hat. Ein paar Tage war er gereizt, aber sonst hatte er damit keine Probleme, er ist kein Alkoholiker, wenn Sie das meinen, er trinkt heute noch gelegentlich ein Glas Wein oder Cognac", schloss sie und reichte Conny die Tasse.

„Was das Kokain betrifft, kann ich nichts sagen, aber am härtesten war für ihn die Sache mit dem Valium. Es waren die einzigen drei Wochen, die ich jemals im Maison DOBAN gewohnt habe – drei Wochen, in denen ich wirklich Angst um ihn und seinen Verstand hatte", fügte sie hinzu und griff nach einer violetten Mappe. „Das hat er in dieser Zeit gezeichnet."

Conny schaffte es nur, die ersten Zeichnungen zu betrachten. Wenn jemals Dämonen aus Albträumen ans Tageslicht gekrochen waren, dann auf diesen Blättern. Es waren grauenhaft schöne Bilder, faszinierender Wahnsinn in unglaublichen Gestalten.

Madame Aurore nahm ihre Hand. „Regen Sie sich nicht so auf, es ist fast sieben Jahre her."

Conny war nicht im Stande etwas zu antworten. Dinge, wie die, die sie eben gesehen hatte, waren nie vorbei.

„Bitte lassen Sie mich allein", flüsterte sie heiser.

„Gut, aber ich sehe später nach Ihnen", sagte Madame Aurore und tätschelte ihren Arm.

Mechanisch wandte sich Conny wieder den Zeitungsausschnitten zu, sah Nick auf Fotos mit wechselnder Begleitung und Schlagzeilen über seinen ausschweifenden Lebenswandel. Bilder von Patchou, mit gestutztem Haar und ohne Bart, eine strahlende Isabelle an seiner Seite. Schließlich die Berichte über Nicks Übergriff auf Jacqueline Monteraux. Kein Artikel brachte Licht in die Sache und eigenartigerweise schwieg sich auch die Reporterin aus. Nick wurde zu Schmerzensgeld in schwindelerregender Höhe verurteilt und erhielt seine zweite Vorstrafe. Zu der Zeit sah er genauso aus, wie Conny ihn sich in der Klinik von Lannion vorgestellt hatte: schwammig, bleich, tiefliegende Augen, abwesender Blick und mindestens zwanzig Kilo schwerer.

Dann kam die ganzseitige Anzeige der *Le Monde* von Patchous Tod. Nachruf, Fotos der Trauerfeier. Nick in weite, wallende, purpurfarbene Gewänder gehüllt, riesige Sonnenbrille. Starr seine Haltung, starr seine Mimik, so als ginge ihn das alles nichts an.

Seine nächste Kollektion wurde von der Fachwelt in Grund und Boden gestampft. Er stand noch während der Pressekonferenz auf und verließ kommentarlos den Saal.

Conny musste sich zwingen weiter zu blättern. Der nächste Bericht datierte ein halbes Jahr später und mit dieser Kollektion war Nick zwar nicht ganz oben, aber wieder im Spiel. Er wirkte noch immer aufgeschwemmt und blass, aber seine Augen blickten klar und spöttisch in die Kamera. Conny verglich das Datum mit Laurents Geburtstag und zog den Schluss, dass Nick zu diesem Zeitpunkt bereits von seiner Existenz gewusst haben musste.

Sie blätterte weiter, bis sie zu einem Exklusivinterview mit *Paris Match* kam, in dem Nick erklärte, dass er Paris verlassen und im DOBNAN Konzern nur mehr beratende Funktionen übernehmen würde.

Die Zeiträume zwischen den Berichten wurden größer. Alle paar Monate gab er ein Interview, die Meldung über den Oscar hatte Madame Aurore rot eingerahmt und in den letzten Artikeln wurde in völlig unspektakulärer Art von Laurent gesprochen, allerdings gab es von ihm kein Foto.

Seufzend schlug Conny den Ordner zu. Ihr Kopf schmerzte und sie wusste, heute waren mehr als zwei Tabletten nötig, wenn sie ein paar Stunden schlafen wollte.

Langsam zog sie den Stapel mit Nicks Zeichnungen näher. Es erstaunte sie nicht, dass er sie im Safe verwahrte. Schon in Paris lagen Geld und Schmuck achtlos in Kästchen und Laden verstreut, während er seine Entwürfe wie seinen Augapfel hütete und einschloss, sobald er die Wohnung – und sei es auch nur für Minuten – verließ.

In der obersten Mappe waren unzählige Zeichnungen von Laurent. Die ersten zeigten ihn im Brutkasten, die Letzten mit einem Surfboard. In den anderen Mappen waren Entwürfe von Kleidern, Kostümen, Schmuck, Flacons, Glasfenstern und anderen Dingen.

Im dicksten Ordner befanden sich Hunderte Zeichnungen mit den verschiedensten Motiven: Landschaftsskizzen von allen Ecken der Welt, Bilder mit Patchou im Vordergrund, Blätter mit Serge Vasseur am Set seiner Filme, Pariser Straßenszenen.

Die letzte Mappe war im Unterschied zu den anderen sorgfältig verschnürt. Conny öffnete sie vorsichtig und starrte auf die erste Zeichnung. Es war das Bild einer atemberaubend schönen schlafenden Frau, deren nackter Körper zum Teil von einer dünnen Decke verhüllt wurde.

Connys Mund fühlte sich an wie die Wüste Gobi. Die schlafende Schönheit war sie selbst. Geschockt blätterte sie die anderen Zeichnungen durch.

Da war sie im Türkensitz vor einem Asterixheft, zornig mit in die Hüften gestemmten Händen, lässig am Türstock lehnend, an der Küchentheke einen Becher Pudding löffelnd. Es lagen auch die Entwürfe für Madelons Brautkleid dabei und jetzt verstand sie, warum er sich damals so seltsam verhalten hatte: das flüchtig skizzierte Gesicht über den Modellen war zweifellos das ihre und scheinbar war ihm in dieser Nacht zum ersten Mal bewusst geworden, dass die Dinge nicht nach Plan liefen.

Auf einem anderen Blatt saß sie in dem zerwühlten Bett, umschlang die angezogenen Knie mit den Amen und sah in die Ferne. Connys Hand zitterte. Genauso hatte sie Nick immer beobachtet, wenn er sich für seine nächtlichen Ausflüge zurecht machte und er hatte es bemerkt, obwohl sie dachte, er achte nur auf seine Garderobe.

Sogar in ihrer Schwesterntracht hatte er sie gezeichnet. Conny stöhnte unterdrückt auf, aber es kam noch schlimmer. Das nächste Bild ließ ihr das Blut in den Adern gefrieren: Sie hielt ein Baby im Arm und ein Mann beugte sich über sie.

Der Mann war Henri Lavanne.

Conny schlug die Mappe zu und begann hemmungslos zu weinen. Nick schien davon überzeugt gewesen zu sein, sie lebe mit Henri zusammen, womöglich glaubte er sogar, dass sie mit dem Arzt weggegangen sei, weil sie ihn liebte. Hatte er sie deshalb nicht gesucht?

Conny rieb ihre schmerzende Stirn. Der Einzige, der die Antworten zu ihren Fragen kannte, war Nick. Sie stand auf und ging zu dem kleinen Fenster.

Was sollte sie tun? Sie erinnerte sich an die kalte Verachtung in seinen Augen. Er hatte Recht. Sie war keinen Deut besser als die anderen Frauen, die durch sein Schlafzimmer defilierten. Nick Bandier war ein Meister des schönen Scheins und sie hatte es nicht geschafft, hinter diesen Schein zu blicken.

Er änderte sich nicht um 180 Grad, er streifte nur den Ballast ab, der ihn daran hinderte, sein Leben so zu leben, wie er wollte. Alles was er brauchte, war ein Ziel, für das es sich lohnte, sein Spinnennetz zu zerstören und dieses Ziel hieß Laurent.

Und heute war er glücklich. Vollkommen glücklich, ohne eine Frau, die zehn Jahre brauchte um zu kapieren, was er für sie empfand.

Conny legte die Ordner wieder in die Holztruhe zurück. Ihr Kopf schmerzte und sie war nicht in der Lage, einen klaren Gedanken zufassen. In der Küche räumte Madame Aurore den Geschirrspüler aus. „Nun, was werden Sie tun?"

Conny goss Milch in einen Becher und stellte ihn in die Mikrowelle. „Ich habe keine Ahnung", erwiderte sie müde.

ZWEIUNDZWANZIG

Gemeinsam mit Conny erwachten am nächsten Morgen die Kopfschmerzen. Darüber hinaus schienen an ihren Gliedern Bleigewichte zu hängen und sie fühlte sich wie gerädert. „Vier Schlaftabletten waren wohl doch zu viel", dachte sie gähnend. Auch die kalte Dusche brachte ihre Lebensgeister nicht zurück. Schließlich wühlte sie in ihrer Handtasche nach der Schachtel Captagon, die sie immer bei sich trug. Das Zeug wirkte schnell und machte sie nicht nur wach, sondern ließ sie auch eine gewisse Euphorie empfinden. Während sie sich anzog, beschloss sie, etwas zu unternehmen, um ihre Fehler Nick gegenüber gutzumachen. Sie würde das Krankenhaus darüber in Kenntnis setzen, dass man ihn entlassen konnte und zwar sobald als möglich. Dann würde sie sich um ihn kümmern, bis er wieder ganz hergestellt war. Das war das Mindeste, was sie tun konnte, um ihr Gewissen zu erleichtern.

Laurent saß im Kaminzimmer, frühstückte und las dabei ein Comicheft. „Reiten wir wieder gemeinsam aus?"

„Später, zuerst muss ich noch etwas erledigen", antwortete Conny und ging zum Telefon. Sie nahm von ihrer Dienststelle zwei Wochen Urlaub und verhandelte dann mit Dr. Fertoc über Nicks Entlassung. Als sie auflegte, lächelte Madame Aurore sie an. „Ist das wahr, er kommt heute nach Hause?"

„Ja, ist es Ihnen recht, wenn ich ihn abhole, damit ich noch einmal mit den Ärzten sprechen kann?"

„Natürlich, Madame Constance, ich werde inzwischen ein fabelhaftes Mittagessen für uns vorbereiten", versprach die Haushälterin und Conny ging zu Laurent.

„Wir können deinen Papa heute vom Krankenhaus abholen", teilte sie ihm mit und der Junge sprang auf. „Vraiement?", rief er und hüpfte um sie herum. „Wann denn? Jetzt gleich?"

„Wenn ich gefrühstückt habe", stellte Conny fest. „Aber ich bleibe doch länger bei euch. Macht dir das etwas aus?"

Laurent schüttelte den Kopf. „Hauptsache, Papa kommt nach Hause", antwortete er glücklich.

„Du kannst ihm Kleider für den Heimweg holen", meinte sie und Laurent verschwand wie ein geölter Blitz.

Wenig später kam er mit einem rot-orange-türkis gemusterten Hawaihemd und einer hellen Stoffhose zurück.

Stirnrunzelnd betrachtete Conny die Sachen. „Bist du sicher, dass er das anziehen wird?"

„Mais oui, solche Sachen trägt er dauernd." Er stopfte die Kleidungsstücke in eine Plastiktüte und blickte Conny erwartungsvoll an.

„Gut, dann lass uns fahren." Sie beschloss, sich über nichts mehr zu wundern.

Gemeinsam gingen sie dann zum XM und Laurent lümmelte sich in den Fond. Während der Fahrt redete er in seiner unzusammenhängenden Art über alles Mögliche. Conny erzählte ihm einige harmlose Episoden aus ihrem Zigeunerleben und er hörte mit großen Augen zu.

Beim Eingang des Krankenhauses gab Conny Laurent ein Päckchen Gauloise, das sie aus Nicks Arbeitszimmer mitgenommen hatte. „Du kannst deinem Vater die Kleider und die Zigaretten bringen. Warte, hier ist das Feuerzeug. Ich will vorher noch mit dem Arzt sprechen."

Das Gespräch mit Dr. Fertoc und der Stationsschwester brachte keine neuen Erkenntnisse. Man gab ihr Rezepte für Salben und Schmerzmittel, ein paar Einwegspritzen und zwei Pakete Verbandmaterial, die ihr die Oberschwester mit Verschwörermiene aus den Krankenhausbeständen organisierte. Lächelnd drückte sie Conny zum Abschied die Hand.

„Alles Gute, Madame Bandier. Ihr Mann wollte es gar nicht glauben, dass er schon entlassen wird."

Conny lächelte zurück und dachte: „Das wundert mich nicht."

Als sie Nicks Zimmer betrat, saß er in den Sachen, die Laurent ihm ausgesucht hatte, am Fenster und hielt eine brennende Zigarette in der Hand.

„... sollten Sie wirklich auf Ihre Gesundheit achten und nicht mehr rauchen", hörte sie eine tadelnde weibliche Stimme

Sie gehörte zu einem Mädchen mit einer langen blonden Mähne, das Nick gegenübersaß und Conny den Rücken zuwandte. Laurent stand neben seinem Vater und meinte zustimmend: „Zuerst wirst du innen schwarz und dann bist du tot."

Völlig unbeeindruckt machte Nick einen tiefen Zug und entgegnete: „Tot sind wir alle irgendwann einmal und ich werde nicht schwarz, sondern lila mit grünen Streifen, schließlich bin ich Designer."

„Wenn der bärtige alte Mann Sehnsucht nach Monsieur Bandiers Gesellschaft verspürte, hat er seine beste Gelegenheit gerade verpasst", sagte Conny trocken und kam näher.

Das Mädchen drehte sich um. „Ach ja, und wer sind Sie?"

„Ich bin Monsieur Bandiers Frau", erwiderte Conny und registrierte erfreut, wie Blondie unter der Sonnenbräune eine Nuance blasser wurde.

Sie trug ein pfirsichfarbenes Kleid, das am Ausschnitt mit zwei Reihen Volants besetzt war und perfekt geformte Schultern sehen ließ. Mit einem verbindlichen Lächeln meinte sie jetzt: „Ich bin Cathérine Gensac, Laurents Lehrerin. Ich wollte mich bei Monsieur Bandier erkundigen, ob ich mich um die Pferde kümmern soll."

An dieser Stelle mischte sich Laurent ein: „Papa, Conny ist auf Jasmina geritten – ohne Sattel und in Libyen hat jemand fünfzehn Pferde für sie geboten, aber ihr Freund gab sie nicht her", sagte er mit völligem Nichtbegreifen in der Stimme und Conny zwinkerte ihm zu: „Er wollte Kamele, aber die waren gerade aus."

„Wenn Sie sich mit Pferden auskennen, ist mein Angebot wohl überflüssig", bemerkte Mademoiselle Gensac.

Conny lehnte sich mit verschränkten Armen an das Fußende des Bettes und dachte gehässig: „Sieht ganz danach aus, Schätzchen, als wären alle deine Angebote überflüssig." Laut sagte sie aber: „Diese Entscheidung überlasse ich Nick."

„Ich danke Ihnen für Ihr gutgemeintes Angebot, Mademoiselle Gensac, wenn es nötig ist, werde ich es Sie wissen lassen", antwortet er freundlich und reichte der jungen Frau die Hand.

„Gut. Auf Wiedersehen, Laurent", wandte sie sich an den Jungen und fuhr ihm mit der Hand durch die dichten Locken, was er mit einem gequälten Lächeln ertrug.

Sie streckte auch Conny den Arm hin. „Auf Wiedersehen, Madame Bandier, ich freue mich Ihre Bekanntschaft gemacht zu haben."

„Auf Wiedersehen, Mademoiselle Gensac." Conny zwang ein Lächeln auf ihr Gesicht. Dann stopfte sie das Verbandsmaterial in die Plastiktasche und überließ die Wagenschlüssel Laurent, der sie triumphierend schwenkte. „Ich dreh schon mal die Klimaanlage auf."

Nick drückte seine Zigarette aus. „Warum hast du deine Meinung geändert?", wollte er wissen und sah ihr in die Augen.

Sie schluckte und versuchte seinem Blick standzuhalten, was ihr jedoch nicht gelang. „Ich wollte schon immer Burgfräulein spielen, außerdem hast du selbst gesagt, dass mir ein paar Tage Erholung nicht schaden würden", antwortete sie betont heiter.

„Das stimmt", pflichtete er ihr bei, „du siehst entsetzlich aus. Was ist los? Bist du krank?"

Sie waren beim Eingang der Klinik angekommen und Conny setzte die Sonnenbrille auf. „Nein, ich habe schlecht geschlafen, das ist alles."

Der Junge besorgte die Unterhaltung während der Fahrt nahezu im Alleingang und Connys Gedanken kehrten zu den Zeitungsausschnitten zurück. Irgendwann sagte Nick trocken: „Auf französischen Landstraßen gilt Tempo hundert und hier in der Gegend sind sie recht fix mit Führerscheinabnahmen."

Conny sah erschrocken auf die Tachonadel, die bei hundertvierzig zitterte und nahm den Fuß vom Gas. „Himmel, der Wagen ist ein Geschoss. Man merkt gar nicht, wie schnell man damit die Schallmauer durchbricht", versuchte sie zu scherzen, aber Nick blickte sie nur prüfend an und Conny war froh, als sie endlich beim Schloss ankamen.

Die Begrüßung überließ sie Madame Aurore und verschwand in ihrem Zimmer, wo sie sich im Spiegel betrachtete und Nick recht geben musste: Ihr Gesicht wirkte blass und ihre Pupillen waren gar nicht mehr vorhanden.

„Sieht so aus, als hätte das Smaragdschloss seit heute sein eigenes Gespenst", dachte sie bitter und dabei fiel ihr ein, wie hübsch Mademoiselle Gensac war und warum, zum Teufel, versammelte Nick um sich herum immer Frauen, die über eine überdurchschnittliche Attraktivität verfügten, selbst wenn sie keine Models waren.

Um die trübseligen Gedanken zu vertreiben schluckte sie noch zwei Captagon, nicht ohne sich selbst hoch und heilig zu versprechen, dass das wirklich die letzten für dieses Jahr wären.

Nach dem Mittagessen fragte Laurent: „Gehen wir hinunter zum Strand?"

„Wenn du willst", antwortete Nick und Conny hoffte inständig, ihr möge eine plausible Ausrede einfallen, als er sie jetzt ansah: „Du kommst doch mit?"

„Ich habe keinen Badeanzug dabei", erwiderte sie hoffnungsvoll, aber Nick meinte nur: „Das macht nichts. Ich kann ohnehin nicht ins Wasser, also leistest du mir Gesellschaft."

„Vielleicht solltest du dich hinlegen und ein Schläfchen machen, damit du dich nicht überanstrengst", wandte sie lahm ein.

„Ich habe lange genug geschlafen, außerdem will ich nicht das Himalayamassiv besteigen, sondern einen Spaziergang von zehn Minuten unternehmen."

So kam es, dass sie wenig später zum Strand marschierten. Laurent trug die Tasche mit den Handtüchern und Erfrischungen und sprang fröhlich den schmalen Pfad hinunter. Conny trottete langsam hinter Nick her, der beruhigender Weise in Bermudashorts genauso unmöglich aussah wie alle anderen Männer. Deshalb traf sie der Schock, den seine Berührung in ihr auslöste, als er bei einem steilen Stück nach ihrem Arm griff, gänzlich unvorbereitet und um ein Haar wäre sie gestolpert.

Und jetzt war sie auch ehrlich gegenüber sich selbst: Ihr Problem hörte nicht länger auf Tom Arnsteiner sondern auf Nick Bandier. Seufzend fragte sich Conny, wie sie ihr Leben nur dermaßen verkorksen hatte können und sah zu, wie Laurent die Handtücher ausbreitete und seine Kleider abstreifte. Eine Sekunde später lief er mit Taucherbrille und Schnorchel zum Meer.

Conny setzte sich neben Nick. Das Schweigen, das über ihnen lastete wurde drückend und sie entschloss sich zu sagen: „Ein hübsches Fleckchen, und das Wasser sieht so sauber aus."

„Ja, in der Tat", antwortete Nick unkooperativ.

Conny rieb die Falte zwischen ihren Brauen. „Warum sprichst du Deutsch, obwohl du es nie wieder tun wolltest?"

Nick legte sich auf den Rücken, verschränkte die Arme hinter dem Kopf und sagte: „Einer der Gründe ist Laurent. Ein Kind lernt schnell und eine zusätzliche Sprache eröffnet andere Perspektiven. Wer weiß, was aus mir geworden wäre, hätte ich nicht nach Paris gehen können."

Er machte eine kleine Pause und schien zu überlegen, bevor er weitersprach: „Mein Vater hat meine Mutter kennengelernt als er in Süddeutschland Geschäftskontakte aufbaute. Sophia war schön wie ein Engel und innerhalb von zwei Monaten brachte sie meinen Vater dazu, sie zu heiraten und was noch wichtiger war, in Salzburg zu bleiben, damit sie all ihre Freundinnen mit ihrem neuen Lebensstil beeindrucken konnte. In den fast fünfzehn Jahren, die sie mit meinem Vater verheiratet war, schaffte sie es nicht, auch nur eine Silbe Französisch zu erlernen."

Er setzte sich auf und begann in der Tasche zu wühlen. „Mein Vater bezahlte ihr eine Villa, Autos, Kleider, Schmuck und als ich auf der Bildfläche erschien einen Haufen Kindermädchen, damit sie sich ungestört ihren Kaffeekränzchen, Bridgenachmittagen und Kaufanfällen widmen konnte." Seine Stimme klang leise und kälter als Eis. „Um es kurz zu machen, Sophia bekam den Hals nicht voll. Sie wollte immer mehr und mehr. Mein Vater ließ sich auf riskante Geschäfte ein, die ihn zum Absturz brachten. Sophia sorgte rechtzeitig dafür, dass alle halbwegs wertvollen Dinge auf ihren Namen liefen und dass sie geschieden war, bevor mein Vater von Interpol gesucht wurde. Dann machte sie sich an Manfred Becker, den Kaufhauskönig, heran. Für mich wurde ein vornehmes Internat ausgesucht, da Becker nicht daran interessiert war, sich mit mir herumzuärgern."

„Und von dort bist du nach Paris?", warf Conny ein, aber er schüttelte den Kopf. „Nicht sofort. Auf mich übten Nähmaschinen und die unterschiedlichen Strukturen von Stoffen die gleiche Faszination aus, wie Computer auf die Kinder von heute. Zu erleben, wie ein Kleid, das ich auf einem Blatt Papier gezeichnet hatte, Realität werden konnte, war ein unbeschreibliches Gefühl. Ich wusste also sehr genau, was ich tun wollte und bat Becker, mich als Lehrling einzustellen. Es hätte ihn nicht einmal eine Handbewegung gekostet, aber er tat es nicht. Dann erst ging ich nach Paris und ich schwor mir, nie wieder eine Sprache zu sprechen, die mir nur Enttäuschung gebracht hatte."

„Hast du jemals wieder etwas von deinen Eltern gehört?"

„Als es mit DOBAN aufwärts ging, versuchte ich meinen Vater zu finden. Ein Detektiv entdeckte ihn in Südamerika, wo er in einer argentinischen Kleinstadt lebt. Er arbeitet als Mathematiklehrer, ist wieder verheiratet und hat zwei Töchter. Getroffen habe ich mich allerdings erst mit ihm, als Laurent schon bei mir war. Vermutlich hatte mich zu dieser Zeit eine sentimentale Sehnsucht nach meinen eigenen Wurzeln gepackt. "

Er vergrub eine Hand im Sand. „In meinen Augen war es immer Sophias Schuld gewesen, dass er mich nicht mitgenommen hat. Aber als wir uns gegenüberstanden, wurde mir klar, dass er es damals abgelehnt hatte, sich um mich zu kümmern. Er konnte mit einem Jungen, der lieber zeichnete oder vor einer Nähmaschine saß, statt Fußball zu spielen nicht das Geringste anfangen."

Er schwieg eine Weile. „Der Hammer kommt aber noch. Als wir uns voneinander verabschiedeten, gab er mir einen Satz mit, an dem ich lange zu kauen hatte. Er sagte", Nick holte tief Luft, „ich sähe meiner Mutter so ähnlich, dass er im ersten Moment glaubte, Sophia stünde vor ihm."

Langsam ließ er den Sand durch seine Finger rieseln. „Mein Leben lang habe ich versucht, diese Frau aus meinem Leben zu streichen und ging dabei soweit, keine schwarzhaarigen Models zu engagieren und mich nicht mit schwarzhaarigen Frauen einzulassen. Dabei ist sie immer da gewesen und wird immer da sein, solange es irgendwo einen Spiegel gibt."

Er klopfte seine Hand ab. „Ich war fest entschlossen, mir einen Bart stehen zu lassen und die Haare auf fünf Millimeter abzurasieren, doch dann wurde mir klar, dass sich damit nichts ändert. Ich bin Sophias Sohn, ein Teil von ihr ist in mir, ganz gleich was ich tue, ganz gleich ob ich deutsch spreche oder französisch."

Conny blickte zum Himmel, der sich zunehmend bewölkte. Ihr Mund war ganz ausgetrocknet. „Gibst du mir etwas zu trinken?", bat sie und er nahm zwei Dosen Pepsi aus der Tasche.

„Eh bien, Onkel Nicks Märchenstunde ist zu Ende. Werde ich jetzt erfahren, was mit dir los ist?"

Conny trank durstig, bevor sie die Arme um die Knie schlang und in die Ferne blickte. „Gut, ganz von Anfang an. Ich war also in Somalia, und der gute Henri war sehr geduldig, wollte aber nicht begreifen, dass ich seine Gefühle auch dann nicht erwidern konnte, wenn Ostern und Pfingsten auf den Heiligen Abend fallen würden. Die Chance Somalia zu verlassen, war ein Aufruf des Roten Kreuzes, das medizinisches Personal für die Bürgerkriegsopfer in Äthiopien suchte, damit konnte ich mich relativ elegant aus der Schlinge ziehen. In Äthiopien lernte ich Tom kennen. Er war Journalist und sollte über die Hilfsaktionen Karl-Heinz Böhms berichten."

Versunken sah Conny zum Horizont. Es gab so vieles, was sie über Tom erzählen konnte, schließlich war er jahrelang ein Teil ihres Lebens gewesen, aber sie beschränkte sich darauf zu sagen. „Wir waren mehr als fünf Jahre zusammen und zwar immer dort wo's krachte. Nenn mir einen Unruheherd aus dieser Zeit und ich bin sicher, ich kenne ihn wie meine Westentasche."

„Du hast die ganze Zeit als Krankenschwester gearbeitet?"

„Ja, ich hatte einen Sondervertrag mit dem Roten Kreuz und wo der ungültig war, habe ich einfach in den Lazaretten nachgefragt, ob sie mich brauchen konnten. Zuletzt waren wir in Banis, einer kleinen Ortschaft nahe der Grenze Iran-Irak. Dort kam Tom ums Leben, er wurde von einer Tellermine in die Luft gesprengt", fügte sie hinzu und hoffte, dass ihre Stimme nicht zitterte.

„Warst du dabei?", hörte sie Nick fragen.

„Ja, ich stand ungefähr fünfzig Meter weit weg." Vor lauter Anspannung öffnete sie die Bänder ihrer Leinenschuhe und grub die Zehen in den warmen Sand. In ihren Schläfen pochte der Schmerz, als wollte er ihren Schädel von innen her zertrümmern.

„Tom hatte von einem geplanten Sturz Saddam Husseins erfahren. Er wollte sich mit der Gruppe treffen." Um dem Schuldgefühl, das sie immer packte, wenn sie daran dachte, zu entkommen, redete sie schnell weiter. „Wir hatten einen Streit, nicht schlimmer als Dutzende Male vorher. Nur, es war das einzige Mal, dass er ... dass er ohne Versöhnung ging. Nach einer Viertelstunde tat's mir leid und ich fuhr ihm nach. An der Grenze stand Toms Jeep, aber die Posten ließen mich nicht passieren. Offenbar gab es ein Codewort, dass ich nicht kannte. Ich sah Tom mit zwei anderen Soldaten zu einem Hubschrauber gehen. Aber sie kamen nie dort an." Conny atmete tief durch. „Es war nicht viel von ihm da, was man begraben konnte, also legte ich seine Mahjongsteine und seinen Laptop dazu und ein paar von den anderen Journalisten trieben so etwas Ähnliches wie einen Grabstein auf. Toms Familie organisierte später in Deutschland eine pompöse Trauerfeier, aber dazu wurde ich nicht eingeladen."

„Und warum nicht?"

„Ich lernte die Familie Arnsteiner erst kennen, als ich ihr den Koffer mit Toms Habseligkeiten vorbeibrachte und bei der Gelegenheit wurde mir auch klar, warum er seine Leute in all den Jahren nicht ein einziges Mal besuchte. Sie strahlten so viel Menschlichkeit und Wärme aus wie ein erfrorener Pinguin. Sie bedankten sich höflich für meinen Besuch und boten mir Tee und Kuchen an", berichtete Conny zynisch. „Nach dem Tee servierten sie mir das Dossier einer Detektei, die Nachforschungen über die Frau anstellte, mit der ihr Sohn zusammenlebte. Unser wildes Verhältnis war in ihren Augen schon schlimm genug, aber eine Ehebrecherin, die ungesetzlicher Weise unter ihrem Mädchennamen lebte, war mit dem makellosen Ruf des Namens Arnsteiner absolut unvereinbar. Ich müsse doch verstehen, dass ich unter solchen Voraussetzungen nicht an einer offiziellen Trauerfeier teilnehmen könne, sagte Toms Vater und hielt mir einen Scheck hin. Gleichzeitig mit der schriftlichen Erklärung, dass ich über meine *Affäre* mit Thomas Arnsteiner Schweigen bewahren und keine weiteren Forderungen mehr stellen würde", ihre Stimme bebte vor Abscheu.

„Du bist natürlich trotzdem hingegangen", stellte Nick fest.

Der Schmerz in Connys Schläfen hämmerte weiter. Sie trank den letzten Rest Pepsi aus und merkte, wie sich die Wolken unheilverkündend zusammenballten. „Ich wollte hingehen, keine Frage. Nur ... als ich ihnen sagte, sie könnten sich ihr Geld sonst wohin stecken und nichts und niemand würde mich davon abhalten, zu der Trauerfeier zu kommen, fingen sie allen Ernstes mit mir zu handeln an. Sie glaubten, sie könnten an meine Grundsätze ein Preisschild stecken."

Sie machte eine Pause. Jetzt kam das Kapitel, das sie gerne verschwiegen hätte. „Ich hatte einen Nervenzusammenbruch. Das Letzte, woran ich mich erinnere ist, wie ich im Taxi zu schreien anfing und damit nicht mehr aufhörte, bis ich angeschnallt auf einer Trage lag und eine Beruhigungsspritze bekam. Sobald ich transportfähig war, holten mich meine Eltern nach Salzburg. Die Ärzte rieten ihnen, mich in ein Sanatorium zu bringen, da sie mich unter Beobachtung haben wollten." Sie nahm die Sonnenbrille ab und sah Nick direkt in die Augen. „Sanatorium ist ein hübsches Wort. Weniger hübsch ist Nervenheilanstalt oder Klapsmühle." Sie hatte es selten geschafft, in Nicks Gesicht zu lesen und auch jetzt scheiterte sie damit. Langsam setzte sie die Sonnenbrille wieder auf. „Dort stopften sie mich mit Unmengen von bunten Pillen voll und versuchten, mir mit Gesprächstherapie wieder auf die Beine zu helfen. Aber ich wollte nur meine Ruhe, ich wollte mich um nichts kümmern. Es war alles so sinnlos geworden, so ...."

„So, als ob dir alles durch die Finger rinnt, und du hilflos dabei zusehen musst."

„Ja, genau." Sie sah ihn überrascht an. „Ist es dir auch einmal so ergangen?"

Er hob eine Augenbraue. „Einmal? Ich habe aufgehört zu zählen", meinte er ironisch. „Meine Therapie war auf den Straßen von Paris zu zeichnen. Wenn der Regen kommt und die Arbeit von Stunden – wie gut auch immer sie war – in den Gully spült, rückt das die Relation der Dinge sehr schnell zurecht. Wir Menschen und unsere Probleme sind nichts als flüchtiger Kreidestaub. In den vergangenen Jahren wurde es besser, Laurent hält mich zu sehr in Atem, als dass ich mich in großartigen philosophischen Betrachtungen verlieren könnte. Meinen letzten Einbruch hatte ich als Serge starb."

Conny drückte die leere Pepsidose zusammen. Sie hätte zu gerne gewusst, in welcher Beziehung er zu Vasseur gestanden war, aber sie fürchtete sich davor, ihn direkt zu fragen und noch mehr fürchtete sie sich vor der Antwort.

Nick betrachtete sie von der Seite, dann lächelte er leicht. „Serge sagte immer, ich sei eine glatte Verschwendung an alle Frauen dieser Welt. Mein Leben wäre vielleicht einfacher verlaufen, hätte ich mich seiner Meinung anschließen können."

Die Pepsidose sah aus wie eine Sanduhr. „Ihr wart also nur Freunde?"

Nick rieb seine Stirn. „Serge war ein ganz außergewöhnlicher Mensch. Er hat mich geliebt, mit all meinen Abgründen. Er war in den schwärzesten Momenten meines Lebens an meiner Seite, ohne ihn würde ich heute nicht hier sitzen. Serge ist nicht leicht gestorben, er war nicht bereit zu gehen und zu meiner Schande muss ich gestehen, dass ich das Ausmaß seiner Liebe erst während dieser Stunden begriff." Er wandte seine Aufmerksamkeit wieder Conny zu. „Wie lange warst du in diesem Sanatorium?"

„Vier Monate. Meine Schwester redete mir solange zu, bis ich zu ihr und ihrer Familie zog und ein halbes Jahr später fühlte ich mich gut genug, in Wien eine Stelle anzunehmen."

„Du hast eine Schwester?", fragte Nick erstaunt.

Conny war froh, das Thema Nervenklinik erledigt zu haben und erwiderte mit einem kleinen Lächeln: „Ja, sie ist drei Jahre älter als ich und ein technisches Wunderkind. Unser Vater hat eine Autowerkstatt und jammerte immer, mit zwei Töchtern geschlagen zu sein, aber Silvie nahm ihm schnell den Wind aus den Segeln. Sie fährt mit allem, was Räder und einen Motor hat, und nebenbei bestand sie die Meisterprüfung. Mit Auszeichnung."

Nick schüttelte sich. „Oh, Gott, noch so ein perfektes weibliches Wesen."

Conny fegte den Sand von ihren Zehen. „Naja, sie hat das gleiche Problem wie ich. Sie kann nicht kochen, aber ...", jetzt grinste sie Nick an, „ ... dafür hat sie einen Koch geheiratet."

Er lachte und sah dabei so unbeschreiblich gut aus, dass sich Connys Herz vor Sehnsucht zusammenzog. Plötzlich hasste sie die Distanz, die zwischen ihnen lag, diese Wand aus Unsicherheit und der Angst, den ersten Schritt zu tun.

Nick beugte sich vor und sein Blick fiel auf ihre nackten Zehen mit den rotlackierten Nägeln. Conny spürte körperlich, wie seine Stimmung umschlug. Gleichzeitig erinnerte sie sich daran, wie oft ihr Nick in Paris anbot, ihre Zehennägel zu lackieren und dass sie nie sehr weit damit gekommen waren.

So unauffällig wie möglich streifte sie ihre Schuhe über und war froh, dass er ihre Augen hinter der Sonnenbrille nicht sehen konnte. Die Stimmung in diesem Moment war so intim wie nie zuvor und Conny wollte schon sagen, dass sie von der Modeschau erfahren hatte, von den Zeichnungen und von allem anderen, aber plötzlich stand Laurent vor ihnen und schüttelte sich wie ein nasser Hund.

„Mann, hab ich einen Durst, schade, dass es nach Regen aussieht, wir werden bald gehen müssen", stellte er fest und nahm sich eine Pepsi, bevor er sich zwischen Nick und Conny auf das Handtuch fallen ließ.

Die Kopfschmerzen strahlten jetzt bis in ihre Schultern aus und erleichtert hörte Conny das ferne Donnergrollen, das ihren Aufbruch beschleunigte.

DREIUNDZWANZIG

Die ersten Regentropfen fielen, ehe sie das Schloss erreichten. Laurent verschwand in der Küche, Nick wollte sich umziehen und Conny sank in ihrem Zimmer aufs Bett. Vorher hatte sie zwei Aspirin geschluckt.

Nach einer halben Stunde ging es ihr besser. Im Badezimmerspiegel betrachtete sie ihr krebsrotes Gesicht und fluchte, weil sie auch noch einen Sonnenbrand bekommen musste. Sie schlüpfte in einen bodenlangen bunten Kaftan, der sie vom Hals bis zu den Zehenspitzen, die sie zusätzlich in dicke weiße, unerotische Tennissocken steckte, züchtig verhüllte.

Kurz nach fünf erschien sie in der Küche. Madame Aurore war nirgends zu sehen und sie hörte Nicks und Laurents Stimmen von der Galerie. Die beiden saßen am Tisch und während Nick Briefe durchblätterte, las der Junge einen davon laut vor. „... bleibe ich eine Woche länger hier als geplant. Sobald ich in Paris bin, melde ich mich. Bobby." Er hielt Nick den Brief hin, der ihn wieder in den Umschlag steckte und ihm stattdessen eine Ansichtskarte reichte.

„Von *Wet Paint*, toll", rief Laurent beeindruckt und betrachtete das Foto von Tokio auf der Vorderseite.

Da sie sich wie ein Eindringling vorkam, blieb Conny an der Tür stehen. Nick, er trug jetzt ein blaues Seidenhemd, blickte auf und Laurent sagte: „Das sieht aus wie in Amerika, findest du nicht?" Jetzt bemerkte er Conny und fragte sie: „Was meinst du?"

Langsam kam sie näher. „Ja, du hast Recht."

„Machst du wirklich die Kostüme für eine Popgruppe?", wandte sie sich an Nick.

Er lehnte sich im Sessel zurück und lachte. „Ja, aber ich bin nur für ihr Styling verantwortlich, nicht für ihre Musik."

Laurent reichte Nick den Telefonhörer. „Es ist Madame Molinard, sie will mit dir reden."

„Danke, Madame Molinard, es geht schon wieder ganz gut", sagte Nick mit einem kleinen Lächeln, das sich vertiefte, als er den Worten der Frau am anderen Ende der Leitung zuhörte und gleichzeitig Conny betrachtete, der Laurent gerade die Fotos zeigte, die Bobby aus Mauritius geschickt hatte.

„Fünf Tage soll das Ganze dauern, und wann wollen Sie fahren? Morgen .... Im Prinzip habe ich nichts dagegen, wenn es Ihnen und Ihrem Mann nicht zu anstrengend ist ... gut, am besten, Sie fragen ihn selbst. Laurent, Madame Molinard möchte mit dir sprechen."

Zuerst machte Laurent ein skeptisches Gesicht, aber dann hellte sich seine Miene auf. „Oh, natürlich will ich, das ist echt super. Und Papa hat es schon erlaubt?", vergewisserte er sich mit einem Blick auf Nick. „Ja, gerne. Ich bin morgen um zehn Uhr bei Ihnen. Lassen Sie Pierre von mir grüßen", rief er und stürzte sich mit voller Wucht auf Nick, der schmerzhaft das Gesicht verzog. „Danke, dass du's erlaubt hast, Papa", sagte er atemlos zwischen zwei Küssen, „danke, dass ich mit Pierre auf den Segeltörn darf!"

Strahlend drehte er sich zu Conny um. „Ich darf mit Pierre und seinen Eltern fünf Tage zu den Kanalinseln segeln, morgen früh geht's los. Super, super, super", freute er sich und als Conny begriff, dass das fünf Tage und Nächte allein mit Nick bedeutete, kehrten ihre Kopfschmerzen postwendend zurück.

„Ich muss mich um meine Sachen kümmern, was werd ich nur alles brauchen", überlegte Laurent laut und marschierte in sein Zimmer.

Conny, die so unauffällig wie möglich ihre Entfernung zu Nick vergrößern wollte, schlenderte zu der Wand mit den Fotos. So entging ihr auch Nicks Gesichtsausdruck, der dem eines Katers an der umgefallenen Milchflasche glich.

Sie betrachtete die Bilder. „Was ist eigentlich aus Madelon und Ari geworden? Sind sie noch immer verheiratet?", fragte sie neugierig und drehte sich um.

„Was glaubst du?" Nick stützte die Ellbogen auf den Schreibtisch.

Conny verschränkte die Arme und legte den Kopf schief. „Wenn ich ehrlich sein soll, glaube ich nicht, dass sie noch zusammen sind."

„Nie sollst du die wahre Liebe unterschätzen. Sie sind noch immer verheiratet und Madelon ist gerade schwanger. Zum vierten Mal." Conny schlug sich mit der Hand auf den Mund, bevor sie kicherte. Die Vertrautheit dieser Geste traf Nick wie ein Peitschenschlag.

„Wirklich?", gluckste Conny.

„Wirklich", bestätigte er. „Ich kam auch erst vor kurzem hinter das Geheimnis ihrer unerschütterlichen Leidenschaft. Ari ließ sie einen Ehevertrag unterschreiben, demzufolge sie im Fall einer Scheidung eine Abfindung in der üblichen Höhe bekommt. Bringt sie aber während der Ehe einen Stammhalter für das Pantopouls'sche Imperium zur Welt, erhält sie monatliche Unterhaltszahlungen, von denen eine Durchschnittsfamilie fünf Jahre leben muss." Seine Augen funkelten boshaft. „Und jetzt rate, warum sie zum vierten Mal schwanger ist."

„Weil die ersten drei Kinder Mädchen sind", antwortete Conny und lachte, bis ihr die Tränen kamen. „Himmel, und das passiert ausgerechnet Madelon, die immer so besorgt um ihre Figur war", keuchte sie und sah zu Nick, der ebenfalls schmunzelte.

„Ari war zwar sehr verliebt in sie, aber er hat sie mit ihren eigenen Waffen geschlagen." Nick stand auf und blieb neben Conny vor den Fotos stehen.

Sie registrierte den Duft seines Eau de Colognes – das gleiche wie in Paris - machte einen Schritt von ihm weg und deutete auf einen jungen Mann, der auf vielen Bildern zu sehen war. „Wer ist das?"

„Das ist Bobby, Robert Petit, er ist Chefdesigner von DOBAN und er ist fast so gut wie ich in seinem Alter war, leider weiß er das auch. Die Fotos, die dir Laurent gezeigt hat, sind von ihm", stellte er fest und zeigte auf ein anderes Bild. „Familiensinn hat er auch. Das jetzige DOBAN Mädchen ist seine Cousine."

Er erklärte ihr weitere Fotos und Conny begann sich zu entspannen. Laurent tauchte alle fünf Sekunden auf, um nachzufragen, ob er eine Taschenlampe oder besser Kerzen mitnehmen sollte, ob sechs Paar Socken zu viel oder zu wenig wären und warum er seinen Walkman samt Kassetten zu Hause lassen sollte.

„Und die Comics bleiben auch hier, genauso wie deine Stofftiersammlung. Laurent, du machst einen fünftägigen Segeltörn und keine Atlantiküberquerung", stellte Nick genervt fest.

Die Diskussion ging beim Abendessen weiter. Madame Aurore hatte eine kalte Platte vorbereitet und Nick befreite eine Flasche Beaujolais von ihrem Korken. Laurent schälte zwei hartgekochte Eier und kleckste Mayonnaise auf seinen Teller. „Ich will aber trotzdem meinen Walkman mitnehmen", maulte er.

Conny war schon wieder durstig, trank das Glas Rotwein in einem Zug aus und schenkte nach. Das Tischgespräch drehte sich um den Segeltörn und die Worte begannen an ihr vorbeizurauschen. Ihr Blick glitt von den Fenstern zum Kamin, in dem plötzlich ein Feuer flackerte. Sie konnte das Knistern hören und den würzigen Duft von brennendem Holz atmen. Auf dem weichen weißen Teppich vor dem Feuer lag ein Mann mit einer Frau, die Flammen zauberten orangerote Lichtreflexe auf die nackten Körper, während sich die beiden leidenschaftlich liebten.

Conny hörte auf zu kauen und schloss die Augen, aber als sie sie wieder öffnete, war die Vision noch immer nicht verschwunden. Hastig nahm sie einen Schluck Wein. Ihr Puls raste und das Blut pochte in ihren Schläfen, als wollte es die Adern sprengen. Sie fühlte, wie sich ihre Stirn mit Schweißperlen überzog und versuchte, die aufsteigende Panik unter Kontrolle zu bringen.

Sie wurde verrückt. Ganz ohne Zweifel. Captagon, Sonnenstich, Aspirin und Rotwein trieben sie an den Rand des Wahnsinns. Verschärfend kam hinzu, dass sie an Sex die letzten zwei Jahre nicht einmal gedacht hatte und plötzlich mit einem Mann am Tisch saß, der die Ausstrahlung von Jack Nicholson, Gandhi und Dschingiskhan in sich vereinte.

Sie schloss noch einmal die Augen, schickte ein stummes Flehen zum Allmächtigen und blinzelte vorsichtig. Der Kamin war dunkel und der Teppich leer. Langsam atmete sie aus und stellte erleichtert fest, dass die Konversation weiterlief als wäre nichts geschehen. Ihr seltsames Verhalten war unbemerkt geblieben.

Sie stand auf. „Ich hole mir eine Pepsi."

„Bringst du mir einen Becher Eiscreme mit?", rief Laurent.

In der Küche spülte sie ihr Gesicht mit kaltem Wasser ab und trocknete es mit einem Papiertuch. Dann nahm sie Eiscreme und Pepsi und ging zurück. Nick griff nach ihrem Glas und schüttete den verbliebenen Wein zu seinem. „Fühlst du dich nicht gut?"

„Ich hab Kopfschmerzen, vielleicht war ich zu lange in der Sonne", antwortete sie gleichmütig. „Ich werde zeitig schlafen gehen, aber vorher mache ich dir einen frischen Verband."

„Darf ich zusehen?", fragte Laurent neugierig. „Im Krankenhaus haben sie mich immer weggeschickt."

Conny seufzte. „Wenn du mir versprichst, dass du rausgehst, ehe du umfällst."

Im Grunde war Conny froh darüber. Allein mit Nick in seinem Schlafzimmer zu sein, hätte sie ihre letzte Substanz gekostet. Nach drei Wochen waren die Wunden auch in einem Zustand, den man Laurent zumuten konnte.

Der Verband war mit Bandagen an seinem Oberkörper befestigt, die Conny vorsichtig aufschnitt und in eine Schale auf dem Boden legte. Als sie die unterste Zellstoffauflage entfernt hatte, pfiff Laurent, der neben Nick im Bett hockte, leise durch die Zähne: „Mann, das sieht genauso stark aus wie bei Freddy Krueger."

„Woher weißt du etwas über Freddy Krueger?", fragte Nick schwach und Laurent wurde rot. „Pierre hat ein paar Videos ...", murmelte er undeutlich.

Conny betrachtete die Verbrennungen, die sich über die ganze linke Seite seiner Brust zogen und bei der vorletzten Rippe abrupt endeten. In Zukunft konnte er bis zum Nabel offene Hemden vergessen.

Sie hob eine der Verschorfungen mit der Pinzette an. „Siehst du, hier wächst schon wieder neue Haut nach", sagte sie zu Laurent, der sich interessiert vorbeugte.

„Wollt ihr euch nicht noch ein Mikroskop besorgen", ächzte Nick.

Conny begann, die Salbe auf die Verbrennungen aufzutragen. Obwohl sie nicht annahm, dass er Schmerzen hatte, spürte sie, wie er sich unter ihrer Berührung verspannte. Schließlich drückte sie die Zellstofflagen auf seine Brust, befahl ihm, sich aufzusetzen und dem Jungen, sich hinter ihn zu knien. Dann begann sie damit, unterstützt von Laurent, den Verband um seinen Oberkörper zu wickeln. Dabei kam sie Nick so nahe, dass sie seinen Herzschlag hörte. Als sie endlich fertig war, zitterten ihre Hände und sie fühlte sich völlig am Ende ihrer Kraft.

Sie hob den Kopf und ihre Blicke versanken ineinander. Mit der Elektrizität, die zwischen ihnen in der Luft hing, hätte man das Gebäude problemlos ein Jahr lang beleuchten können. Connys Haut prickelte und sie spürte, dass er sie küssen wollte. Wären die Mauern in diesem Moment um sie herum eingestürzt, sie hätte nichts davon bemerkt. Ihre Lippen öffneten sich erwartungsvoll, aber er rückte unmerklich zur Seite und griff nach seinem Hemd. Verständnislos sah sie ihn an, dann fiel ihr Blick auf Laurent, den sie vollkommen vergessen hatte.

Sie hatte ihn vergessen, aber Nick nicht.

Conny seufzte. Sicher war er nicht das erste Mal in so einer Situation. „Gut, du bist soweit versorgt, ich werfe das Zeug weg, und gehe schlafen." Sie betrachtete ihn, wie er mühelos in sein Hemd schlüpfte und meinte aus diesem Gedanken heraus: „Du hast unwahrscheinliches Glück gehabt."

Er sah sie an. „Ich weiß", antwortete er leise und nahm ihre Hand. Langsam drehte er sie um, küsste die Innenseite und schloss ihre Finger darüber. „Danke", sagte er einfach.

Conny wurde heiß und kalt und sie stand schnell auf. „Gute Nacht, Nick, gute Nacht, Laurent", brachte sie mit halbwegs sicherer Stimme heraus und flüchtete aus dem Zimmer.

Laurent sah ihr stirnrunzelnd nach und Nick klopfte auf die Decke neben sich. „Komm her, Laurent."

Der Junge ließ sich auf das Bett fallen und drückte sich an seinen Vater. Eine Weile blieben sie so liegen, dann fragte Nick: „Was hältst du von ihr?"

Laurent seufzte aus tiefster Seele. „Also doch. Ich hab's mir schon gedacht."

„Was hast du dir gedacht?"

„Dass du sie magst. Schon im Krankenhaus hast du sie so komisch angesehen", stellte er fest. „Außerdem hat Pierre gesagt, seine Mutter hat gesagt, so wie du aussiehst, wirst du auch irgendwann eine Frau anschleppen."

„Das hat Madame Molinard gesagt?", erkundigte sich Nick belustigt. Pierre hatte innerhalb eines Jahres die Scheidung seiner Eltern, die neue Ehe seiner Mutter und die Ankunft eines Babys erlebt und alle seine diesbezüglichen Erfahrungen brühwarm mit Laurent geteilt.

„Ja, und jetzt ist es passiert", meinte der Junge mit Grabesstimme.

„Gar nichts ist passiert", widersprach Nick unbehaglich. „Ich hab sie nicht einmal gefragt, ob sie hier bleiben will."

„Aber du wirst es tun und bei dir wird sie ja sagen, nicht so wie bei mir."

„Du hast sie gefragt? Wann?"

„Als wir zusammen ausgeritten sind. Da wollte sie nicht einmal solange bleiben, um sich um dich zu kümmern", fügte er boshaft hinzu.

„Weißt du, warum sie es sich anders überlegt hat?"

Laurent schüttelte den Kopf. „Wenn sie hierbleibt, musst du ihr ein eigenes Pferd kaufen und auch ein Motorrad."

„Wieso Motorrad?"

„Weil sie früher immer damit gefahren ist, das hat sie mir erzählt, noch bevor sie dich gekannt hat. Und weil ich ihr das nicht geglaubt habe, nannte sie mich einen kleinen Macho. Ich soll dich fragen, was das ist, du kannst das sicher gut erklären, hat sie gesagt. Also, was ist das?"

„Ein Macho ist ein Mann, der glaubt, Frauen sind nur dazu gut, in der Küche zu stehen."

Laurent seufzte wieder. „Es wird nichts mehr so sein wie früher."

„Aber muss das heißen, dass es schlechter wird?", fragte Nick leise.

„Du wirst nicht mehr so viel Zeit für mich haben", stellte der Junge vorwurfsvoll fest.

„Je älter du wirst, desto weniger Zeit wirst du mit mir verbringen wollen. Jetzt fährst du mit Pierre weg, Bobby hat dich oft für ein paar Tage nach Paris eingeladen. In Zukunft wirst du neue Freunde finden, die für dich wichtiger sind als dein alter Vater."

„Aber ich werde dich immer lieb haben", unterbrach ihn Laurent mit zitternder Stimme.

„Und ich hab dich doch genauso lieb, auch wenn Constance bei uns bleibt", gab Nick zurück. „Magst du sie überhaupt nicht?"

Laurent zuckte die Achseln. „Ich weiß nicht. Mademoiselle Gensac ist viel hübscher und freundlicher. Sie lächelt immer und schaut dich so lieb an. Mit Conny muss ich immer deutsch reden", überlegte er weiter und schnitt eine

Grimasse. „Aber sie grapscht nicht in meinen Haaren herum und ich hab für sie auch nichts zeichnen müssen", fügte er gerechtigkeitshalber hinzu. Andererseits war Conny ein nicht zu unterschätzender Gegner. Sie legte keinen Wert darauf, es sich mit ihm gut zu stellen, wie viele andere Frauen und sie sah weder ihn noch seinen Vater mit einem unterwürfigen Dackelblick an.

Laurent seufzte. Mit Mademoiselle Gensac wäre alles einfacher. Mit ihr konnte er machen, was er wollte und seit sein Vater ihr in seiner gefährlich ruhigen Art mitgeteilt hatte, was er davon hielt, wenn ausgerechnet sein Sohn ganz besonders schöne bunte Zeichnungen abliefern musste, fasste sie ihn mit Samthandschuhen an.

Beim nächsten Gedankensprung fielen ihm all die schönen Sachen ein, die Pierre bei der Hochzeit seiner Mutter bekommen hatte. „Wenn du dann nicht mehr so viel Zeit für mich hast", wiederholte er genüsslich, „könntest du mir doch einen Gameboy kaufen."

Nick bemerkte seinen Stimmungswechsel. „Soll das heißen, wenn du einen Gameboy bekommst, hast du nichts mehr dagegen, dass Constance bei uns bleibt?"

„Lieber wär's mir natürlich, wenn wir alleine bleiben, aber ich würde mich dann schon sehr bemühen, sie zu mögen", versprach Laurent großzügig. „Noch lieber hätte ich sie, wenn sie mit mir nach Euro Disney fährt – an jedem meiner Geburtstage."

„Ist das alles?", erkundigte sich Nick im Plauderton und der Junge dachte kurz nach. „Nachdem wir dann ein neues Pferd brauchen werden, könntest du doch einen Araber kaufen und Conny bekommt Roxanne", meinte er unschuldig.

„Ich habe bisher immer widersprochen, wenn dich jemand als verwöhntes Bürschchen bezeichnete. In Zukunft werde ich damit aufhören."

Aber Laurent war mit seinen Gedanken bereits ein Stück weiter. Wenn Conny bei ihnen blieb, war es mit seiner Nummer als armes mutterloses Würmchen vorbei und er musste sich etwas Neues einfallen lassen. „Muss ich Mutter zu ihr sagen?"

Nick schüttelte den Kopf. „Du kannst sie so nennen wie du willst, und wie es ihr recht ist."

Laurent dachte wieder nach. „Kriegen wir dann auch ein Baby?"

„Das kann man nie so genau sagen", wich sein Vater mit der ätherischen Eleganz einer Diessellok aus.

Laurent nickte wieder und beschloss insgeheim, sobald er in seinem Zimmer war, eine Liste mit all jenen Dingen zu verfassen, die in seinen Augen längst überfällig waren. Ganz oben würde ein eigener Computer stehen, denn die lahme Krücke im Arbeitszimmer seines Vaters war mehr als museumsreif. Ferner eine Satellitenanlage, dann brauchte er nicht immer mit dem Fahrrad zu Pierre hinüberzufahren. Geistesabwesend kletterte er vom Bett.

„Bekomme ich keinen Gute-Nacht-Kuss an meinem ersten Abend zu Hause?", riss Nick ihn aus seinen Gedanken und Laurent küsste ihn pflichtschuldigst auf die Wange, bevor er verschwand.

Nick blickte ihm nach und dabei fiel ihm ein, wie viele Menschen es gab, deren Leben vollkommen komplikationslos verlief. Er war noch nicht müde, also ging er in die Küche. Madame Aurore nahm gerade eine Apfeltorte aus dem Backrohr und stellte sie auf die Arbeitsfläche.

„Da bin ich ja zur richtigen Zeit erschienen", sagte er zu ihr und nahm einen Teller aus dem Regal.

Während er ein Stück abschnitt, erkundigte sich Madame Aurore: „Wie sieht's aus, bleibt Madame Constance bei uns?"

„Ich arbeite daran", entgegnete er mit vollem Mund und Madame Aurore schüttelte den Kopf. „Sie lassen nach, Monsieur Nick", tadelte sie.

Er lachte. „Sie müssen es ja wissen, Sousou. Aber ich bin etwas aus der Übung, Frauen unter sechzig von meinen Qualitäten zu überzeugen. Bei Damen jenseits dieses Alters wirkt mein Charme ganz gut, hab ich recht, meine Liebe?"

„Was Sie sich einbilden, Monsieur Nick", kicherte Madame Aurore.

„Für wen haben Sie sonst diese Apfeltorte gebacken, jetzt mitten in der Nacht? Sie wollten mich doch morgen mit einem meiner Lieblingsgerichte überraschen, oder haben Sie etwa einen stillen Verehrer?"

„Es ist knapp nach acht Uhr abends, von mitten in der Nacht sind wir weit entfernt", verteidigte sich Madame Aurore. „Und da sich Ihre Frau in den vergangenen Jahren auch nicht zur Musterköchin entwickelt hat, muss doch jemand auf Sie achten, Monsieur Nick."

„Sie haben keine Ahnung, warum sie hiergeblieben ist?", erkundigte sich Nick und schnitt ein zweites Stück ab.

Madame Aurore polierte sehr gewissenhaft ein Rotweinglas. „Sie haben ihr wahrscheinlich leidgetan, wie Sie da in dem weißen Bett lagen, mit den vielen Narben und der seltsamen Frisur. Skinhead nennt man das, oder?" fragte sie neugierig und Nick ließ fast den Teller fallen.

Er sah sie wütend an, bis er das Funkeln in ihren dunklen Augen bemerkte. „Sie sind heute sehr vorlaut, meine Liebe. Liegt das am Wein vom Abendessen?"

Madame Aurore polierte das nächste Glas. „Durchaus möglich. Aber so gut gelaunt bin ich, weil ich am Nachmittag nach langer Zeit wieder einmal Madame Molinard im Supermarkt getroffen habe. Wir haben uns kurz unterhalten."

„Sie haben sich ... und dabei haben Sie ihr vollkommen skrupellos Laurent untergeschoben", erkannte Nick verblüfft.

„Sie sind heute sehr scharfsinnig, Monsieur Nick. Liegt das an meinem Kuchen?"

„Die Frage ist nur, werfe ich Sie hinaus oder lasse ich Sie zur Strafe jeden Tag einen Kuchen für mich backen?", überlegte Nick laut.

„Das wäre für Ihre Figur sicher nicht vorteilhaft, und irgendetwas müssen Sie Madame Constance schon bieten, wenn Sie sie behalten wollen."

„Will ich das?"

„Ist Lagerfeld Chefdesigner von Chanel?", fragte sie lakonisch.

Nick stellte den Teller in den Geschirrspüler. „Ihre Logik ist unschlagbar, Sousou. Ich wünsche Ihnen eine gute Nacht."

VIERUNDZWANZIG

Während Nick die Treppe zur Galerie hinaufstieg, fragte er sich, ob sein Körper in absehbarer Zeit damit aufhören würde, so zu schmerzen, als hätte er einen Nonstop Fußmarsch von hundert Kilometern hinter sich.

Natürlich hätte er sich zu Mittag hinlegen sollen, aber, verdammt, er hasste es, wenn Stan ihn mit diesem sezierenden Krankenschwesternblick betrachtete, der ihn zu einem hilflosen Krüppel degradierte. Mit schlafwandlerischer Sicherheit schaffte sie es immer wieder, ihn mit Worten, Gesten oder einfach in der Art, wie sie ihn ansah, an Stellen zu treffen, von denen er gar nicht wusste, dass er dort getroffen werden konnte.

Er ging zum Fenster und öffnete es. Der Regen hatte aufgehört und der für diese Gegend typische Duft, gemischt aus dem salzigen Geruch des Meeres, dem Harz des Pinienwaldes und der feuchten schwarzen Erde hing in der Luft. Nick atmete tief durch, dann wandte er sich ab und knipste eine Lampe an, bevor er zu der Wand mit den Fotos schlenderte und vor dem Bild, das ihn mit Stan und Patchou zeigte, stehen blieb.

Sogar auf dem Foto merkte man, wie unglaublich sie an diesem Abend aussah: sie leuchtete von innen heraus und sie hätte an diesem Abend alles von ihm haben können, absolut alles. Und was tat sie? Anstatt zuzugeben, im Unrecht zu sein, ein einziges Mal nachzudenken, musste sie sich mit ihm auf Teufel komm raus anlegen, und wenn er nur etwas mehr betrunken gewesen wäre, hätte er sie vergewaltigt, erwürgt und anschließend mit dem Filetiermesser

274

in tausend Stücke geschnetzelt, damit sie eine leise Vorstellung davon bekam, wie sehr sie ihn verletzte.

Er ballte die Hände in den Hosentaschen zu Fäusten, weil er fühlte, wie die Wut von damals wieder in ihm aufstieg. Gott, sie grub Dinge aus ihm, von deren Existenz er nichts geahnt hatte. Allein, sie mit Patchou bei dieser elenden vierzehnten Juli Party zu sehen, ließ ihn verstehen was Eifersucht wirklich war: eine zehn Zentimeter lange weißglühende Schraube, die sich in Zeitlupentempo in sein Hirn fräste.

Zornig starrte er auf das unschuldige Foto. Jeder, der ihn halbwegs kannte, wusste, was mit ihm los war. Da entschloss er sich also, sich den Luxus großer Gefühle zu leisten und die Person, um die es ging, war zu unsensibel, es zu merken.

Er erinnerte sich an die Modeschau, bei der er sich wie der größte Idiot des Jahrhunderts vorkam, und vom heutigen Standpunkt aus betrachtet auch war, da seine liebe Frau, für die er das alles inszenierte, bis zum heutigen Tag nichts davon wusste.

Er war völlig überzeugt gewesen, dass der Kraftakt, den der totale Verzicht auf Pelze in seiner Branche zu jener Zeit darstellte, ausreichen musste, um sie von seinen Gefühlen zu überzeugen. Um sie zu ihm zurückzubringen, noch dazu, wo sie schwanger war.

Aber sie reagierte nie so, wie er es haben wollte und erleben zu müssen, wie sie mit Lavanne auf und davon ging, brachte ihn fast um den Verstand. Gerechterweise konnte er es ihr nicht einmal verübeln, der Ausstrahlung eines Mannes zu erliegen, der sie und ihre Welt besser verstand, als er es je getan hatte, war doch das maximale Gefühl, das er für die Tatsache, dass sie ihre Leben zwischen Siechen und Halbtoten verbringen wollte, eine gewisse verständnislose Bewunderung.

In den Stunden, wenn sein Zynismus über den Schmerz siegte, konnte er sich sogar als edler Held fühlen, der Stan einem Mann überlassen hatte, der gut für sie sorgen würde.

Und heute musste er erfahren, nicht der überirdische, makellose Dr. Lavanne hatte das Rennen gemacht, sondern ein widerlicher kleiner Schmierfink, ein verwöhntes Muttersöhnchen aus besseren Kreisen, das sie durch sämtliche Fäkalien dieses morschen Globus zog.

Nick lehnte den Kopf an die Wand. Ein bitterer Geschmack machte sich in seinem Mund breit. Was mochte sie alles mitangesehen haben?

Früher war sie so stark gewesen, stark und sanft zugleich. Ihre unglaubliche, grenzenlose Zärtlichkeit hüllte ihn ein wie ein warmer weicher Mantel, gab ihm Geborgenheit und ließ ihn endlich wieder schlafen, schlafen ohne Furcht vor dem Morgen.

Sie allein besaß die Macht über die Gestalten, die ihn jede Nacht aufs Neue jagten. Wenn sie da war, brauchte er das Valium nicht, mit dem er seine Dämonen in Schach hielt. Und er begann zu glauben, dass es in der Müllhalde seines Lebens etwas gäbe, das es wert war, gesucht und gefunden zu werden.

Er verspürte das kindische Verlangen, der Ritter ohne Fehl und Tadel zu sein, von dem sie träumte. Sir Lanzelot auf einem stolzen weißen Ross in schimmernder Rüstung. Aber er brachte es gerade zu der traurigen Figur des Don Quichotte mit seiner ausgemergelten Rosinante.

Und diese traurige Figur saß Nacht für Nacht vor einem leeren Blatt Papier, weil sie außer Stande war, einen kreativen Gedanken zu fassen, so lange sich Madame Bandier zwischen Fachkursen, Disconächten und Popkonzerten herumtrieb. Lag sie dann endlich dort, wo sie hingehörte und schlief wie ein Baby, hatte er genug Einfälle, nur konnte man aus keinem ein Kleid machen.

Nick seufzte und suchte in seinem Schreibtisch nach Zigaretten. Während er sich eine anzündete, dachte er daran, wie sie ihn vorhin angesehen hatte. Die Chemie stimmte noch zwischen ihnen und Stan war dieser Umstand nicht entgangen. Genauso wenig wie die Episode am Strand, wo ihrer beider Gedanken Hand in Hand in dieselbe Richtung liefen.

Nick stützte sich aufs Fensterbrett. Mittlerweile herrschte draußen tiefschwarze Nacht. Er warf die Zigarette in die Dunkelheit.

Als er Stan im Krankenhaus neben Favras stehen sah, glaubte er zuerst an eine Vision, aber keine Vision konnte dermaßen elend und verhärmt wirken, und einen wahnwitzigen Moment lang hielt er sich selbst und seinen Unfall für den Grund.

Doch was war der wirkliche Grund? Sie trauerte sich die Seele aus dem Leib um einen miesen Schreiberling, dem nichts Besseres einfiel als sich vor ihren Augen in die Luft sprengen zu lassen.

Anstelle eines vitalen, eigensinnigen Geschöpfs trat eine Frau, deren Persönlichkeit so zersplittert war, dass sie sich bei der kleinsten Erschütterung in einen Scherbenhaufen verwandeln würde.

Fünf Tage waren nicht viel, um Pläne zu schmieden. Andererseits war in Bezug auf Stan keinem seiner perfekt skizzierten, genial konstruierten Plänen jemals Erfolg beschieden gewesen.

Er würde einfach abwarten. Außerdem musste er ihr Zeit geben, wieder zu sich selbst zu finden. Nicht vielen Menschen gewährte das Schicksal eine zweite Chance und er war entschlossen, sie zu nutzen.

Mitten in der Nacht wachte Conny auf. Ihr Körper glühte vor Fieber, die Haut war schweißnass und ihre Zunge dick wie Watte. Erst jetzt begriff sie, dass weder Nick noch der Wein oder der Sonnenbrand für ihren Zustand verantwortlich waren. Sie fluchte stumm und fragte sich, wie sie es hatte übersehen können. Schließlich war es nicht ihr erster Malariaanfall.

Vergeblich versuchte sie aufzustehen. Keines ihrer Glieder gehorchte ihr, sie konnte nicht einmal die Finger bewegen. Angst und Panik stiegen in ihr auf. Nie, nie wieder würde sie Schlaftabletten schlucken.

Sie konzentrierte sich auf ihr rechtes Bein – es rührte sich nicht, sie konzentrierte sich auf ihr linkes Bein – mit dem gleichen Ergebnis. Tränen liefen über ihre Wangen und sie dachte ironisch: „Ausgerechnet das funktioniert."

Verzweifelt versuchte sie zu rufen, aber ihre Stimme hatte sich ebenfalls verabschiedet. Irgendwie musste sie es zu der Medizin in ihrer Handtasche schaffen. Wenigstens hatte sie in Wien genug Verstand gehabt, sie einzupacken. Sie schloss die Augen und befahl der Tasche, quer durchs Zimmer zu marschieren. Aber das dumme Ding dachte nicht daran, ihrem Wunsch nachzukommen.

Conny kapitulierte. Sie musste bis zum Morgen warten und darauf hoffen, dass jemand nach ihr sah. Wenn sie wenigstens eine Uhr im Blickfeld gehabt hätte, so vergingen Ewigkeiten, in denen sie abwechselnd von Hitzewellen und Schüttelfrost gebeutelt wurde.

Als Laurent endlich in ihrem Zimmer auftauchte, schien die Sonne bereits schmerzhaft hell durchs Fenster. Conny versuchte etwas zu sagen, natürlich gelang ihr das nicht, der Junge starrte sie kurz und entsetzt an, drehte sich um und lief hinaus.

Sekunden später war er mit Nick zurück. Nick starrte sie genauso entsetzt an, packte sie an den Schultern und begann sie zu schütteln, als wollte er ihre Knochen neu arrangieren. Währenddessen redete er auf sie ein, aber sie hörte nichts außer einem immer lauter werdenden Pfeifton. Erfolglos versuchte sie das Wort *Malaria* zu formen.

Ihr Kopf fiel in den Nacken, aber das spürte sie nicht mehr, da alles um sie herum in einem grauen Nebel verschwand. Sie schloss die Augen und hatte das Gefühl, ins Zentrum einer endlosen Wendeltreppe zu stürzen. Sie fiel und fiel, die einzelnen Treppen flogen an ihr vorbei, ihr Körper krümmte sich zu einer Kugel und zischte durch den formlosen Wirbel. Dann wurde es schwarz um sie herum.

Vorsichtig öffnete sie die Augen und musste nachdenken, wo sie sich befand. Auf dem Nachtkästchen brannte eine kleine, mit bunten Glasperlen verzierte Lampe, die einzige Lichtquelle im Raum. Conny richtete sich auf. Der Mann, der mit dem Rücken zu ihr stand, zog geräuschvoll den Reißverschluss des braun-gelben Overalls zu. Sein Haar schimmerte rotgolden, als er in den Lichtkegel trat, um nach dem Gürtel zu greifen.

„Tom", murmelte Conny schwach und hörte ihn seufzen.

„Wir haben genug diskutiert, Conny, du kennst meine Ansicht", stellte er fest. „Ich werde zu diesem Treffen gehen."

Langsam stand sie auf. „Tom, ich flehe dich an, bleib hier, nur heute, ich fühle, dass es heute schlecht ausgeht", bat sie, aber er griff nach seinem Diktiergerät.

„So, wie du es die letzten zehn Mal gefühlt hast?"

Conny schüttelte den Kopf. „Nein, es ist anders, ich *weiß*, dass du ..." Sie fing noch einmal an: „Ich weiß, dass du nicht mehr zurückkommst, wenn du jetzt gehst."

Er kam zu ihr und streichelte ihre Wange. „Es ist wichtig für die Menschen draußen. Sie müssen wissen, was hier vorgeht."

Conny wandte sich wütend ab. „Die Menschen draußen sind mir verdammt egal. Genauso wie Saddam und Khomeini und ihre ganzen schmutzigen Geschäfte", fauchte sie. „Es muss wirklich ein erhebendes Gefühl sein, zu wissen, dass dein Name durch Mörder und Diktatoren unsterblich wird."

„Ich bin Zeuge der Geschichte, dadurch wird mein Name unvergessen bleiben", sagte er ruhig.

„Oh, gut, ich kann deinem Namen auch die passenden Attribute geben. Egoistisch, verantwortungslos, rechthaberisch ... soll ich weitermachen?"

„Mach, was du willst. Ich bin ohnehin gleich weg", erwiderte er unbeeindruckt.

Sehr leise und jedes Wort betonend sagte Conny: „Gehst du durch diese Tür, werde ich nicht mehr da sein, wenn, nein, falls du zurückkommst und dieses Mal meine ich es ernst, Tom."

„Ich weiß, mein Schatz, ich weiß", antwortete er, als spräche er zu einem Kind.

„Ach, verschwinde doch, geh und sieh den großen Jungen zu, wie sie Krieg spielen. Vielleicht lassen sie dich mitspielen, wenn du sie schön bittest", rief sie ihm böse nach, als er zur Tür ging.

Aber dann sprang sie auf und lief zu ihm. Sie erreichte ihn, ehe er die Klinke drückte. „Tom, warte", flüsterte sie und schlang die Arme um seinen Hals. „Ich liebe dich und ganz gleich, was passiert, ich bin da. Ich warte auf dich."

Er drückte sie an sich. „Du bist mein Schutzengel, und solange du da bist, passiert mir nichts. Wenn ich zurückkomme, gehen wir rüber zu Rick und köpfen seine letzte Flasche Barolo." Er küsste sie und murmelte dann in ihr Ohr. „Ich liebe dich auch, Conny, mehr als mein Leben, mehr als alles andere auf der Welt." Er küsste sie wieder, und diesmal schmeckte der Kuss nach Zärtlichkeit und Abschied.

Tränen rannen aus ihren Augen, ohne dass sie etwas dagegen tun konnte und sie murmelte mit erstickter Stimme: „Leb wohl, Tom, leb wohl."

Ihr Körper wurde vom Schluchzen geschüttelt und sie fiel wieder in die schwarze Unendlichkeit. Wie Blitzlichter tauchten die Erlebnisse auf, die Jahre und Jahrzehnte zurücklagen. Aber sobald sie eines festhalten wollte, entzog es sich ihrem Blick.

Angst und Tod, denen sie so oft hilflos gegenüberstanden hatte, belauerten jetzt sie selbst und grinsten sie aus verzerrten Fratzen an. Sie wollte weglaufen, aber der Boden unter ihren Füßen lief in die falsche Richtung. Sie wollte schreien, um endlich aus dem Traum aufzuwachen, aber sie brachte keinen Ton aus ihrer Kehle. Wieder stürzte sie in einen dunklen Strudel, in dem Farben wie Laserstrahlen aufleuchteten und einen bunten Kokon um sie spannen. Die grausame Buntheit der Farben ließ langsam nach, so lange, bis sie nur mehr in ein leuchtendes Rot gehüllt war, das sie zu verbrennen drohte. Sie wehrte sich mit aller Kraft, kratzte und trat um sich, im Bestreben, dem Verhängnis zu entkommen.

Kraftlos gab sie schließlich auf und ließ es zu, dass die Flammen ihren Körper bedeckten. Und mit Staunen bemerkte sie, wie kühl sich das Feuer anfühlte, kühl und glatt und beruhigend, Balsam auf ihren Wunden. Vor Wohlbehagen seufzte sie leise und wollte immer tiefer in den leuchtenden roten Fluten versinken. Die Gesichter der Menschen, denen sie in Freundschaft und Liebe verbunden war, spiegelten sich in ihrem Traum. Verzweifelt rief sie ihre Namen, um sie zum Bleiben zu bringen, aber je öfter sie rief, desto blasser wurden die Gestalten und flossen wie Wasserfarben auf feuchtem Papier zu einer einzigen Person zusammen, die aus dem funkelnden roten Licht auf sie zukam.

Sie streckte ihre Hände nach ihm aus und er verschwand nicht, als sie ihn berührte. Voller Freude schmiegte sie sich an ihn und er blieb noch immer real. Mit jeder Faser ihres Wesens atmete, schmeckte und spürte sie Nick und alles war gut.

Ihre Hände glitten über seinen Körper, vergruben sich in seinem seidigen Haar und zogen seinen Kopf zu sich, während sich ihr Bein um seine Hüften schlang. Aber bevor sie ihn küssen konnte, entwand er sich ihr und hielt ihre Hände fest, als sie ihn weiter streicheln wollte.

Sie verstand es nicht. Verdammt, er sollte sie lieben, so wie schon unzählige Male zuvor. Dieser Gedanke beherrschte sie und ihr Körper glühte vor Verlangen, aber er hielt sie nur eng an sich gedrückt. So eng, dass sie sich nicht bewegen konnte. Das war ungemein frustrierend und vor Kälte begannen ihre Zähne aufeinander zu schlagen. Sie presste sich enger an ihn und irgendwann ließ die Kälte nach und sie fiel in einen tiefen, traumlosen Schlaf.

Blinzelnd öffnete sie die Augen. Ihr Zeitgefühl hatte sie restlos verlassen. Langsam drehte sie den Kopf zum Fenster und dabei wurde ihr bewusst, dass sie sonst nichts bewegen konnte, da sie fest in weiche Steppdecken eingewickelt war.

Sie befand sich nicht mehr im Gästezimmer, sondern in Nicks Schlafzimmer. Vorsichtig drehte sie den Kopf in die andere Richtung und sah Nick neben sich auf der roten Decke liegen. Er war nackt, bis auf einen weißen Slip, der im Halbdunkel leuchtete.

Um nicht zu lachen, biss sich Conny auf die Lippen. Himmel, der Mann wurde wirklich alt, noch nie hatte er im Bett irgendetwas angehabt. Er trug einen anderen Verband, der mit einem selbstklebenden Vlies befestigt war, das die unversehrte Hälfte seiner Brust, die sich langsam hob und senkte, freiließ.

Ihre Augen wanderten zu seinem Gesicht. Dunkle Bartstoppel bedeckten Wangen und Kinn, Strähnen seines schwarzen Haares lagen auf den roten Kissen. Bewundernd betrachtete sie die langen dichten Wimpern und die geschwungenen, wie mit Tusche gezeichneten Brauen.

Vor zehn Jahren hatte sie den flüchtigen Schatten des Mannes geliebt, der er heute war. Intuitiv spürte sie damals, dass da mehr sein musste, nur besaß sie nicht die Fähigkeit, mit der komplizierten Persönlichkeitsstruktur, die Nick um jeden Preis verbergen wollte, umzugehen. Heute verstand sie die Unsicherheit und die Furcht vor Zurückweisung, die hinter vielen seiner Handlungen steckte.

Es war zwar nicht ihr Verdienst, dass er zu sich selbst gefunden hatte, aber sie würde das Geschenk dankbar annehmen und nicht mehr weglaufen. Diesmal würde sie kämpfen, wie übermächtig der Feind auch sein mochte. Oder wie hübsch. Wenn Nick sie loswerden wollte, musste er sie eigenhändig von den Zinnen werfen und selbst dann käme sie als sein ganz persönliches Schlossgespenst zurück.

Ihr Blick glitt tiefer über seine Schultern, seine Brust, den muskulösen Bauch, weiter über seine Schenkel zu den Waden. Nach allen Regeln der Wahrscheinlichkeit sollte er tot, fett oder glatzköpfig sein, stattdessen lag er hier wie eine geöffnete Deluxe-Bonboniere, die zum Zugreifen einlud.

Und sie konnte diese Einladung nicht annehmen, weil ein mitleidloses Geschick sie zu einer verschnürten Mumie machte. Mit einem leichten Seufzer ließ sie ihren Blick langsam und genussvoll zu seinem Gesicht zurückkehren.

Seine Augen waren offen und er brummte: „Schau mich nicht so an, mein Liebesleben liegt ohnehin seit einer Ewigkeit auf Eis." Mit einer schnellen Bewegung rutschte er unter die Decke und zog sie bis zum Kinn hoch.

„Ich habe den Haufen Psychopharmaka in deiner Handtasche gefunden", sagte er dann. „Bist du nur nach Capatagon süchtig oder auch nach anderem Zeug?" erkundigte er sich im Plauderton und Conny murmelte: „Das Einzige, wonach ich süchtig bin, bist du. Davon heilen mich auch keine zehn Jahre Abstinenz."

Nick stützte den Kopf auf die Hand. „Und wer bin ich?"

Conny tat als überlege sie. „Monsieur Dior?"

„Monsieur Dior heißt gegenwärtig Gianfranco Ferré und hat mit mir so viel Ähnlichkeit, wie du mit Montserrat Caballé. Weißt du, wo du bist?"

Conny lächelte. „In deinem Bett."

„Und wo steht das Bett?"

„Am Ende der Welt und Lincoln ist nicht mehr Präsident der Vereinigten Staaten. Zufrieden?", erkundigte sie sich und bewegte die Schultern. „Warum bin ich einbalsamiert wie Ramses der Große?"

Mit einem Grinsen antwortete Nick: „Weil du Anstalten machtest, mich zu vergewaltigen."

„Ist es mir gelungen?", fragte sie hoffungsvoll.

Er schüttelte den Kopf und sah ihr in die Augen. „Nein. Wenn du ganz gesund bist, werde ich dich lieben, bis du mich um Gnade anflehst. Solltest du darauf bestehen, heize ich auch mitten im August den Kamin an, aber all das unter der Voraussetzung, du weißt, dass ich es bin. Nick ist ein schöner einfacher Name, genauso einfach wie Tom und viel leichter als Patchou oder Henri. Mit etwas Übung sollte das schon zu schaffen sein, meinst du nicht?" erkundigte er sich sachlich und hoffte, sie hörte seiner Stimme nicht an, wie beleidigt er war, in den endlosen

Stunden ihres Deliriums alle möglichen Namen aus ihrem Mund gehört zu haben, nur nicht seinen.

Conny versuchte noch immer, sich von den Decken zu befreien. „Warum sollte ich dich rufen? Du warst doch da", antwortete sie, als wäre es das Selbstverständlichste auf der Welt. „Ich muss dir etwas gestehen, Nick, ich habe von der Modeschau und von den Pelzen erfahren."

Er hob eine Braue. „Es geschehen noch Zeichen und Wunder. Bist du deshalb hiergeblieben?"

Conny nickte. „Ich hatte so ein schlechtes Gewissen, und ... ach, Nick, warum hast du nichts gesagt, nicht ein einziges kleines Wort? Warum hast du mich nicht gesucht? Wie haben wir es bloß geschafft, die ganze Sache so in den Sand zu setzen?"

Nick seufzte. „Was hätte ich denn sagen sollen? Du bist in mein Leben gekracht wie der Halley'sche Komet und als ich mich halbwegs mit dem Chaos angefreundet hatte, bist du wieder verschwunden. Und warum ich dich nicht gesucht habe ... " Er setzte sich auf und schüttelte die Kissen zurecht. „Ich war überzeugt, du bist mit Lavanne weg. Ich zog vorher über den Kerl Erkundigungen ein und ..."

„Du hast über Henri Erkundigungen eingezogen?", wiederholte Conny ungläubig.

„Ja. Ein Mann, der meine Frau mit allen möglichen Tricks vom heimatlichen Herd fernhält, war mir von Anfang an suspekt."

„Der Herd kann's nicht gewesen sein und, Himmel, von welchen Tricks sprichst du?"

„Überstunden, Bereitschaftsdienst, Sonderschichten und als Krone dieser elende Mitternachtskurs", zählte Nick auf. „Jedenfalls erfuhr ich, dass er nach Afrika gehen wollte und machte drei Kreuze unter seinem Namen, weil er endlich von der Bildfläche verschwand. Und dann riefst du mich vor der bewussten Modenschau an, stammeltest konfuses Zeug, dem ich entnahm, du wärst mit Lavanne am Flughafen und würdest mit ihm gehen." Er holte tief Luft. „Ich war fest davon überzeugt, ihr beide hättet das schon lange geplant."

„Aber ich bin erst nach Somalia geflogen, nachdem ich bei dir war. Das musst du doch mitbekommen haben, schließlich habe ich dir das Fußkettchen zurückgegeben", erwiderte sie fassungslos.

Nick rieb sich die Stirn. „Ich hab's erfahren, leider zu spät, zwei Jahre zu spät", sagte er langsam. „Wie du weißt, war ich in jener Nacht nicht allein. Für Serge war ich der Mann seines Lebens und auf Jacqueline Monteraux Liste stand ich seit Jahren ganz oben, sie nützten beide ihre Chance."

Conny spürte, welche Überwindung es ihn kostete, weiterzusprechen. „Serge und ich nahmen Valium, wir schliefen bis mittags. Die Monteraux nicht." Er blickte Conny an. „Sie war hellwach als du gekommen bist und sie war hellwach als du gegangen bist. Sie hat das Fußkettchen gestohlen."

Conny schloss die Augen. Jetzt verstand sie auch den Rest, aber Nick redete ohnedies weiter: „Sie war tatsächlich blöd genug, es auf einer Veranstaltung in meiner Gegenwart zu tragen. Aber sie trug es nur kurz, sehr kurz."

„Ja, ich weiß", murmelte Conny.

„Zu ihrem und zu meinem Glück, sonst säße ich wegen dieses Weibstücks den Rest meines Lebens hinter Gittern, hinderte man mich daran, sie umzubringen, weil ich in diesem Moment begriff, dass ich dir Unrecht getan hatte. Aber ich war mir sicher, der gute Lavanne hatte die Monate genutzt, um dich auf seine Seite zu bringen. Der Mann ist schließlich kein Idiot."

„Himmel, Nick, ich kannte Henri ein Jahr länger als dich. Er ist ein großartiger, begnadeter Arzt, aber das war auch alles, zumindest für mich", antwortete Conny unglücklich.

„Wenn ich einmal die Stirn gehabt hätte, im gleichen Ton mit dir zu reden, hättest du mir ein Steakmesser nachgeschossen", sagte Nick vorwurfsvoll.

„Er war mein Chef ..."

„Und ich nur dein Mann", ergänzte er ironisch und Conny schlug die Augen nieder. „Bin ich wirklich so, wie du im Krankenhaus gesagt hast?", fragte sie mit zitternder Stimme.

„Noch viel schlimmer", bestätigte er mitleidlos. „Du hast mich behandelt als wäre ich eine miese kleine Kanalratte, die es gewagt hat, ihre unverschämten Augen auf ein zu großes Stück Camembert zu richten."

Conny lächelte. „Das zu große Stück Camembert bittet um Verzeihung. Nick, es tut mir so leid", bekannte sie leise. „Ich möchte mich entschuldigen, wenn du mich auswickelst, könnte ich gleich damit anfangen."

„Dr. Calou kommt um acht Uhr und ich will nicht schuld sein, dass deine Temperatur wieder steigt. Wie lange hast du schon Malaria?"

„Sechs Jahre, aber den letzten Anfall hatte ich vor mehr als zwei Jahren. Es wäre nicht so schlimm geworden, hätte ich rechtzeitig meine Medikamente genommen, aber ich war in den vergangenen Tagen so durcheinander, dass mir einfach nicht auffiel, dass alles auf einen neuen Anfall hindeutet. Wenn ich mit dir zusammen bin, komme ich selten auf das Naheliegendste."

Er nickte zustimmend. „Dem kann ich nur beipflichten."

Conny bemerkte erfreut, dass sie einen Fuß freibekam. „Wie wär's mit einem kleinen Versöhnungskuss?", schmeichelte sie, aber Nick schüttelte hartnäckig den Kopf.

„Ach komm, nur einen, einen kleinen, da ist doch nichts dabei."

„Ein Waldbrand beginnt auch mit einem Streichholz", entgegnete er lapidar.

„Und was machen wir dann bis der Doktor kommt?"

„Vielleicht unterhalten wir uns über die Zukunft. Weißt du, ich hab es wirklich redlich versucht, aber als edler, selbstloser Mensch, der durch Verzicht reift und über sich selbst hinaus wächst, bin ich eine glatte Fehlbesetzung. Ich hätte meinen Instinkten nachgeben, Lavanne mit der Holzkeule erschlagen und dich an den Haaren in meine Höhle schleifen sollen."

Conny kicherte. „Bei meiner damaligen Frisur hättest du damit einige Probleme gehabt.

„Aber es hätte uns zehn Jahre erspart", sagte Nick ernst.

Conny schwieg eine Weile. „Als ich mir damals meine Sachen abholte, warum hast du nicht gesagt, dass ich bleiben soll. Ich habe nur auf ein Wort gewartet", meinte sie leise.

„Du warst Lichtjahre von mir entfernt. Sogar, wenn ich dir gesagt hätte, dass du schwanger bist, hättest du wieder mit mir zu streiten begonnen und mir die Schuld in die Schuhe geschoben."

„Nicht ganz zu Unrecht, oder?"

„Ich wollte, dass du Zeit hast, eine eigene Entscheidung zu treffen und das konntest du nur alleine tun. Außerdem ...", er lächelte sie an, „war ich eitel genug zu glauben, dass du zu mir zurückkommst, schließlich habe ich ein Imperium für dich aufs Spiel gesetzt", fügte er theatralisch hinzu.

Conny nickte. „Ich fühle mich auch fast wie Marc Anton, oder sollte ich lieber sagen, wie Cleopatra? In Geschichte war ich nie gut. *Sunset* hast du sicher auch meinetwegen aus dem Verkehr gezogen."

„Du bist sehr eingebildet, mon coeur, aber du hast Recht."

„Du hättest es nicht ertragen, wenn eine andere Frau es benutzt", meinte sie weise, aber zu ihrer Überraschung schüttelte er den Kopf. „Nein. Ich habe den Gedanken nicht ertragen, dass du es irgendwo kaufst und den guten Lavanne damit verführst oder einen anderen Kerl", erklärte er sachlich.

Conny stieß einen anerkennenden Laut aus. „Oh là là, ein hübsches Kompliment, du machst wirklich Fortschritte, Monsieur Bandier. Was wirst du mir denn sonst noch Schönes sagen, ich bin ganz Ohr."

Er betrachtete sie nachdenklich und seufzte schließlich. „Warum wollt ihr Frauen immer endlose Liebesschwüre hören? Reicht nicht, was ich alles für dich getan habe? Ich habe mich fast an den Bettelstab gebracht, ich habe zahllosen armen Nagern ein trauriges Schicksal erspart, ich habe mich in aller Öffentlichkeit für dich zum Narren gemacht, ich habe mich für dich geprügelt ..."

Conny hatte die ganze Zeit über den Kopf geschüttelt.

„Es genügt dir also nicht", stellte er atemlos fest und runzelte die Stirn. „Bist du zufrieden, wenn du weißt, dass du die erste Frau bist, die in diesem Bett liegt oder ist es wirklich unumgänglich zu betonen, dass du auch die letzte sein wirst?"

Die Worte brauchten ein paar Sekunden, um in Connys Gehirn einzusickern, dann schlug sie sich mit der Hand auf den Mund und gluckste: „Echt? Und es wurde vor deinem Unfall geliefert?"

Er lächelte auch. Die Zärtlichkeit und die Sehnsucht, die sich in seinen Augen widerspiegelten, nahmen ihr fast den Atem. „Laurent ist das beste Verhütungsmittel, das es gibt", meinte er, obwohl das nicht so ganz der Wahrheit entsprach. Aber die einfache Wahrheit, dass ihn andere Frauen nicht interessierten, würde sie ihm nicht abnehmen. Noch nicht.

„Himmel, was wird er sagen, wenn ich bei dir bleibe?", sie merkte, wie Nicks Gesicht bei diesen Worten aufleuchtete. „Ich dachte, das ist beschlossene Sache?", fügte sie überrascht hinzu.

„Wenn du es so siehst, werde ich mich hüten, dir zu widersprechen, mon coeur", antwortete er amüsiert.

„Laurent wird nicht gerade an die Decke springen vor Begeisterung, er liebt dich sehr", nahm Conny den Faden wieder auf.

„Das stimmt, aber seit er fort ist, hat er zweimal angerufen und jedes Mal gefragt, wie es dir geht."

„Und da musste er erfahren, dass ich noch immer am Leben bin", warf Conny nüchtern ein.

„Nun, so schlimm ist es nicht", sagte Nick, während sich Conny unauffällig ganz aus der Decke schälte und näher zu ihm rutschte. „Im Prinzip hat er nichts gegen dich, er braucht Zeit, um sich an die neue Situation zu gewöhnen. Glaubst du, du kannst die Geduld für ihn aufbrin-

gen, auch wenn er zu Beginn böse und unverschämt reagiert?"

Conny war es gelungen, sich an Nick zu schmiegen und
da er sie nicht wegschob, wurden ihre Körper nur mehr
von einem seiner dünnen Seidenhemden getrennt, das Nick
ihr angezogen hatte. Erfreut spürte sie, wie seine Hand
langsam und vorsichtig, so als ob er es noch immer nicht
recht glauben könne, über ihren Rücken strich. Dort, wo er
sie berührte, schien ihre Haut zu glühen und sie dachte
daran, dass sich Dr. Calou wenigstens nicht umsonst auf
den Weg machte, wenn er ihre Fieberkurve weiterzeichnen
konnte.

„Um den leibhaftigen Nick Bandier zu bekommen,
muss man schon ein paar Opfer bringen. Wenn du mir
hilfst, habe ich Geduld und Nerven für alles", murmelte sie
und verschränkte die Arme hinter seinem Kopf.

Statt sie zu küssen, redete er weiter: „Laurent wird es dir
vor allem Übel nehmen, dass es mit seiner Masche als mut-
terloser Waisenknabe vorbei ist, aber er wird sich schon
etwas Neues einfallen lassen, um seine Umwelt zu beeindrucken", meinte Nick abschließend und machte endlich
doch Anstalten, mit den Vorbereitungen für einen Waldbrand größeren Ausmaßes zu beginnen, aber jetzt sagte
Conny: „Und ich weiß auch schon was: Wie sehr er doch
unter seiner bösen Stiefmutter zu leiden hat."

ENDE

Weitere Bücher von Fran Henz

Schatten der Vergangenheit – Bandier Familiensaga 2

Laurent Bandier gehört zu den besten Tennisspielern der Welt. Als blondgelockter Sonnyboy ist er Liebling der Medien und der Werbewirtschaft und jede Mutter einer halbwüchsigen Tochter sieht ihn als Traumschwiegersohn. Das ändert sich schlagartig, als er nach einem Turniersieg einer attraktiven Unbekannten in ein SM-Studio folgt, denn am nächsten Tag ist sein Leben ein Scherbenhaufen. Erbittert schwört er Rache. Das ungewöhnliche Armband der Unbekannten bringt ihn schließlich auf ihre Spur und konfrontiert ihn mit seiner eigenen Vergangenheit …

Liebe à la carte – Bandier Familiensaga 3

Nach persönlichen Niederlagen der besonderen Art, beschließt die Sterne-Köchin Nadine Bandier eine Auszeit von ihrem bisherigen Leben und ihrer prominenten Familie zu nehmen. In der Provence führt sie der Motorschaden ihres PKWs in ein verwahrlostes Restaurant mit einem noch verwahrlosteren Besitzer …

Die Hexe und der General – Zeitreiseroman

Die gutmütige Tina – Hexe mit eher bescheidenen Fähigkeiten und weder mit ihrem Leben noch mit ihrer Figur zufrieden – reist mit ihrer besten Freundin Alexa nach Schanghai. Dort trifft sie auf den undurchsichtigen Greg, Tai Pan von Bannert Enterprises und Bruder von Alexas großer Liebe. Ehe sie es sich versieht, hat er sie ins 17. Jahrhundert entführt, wo er als General Tang Yun Long noch eine Rechnung zu begleichen hat – mit dem Mann, der ihn damals ermordete …

Der Stachel der Erinnerung – Zeitreiseroman

Auf einer Insel im Eismeer wird ein Wikingerbestattungsschiff gefunden. Statt der erwarteten Schätze gibt es jedoch nur eine Maske und silberne Fesseln. Die Maske versetzt die Historikerin Tessa ins Zeitalter der Wikinger. Dort ist sie Alva, die Sklavin der jungen Meldis. Gegenwart und Vergangenheit vermischen sich, bis Tessa erkennt, dass sie Meldis' Schicksal in ihren Händen hält. Und der einzige Mensch, der ihr dabei helfen könnte, das Leben des Mädchens zu retten, lebt gefangen in schmerzhaften Erinnerungen, gleichgültig seiner Umwelt gegenüber und ohne das geringste Interesse, an diesem Zustand etwas zu ändern …

Printed in Poland
by Amazon Fulfillment
Poland Sp. z o.o., Wrocław

67160398R00171